R
—
V

Erich Wulffen – Zwischen Kunst und Verbrechen

Kriminalpsychologische Aufsätze und Essays

herausgegeben von

Jürgen Seul

und

Albrecht Götz von Olenhusen

Regenbrecht Verlag

Bibliografische Information der Deutschen Bibliothek
Die Deutsche Bibliothek verzeichnet diese Publikation in der
Deutschen Nationalbibliografie; detaillierte bibliografische
Daten sind im Internet über http://dnb.ddb.de abrufbar.

© Regenbrecht Verlag, Berlin
2. Auflage 2018
Alle Rechte vorbehalten
www.regenbrecht-verlag.de
ISBN: 978-3-943889-66-6

Herstellung: BoD – Books on Demand, Norderstedt

Bildquellen
Umschlagbild: Porträt Erich Wulffen aus der Festschrift zu
seinem 70. Geburtstag, hg. von Alexander Baumgarten und
Hugo Dingeldey, Berlin 1932. Die weiteren Porträts wurden
Wikipedia entnommen und für die Veröffentlichung bearbei-
tet: Johann Wolfgang von Goethe, Ölgemälde von Joseph Karl
Stieler, 1828; Sigmund Freud 1926 auf einem Porträt-Foto
von Ferdinand Schmutzer; Cesare Lombroso, zeitgenössisches
Ölbild; Richard Wagner 1871, von Franz Seraph Hanfstaengl,
und Friedrich Schiller, Ölgemälde von Ludovike Simanowiz
1793/94.
Bild S. 6: Foto: Alfred Neumann, in: Wulffen-Festschrift
Bild S. 9: Foto: Regine Richter, SLUB Dresden.

Inhalt

Erich Wulffen als Referendar

Einführung der Herausgeber

Über Erich Wulffen

Erich Wulffen gehört zu den bedeutendsten Vertretern der deutschen und österreichischen Kriminologie in der ersten Hälfte des 20. Jahrhunderts.[1] Er stand zunächst noch in der Tradition der Denkmuster des italienischen Kriminalanthropologen Cesare Lombroso (1835–1909), kann aber auch durchaus als Vertreter einer modernen juristischen Epoche angesehen werden, in der die Kriminologie mit neuen Methoden der Medizin, der Physiologie, der Anthropologie, der Psychologie und Psychiatrie an Straftäter und Deliktsformen auch mit rechtspolitischem Impetus herangeht. Dass Wulffen einen Platz im Pantheon der Rechtswissenschaften einnehmen würde, war nicht unbedingt zu erwarten gewesen.

Wolf Hasso Erich Wulffen wurde am 3. Oktober 1862 in Dresden als Sohn des Buchdruckereibesitzers und Verlagsbuchhändlers Edmund Wulffen und seiner Frau Alma, einer Gutsbesitzertochter, geboren. Seine Kindheit und Jugend waren von Krankheiten und langen Zeiten der Rekonvaleszenz geprägt. Daraus erwuchs eine intensive Begeisterung für die Literatur, vor allem für die deutschen Klassiker und William Shakespeare. Fast hätte diese Leidenschaft zur Literatur und daraus resultierend später zur Bühne dazu geführt, dass Erich Wulffen sein berufliches Glück im Schauspielfach gefunden hätte. Stattdessen machte er als Jurist und Autor Karriere. Als er am 10. Juli 1936 in Dresden als Ministerialdirektor i.R. starb, hinterließ er nicht nur die Erinnerung an einen der einflussreichsten Juristen im sächsischen Staatsdienst, sondern auch ein umfangreiches literarisches Werk, dessen Hauptthemen Kunst und Verbrechen waren.

Dieser erfolgreiche Karriereweg war umso erstaunlicher, weil der junge Wulffen zeitweise dem Schulbesuch gänzlich fernbleiben und stattdessen einige Jahre in einer Dresdner orthopädischen Heilanstalt verbringen musste.

Auch der später wieder aufgenommene Schulbesuch auf dem altehrwürdigen Gymnasium zum Heiligen Kreuz in Dresden wurde durch Krankheiten fast zwei Jahre hindurch unterbrochen, sodass Wulffen sehr verspätet sein Abitur ablegen und erst ab Ostern 1885 studieren konnte. Sein ursprünglicher Plan, nach einem Studium der Literatur und der Germanistik als Privatdozent in die akademische Laufbahn einzutreten, wurde auf den väterlichen Wunsch hin fallengelassen. Edmund Wulffen sah die Zukunft seines Sohnes in einem Beamtenberuf. Und so studierte dieser in den folgenden Jahren Rechtswissenschaften in Freiburg im Breisgau, Leipzig und Heidelberg.

Neben dem Studium befasste sich Erich Wulffen mit dem Theater. In der Leipziger Theatergesellschaft *Thalia* erhielt er eine praktische Bühnenausbildung im Fache des jugendlichen Liebhabers. Im Jahr 1888 trat er als Volontär am Leipziger Stadttheater auf, wo er zusammen mit dem später bekannten Adalbert Matkowsky (1857–1909) auf der Bühne stand.

Jurastudium und Schauspielerei liefen Ende der 1880er Jahre parallel. Eine berufliche Entscheidung nahte; sie fiel jedoch zunächst anders aus als es die Eltern erwartet hatten: Nachdem Wulffen im August 1888 an der Universität Heidelberg den Grad des doctor utriusque juris erworben hatte, wandte er sich vorübergehend nun ganz der Bühnenlaufbahn zu. Die Juristerei pausierte. Im Winter 1888/89 spielte Wulffen am Stadttheater zu Stralsund die Hauptrollen des jugendlichen Liebhabers. Zur gleichen Zeit und an gleicher Stelle wurde auch sein eigenes Theaterstück *Wolfgang Goethe. Genrebild in einem Aufzuge* aufgeführt, wobei der Autor selbst mit großem Beifall den jungen Goethe darstellte. Dasselbe Stück ging später nach einer Überarbeitung unter dem Titel *Tasso in Darmstadt*[2] erfolgreich seinen Weg über viele andere Bühnen.

Im Juli 1890 legte Wulffen die erste juristische Prüfung ab. Nun überdachte er seine berufliche Laufbahn und verabschiedete sich von dem Gedanken an die Schauspielerei als Beruf. Stattdessen trat er seinen juristischen Vorbereitungsdienst an, der ihn als Referendar nach Leipzig, Waldheim, Chemnitz und Dresden führte.

In Waldheim lernte er Illa Behrisch, die Tochter des dortigen Zuchthausdirektors, kennen. Schon einen Monat nach Wulffens Dienstantritt in Waldheim, im Juli 1891, verlobten sich beide. Aus der Ehe, die am 11. März 1895 geschlossen wurde, stammen die beiden Söhne Hasso und Wolfgang und die zwei Töchter Erika und Ingeborg, von denen die jüngere in frühem Alter starb.

Singende Gefangene im Hof der Strafanstalt Waldheim

Nach der zweiten juristischen Prüfung im März 1895 folgte die Dienstzeit als Assessor bei den Staatsanwaltschaften Chemnitz und Dresden.

Seine Bühnenzeit sollte ihre Auswirkungen auch auf den späteren Kriminalpsychologen Wulffen haben. »Sie hatte«, wie der Wulffen-Biograf Hugo Dingeldey[3] meinte, »zu tieferem Eindringen in die klassische Dichtung geführt, und beim Studium der heroischen Verbrechergestalten in den großen Dramen war allmählich die entschiedene Neigung zum Berufe des Staatsanwalts durchgedrungen.«

Es spricht aber mehr dafür, dass die Wahl zwischen der unsicheren Theaterlaufbahn und dem prosaischen Juristenberuf ganz pragmatische Gründe der beruflichen Sicherheit hatte.

Wulffen wurde am 1. April 1899 zum Staatsanwalt in Dresden ernannt. In den nächsten Jahren folgte die Berufung an die Generalstaatsanwaltschaft und als Hilfsarbeiter in das sächsische Justizministerium. Daneben blieb Wulffen auch der literarischen Leidenschaft treu. Dramen und Lustspiele entstanden.

Zu einem entscheidenden Datum für den Juristen Erich Wulffen wurde das Jahr 1901, als er als junger Staatsanwalt mit dem eingehenden Studium der Kriminalistik begann. Unter dem Einfluss der großen Rechtsgelehrten und Psychiater der damaligen Zeit wie von Liszt, Aschrott, von Mayr, Aschaffenburg, Heimberg, Felisch[4] folgte Wulffens Aufstieg zum geachteten Wissenschaftler.

Die kriminologische Wissenschaft im ersten Drittel des 20. Jahrhunderts hatte ihre spezifischen Deutungsmuster; sie ging daran, nicht mit einem »unschuldigen«, sondern mit einem neuen »wissenschaftlichen« Blick zu arbeiten. Obwohl viele seiner Annahmen und Absichten, etwa die Auffassungen Wulffens zu kriminogenen Anlagen und Ursachen des abweichenden Verhaltens von Frauen und Männern, längst überholt sind, stellen seine Werke dennoch bedeutsame wissenschaftliche und praktische Untersuchungen der Wissenschaftsgeschichte dar, nicht nur auf dem Gebiete der Kriminalistik und Kriminologie, sondern auch in dem Grenzbereich von Recht und Literatur, Kriminalpsychologie, Literatur und Recht – Meilensteine in der Entwicklung der Kriminologie und ihrer Popularisierung. Ein prägnantes Beispiel bietet seine »Kriminalpsychologie im Mordprozess Hau«[5]. Darin heißt es:

»Ein Verbrecher, der überführt werden soll, muss in seiner gesamten Persönlichkeit und Individualität und in seiner seelischen und geistigen Verfassung zur Zeit der Tat, vorher, während ihrer Verübung und nachher, erfasst werden.«

Wulffen ging es damit um eine »kriminalpsychologische Analyse als Werdegang eines Verbrechens, um ihn ›als Menschen menschlich‹ zu verstehen.«[6]

Mit Teilen der Kriminologie stand Wulffen noch unter dem Einfluss Lombrosos und der biologischen Determination und Delinquenz sowie deren physiologischen Erkennbarkeit von Tätern. Er entwickelte auch eine Art Psychopathologisierung von Devianz.[7]

Obgleich Wulffen einer etwas jüngeren Generation als der österreichische Strafrechtler, Kriminologie und Begründer der Kriminalistik Hans Gross (1847–1915) angehörte, kann man ihn in Theorie und Praxis durchaus mit dessen enzyklopädischer Kriminologie und Kriminalistik der klassischen österreichischen Schule vergleichen und feststellen, dass sein Denken vielfach auf den Forschungen und Ergebnissen dieser Schule fußte.[8]

Wulffen wie Gross haben als Vertreter einer moderneren Kriminologie mit je eigenen Schwerpunkten und einer Reihe von Berührungspunkten auch zum Teil eklektisch ein System und eine Phänomenologie devianten Verhaltens entwickelt, um die Repressionen der Rechtsordnung mit dem Segen der Wissenschaft zu versehen.[9]

Wulffen erfuhr von zeitgenössischen Protagonisten der Wissenschaft und Strafrechtspraxis wie Albert Hellwig (1880–1950) allerdings auch fundamentale Kritik: Seine zum Teil weniger auf sozialwissenschaftlichen Erkenntnissen, auf Kriminologie oder Kriminalistik fußenden Erkenntnismethoden, sondern primär auf Intuition und zum Teil gewagten Hypothesen basierende »Kriminalpsychologie« wurde ähnlich wie die Werke Lombrosos und Hans Gross' von Hellwig angezweifelt. Im gleichen Atemzug betonte dieser Kritiker, dass ihn schon »in jungen Jahren Männer wie Hans Gross, Franz von Liszt, Gustav Aschaffenburg und Erich Wulffen gelehrt« hätten, dass »die Strafrechtspflege weit mehr als nur angewandte Strafrechtswissenschaft«[10] sei.

Im Kriminalitätsdiskurs seiner Zeit steht Wulffen durchaus noch in der Tradition des 19. Jahrhunderts. Im wissenschaftlichen Bereich dominieren bei ihm eine Pathologisierung des abweichenden Verhaltens und eine Pluralisierung des kriminalpolitisch relevanten Delinquentenbildes. Letztlich kann man ihn eher als einen mit Empathie begabten Kriminalpsychologen denn als Kriminalwissenschaftler ansehen.

Ausgehend von seinen praktischen Erfahrungen als Staatsanwalt und seiner wissenschaftlichen Beschäftigung mit dem Thema Verbrechen und seinen Ursachen schuf Wulffen viel beachtete Werke. Unter ihnen ragt die *Psychologie des Verbrechers*[11] von 1908 heraus. Die Fachpresse[12] feierte Wulffen nun als den wohl »fruchtbarste(n) kriminalistische(n) Schriftsteller«.

Franz von Liszt[13] lobte das Buch in einem umfangreichen Aufsatz im *Berliner Tageblatt* »als großen Wurf« und rühmte unter Hinweis auf die zahlreichen weiteren Werke jener Zeit mit Untersuchungen zu Shakespeare, Schiller, Ibsen und anderer Schriftsteller »Wulffens Fähigkeiten als profunder Literaturkenner« und »Kriminalpsychologe«.

Neben der Beschäftigung mit den Verflechtungen von Literatur und Verbrechen schuf der Kriminologe immer wieder reine Fachwerke, die mit enormem Erfolg publiziert wurden.

Seine Karriere als Jurist und Autor schien unaufhaltsam nach oben zu gehen. Sie erhielt jedoch im Vorjahr des Ersten Weltkrieges einen jähen und unerwarteten Dämpfer. Mit dem Roman *Frau Justitias Walpurgisnacht*[14] entstand 1913 ein Werk, das stilistisch an Heinrich Heines Spottgedichte erinnert und ungeahnte Folgen hatte. Das Buch wurde in Dresdner Gerichtskreisen als Schlüsselroman aufgefasst, weil man in den auftretenden Personen bestimmte Juristen zu erkennen glaubte. Es löste darum – ähnlich wie Thomas Manns *Die Buddenbrooks* in Lübeck – in (juristischen) Dresdner Kreisen Unruhe und Empörung aus. Die Reaktion dieser Kreise und ihr Einfluss sorgten kurz nach Erscheinen des Buches für eine Strafversetzung Wulffens in die sächsische Provinz, überdies als Zivilrichter, an das Amtsgericht Zwickau.

Mit Ausbruch des Ersten Weltkrieges hatte er Schwierigkeiten, wissenschaftliche Werke zu veröffentlichen. Wulffen schrieb daher eine Reihe von Kriminalromanen.[15] Einige dieser Romane sind zugleich die ersten verfilmten literarischen Werke eines Juristen. Es lassen sich bis heute drei Romanverfilmungen nachweisen, für die Wulffen entweder auch selber die Drehbücher schrieb oder für die er beratend zur Seite stand.[16]

In den Zwickauer Jahren entfaltete der Kriminologe auch eine rege Vortragstätigkeit. Ihre Hauptgegenstände waren kriminalistische und psychologische Probleme des Weltkrieges. Diese Arbeiten wurden auch stets veröffentlicht. Erwähnt sei dabei ein Vortrag über *Jugendliche Verbrecher*, den Wulffen vor einem wissenschaftlichen Auditorium im Februar 1914 in der Wiener Urania hielt.

Zu einem besonderen Forschungsthema avancierte in jenen Jahren die Beschäftigung mit Leben und Werk Friedrich Schillers. Ein Vortragszyklus über Schiller – auch in den Juristengesellschaften Berlins und Zürichs gehalten – behandelte das Thema »Schiller als Kriminalpsychologe«. Wulffen zeigte Schillers Vorliebe auf, »verbrecherische Neigungen mit außerordentlich feinem psychologischen Gefühl darzustellen, ja sogar in solchen Schöpfungen sich innerlich zu befreien.«[17]

Auch das Los fast aller populären Persönlichkeiten, eine verfrühte Totsagung und damit die fröhliche Anwartschaft auf eine besonders reich bemessene Lebenszeit, ist an Wulffen nicht vorübergegangen. Der Irrtum begann bei der *Frankfurter Zeitung*[18], die am 7. Februar 1915 vom »verstorbenen Kriminalpsychologen Wulffen« sprach. Andere Zeitungen kolportierten diese falsche Meldung.

Die Jahre in der Verbannung gingen erst nach Ende des Weltkriegs vorüber. Am 1. März 1919 wurde Wulffen vom sächsischen Justizminister Dr. Rudolf Harnisch (1864 – nach 1921) als Landgerichtsdirektor nach Dresden zurückbeordert. In der Stellung eines Landgerichtsdirektors, als Vorsitzender einer Strafkammer und gelegentlich auch des Schwurgerichts, verblieb Wulffen bis zum 1. Oktober 1920. Dabei zeichnete er sich vor allem durch eine objektive, die Formalien beachtende und wohlwollende Verhandlungsleitung und milde Urteilsfindung aus.

In dieser Zeit schlug der Jurist auch eine kurze politische Laufbahn ein. Man hatte ihn für den Zwickauer Bezirk der neugegründeten Demokratischen Partei zum Vorsitzenden gewählt. Wulffen zog für kurze Zeit als Abgeordneter in den sächsischen Landtag ein. Am 1. Oktober 1920 erhielt er die Ernennung zum Ministerialrat im sächsischen Justizministerium. Am 1. September 1923 übertrug man ihm unter Ernennung zum Ministerialdirektor und Abteilungsvorstand die Bearbeitung der Gnadensachen, der Strafsachen und des Gefängniswesens. Die Ministerialtätigkeit brachte es mit sich, dass Wulffen als Regierungsvertreter im sächsischen Landtag wiederholt seine Reformpläne darlegen konnte.

Dem Strafvollzug widmete Wulffen durch persönliche Besuche in den Anstalten und durch unmittelbare Fühlung mit den Direktoren und Beamten seine besondere Aufmerksamkeit. Er führte eine Vielzahl von Reformen durch, ohne jedoch übertriebenen Forderungen nachzugeben. In seiner Ministerialabteilung war der Chef auch als liberaler und wohlwollender Vorgesetzter hochgeschätzt. Wulffen fungierte zudem als Kommissionsmitglied für die zweite juristische Staatsprüfung, wobei er in den mündlichen Prüfungen als strenger Prüfer mit einer Vorliebe zum Strafvollzug galt. Überliefert ist, dass Wulffen zur Garnierung der juristischen Prüfungsmaterie literarische Stoffe wie Wilhelm Tell, Ibsens Nora, deutsche Märchen u.a. mit heranzog.

Die bedeutendsten Schöpfungen Wulffens in seiner Ministerialzeit sind die Werke *Das Weib als Sexualverbrecherin*[19] und *Kriminalpsychologie*[20], die als besondere Bände der *Enzyklopädie der modernen Kriminalistik* erschienen.

Auch in den Jahren 1919 bis 1928 kam Wulffen zahlreichen Einladungen zu Vorträgen nach. Neben dem Besuch nahezu aller bedeutenden deutschen Städte fällt in diese Zeit eine große Vortragsreise durch Österreich im Jahre 1924, die ihn nach Wien, Graz, Bruck an der Mur, Leoben, Klagenfurt, Linz und Innsbruck führte.

Am 1. Februar 1928 trat der Kriminologe in den Ruhestand, wobei er seine Tätigkeit als Autor und Vortragsreisender fortsetzte.

In den 1920er Jahren kam es zu einem bemerkenswerten und intensiven Kontakt Wulffens mit Klara May (1864–1944), der Witwe des Abenteuerschriftstellers Karl May (1842–1912). In seiner Funktion als Ministerialrat befürwortete Wulffen die im Juni 1922 von der Witwe beantragte Skartierung der erhalten gebliebenen Karl-May-Strafakten im Sächsischen Hauptstaatsarchiv zu Dresden. Wohlweislich hatte Wulffen, als er bei der Vernichtung der Dokumente behilflich gewesen war, Abschriften angefertigt. Zu sehr war der Kriminologe auch Wissenschaftler.[21] Und das Thema der Vorstrafen Karl Mays fesselte ihn ungemein, zumal er als junger Staatsanwalt sogar mit einem May-Verfahren persönlich betraut gewesen war. Ende 1924 fand sich Wulffen dazu bereit, auf der Grundlage der Abschriften für den in Radebeul beheimateten Karl-May-Verlag, dessen Mitgesellschafterin Klara May war, eine wissenschaftliche Arbeit über Mays Delinquenz unter dem Titel *Karl Mays Inferno* anzufertigen. Als das Manuskript im Herbst 1928 schließlich fertiggestellt war, wurde eine Veröffentlichung von Klara May zu Wulffens Empörung und Verblüffung abgelehnt. Die Witwe war mit dem Inhalt nicht einverstanden gewesen und setzte die Vernichtung des Manuskripts durch. Wulffen erhielt sein Autorenhonorar dennoch.[22] Was Klara May nicht wusste, war, dass der Verlag eine Abschrift des Wulffen-Manuskripts anfertigte, dessen kommentierte Veröffentlichung im Karl-May-Verlag durch die Verfasser dieser Einleitung derzeit erarbeitet wird.

Mehr Erfolg im Umgang mit Verlagen war Wulffen in jener Zeit mit dem Berliner Hanseatischen Rechts- und Wirtschaftsverlag vergönnt, der 1930 seine Hauptwerke publizierte. In diesem Verlag erschien zwei Jahre später auch eine Festschrift[23] zu seinem 70. Geburtstag.

Nach Hitlers Machtergreifung im Januar 1933 standen Kunst und Literatur mehr denn je unter der Zensur des Staates. So kam es am 4. Februar 1933 zu einer Beschlagnahme des Wulffen-Buches *Der Sexualverbrecher*[24] durch den Berliner Polizeipräsidenten.

Vonseiten des Verlages, der Vereinigten Buchgesellschaften m. b. H., protestierte man erfolgreich gegen die Beschlagnahme. Im Frühjahr 1936 verkaufte der Verlag die Wulffen-Werke an die Leipziger Firma P. E. Lindners Verlag und Großantiquariat. Am 2. März 1936 kam es auf Veranlassung der Reichsschrifttumskammer und der Kriminalpolizei Leipzig erneut zur Beschlagnahmung[25] des *Sexualverbrechers* wie auch von *Das Weib als Sexualverbrecherin*. Diese Werke wurden auf die Liste über schädliches und unerwünschtes Schrifttum gesetzt, da ihre Verbreitung angeblich geeignet sei, das kulturpolitische Wollen des Staates zu gefährden. Begründet wurde diese Maßnahme damit, »dass auch Werke sexual-wissenschaftlichen Charakters als schädlich und unerwünscht anzusehen sind, sofern die Gefahr besteht, dass die nicht wissenschaftlich interessierte Öffentlichkeit die Schrift oder Teile daraus aus durchsichtigen Gründen zur Lektüre heranzieht. Die beruflich oder wissenschaftlich interessierten Kreise haben dagegen Gelegenheit, durch Inanspruchnahme der Staats- und Universitätsbibliotheken die einschlägige Literatur kennenzulernen, wobei ich bemerke, dass das Thema ›Sexualverbrechen‹ und die damit zusammenhängenden psychologischen Fragen heute nicht mehr das Interesse der früheren Jahre beanspruchen, und dass ein gründliches Studium notwendig ist.«

Sämtliche Eingaben von Verlag und Autor gegen die Beschlagnahme blieben erfolglos. Daraufhin übergab der Verlag zur Vermeidung weiterer Schwierigkeiten mit den Behörden alle in seinem Besitz befindlichen Wulffen-Werke dem Landeskriminalamt. Dort wurden sie aufgrund einer ministeriellen Verordnung sechs Monate aufbewahrt, bevor sie anschließend eingestampft wurden. Diesen Vorgang erlebte Erich Wulffen jedoch nicht mehr.

Sein Biograf[26] formulierte – vielleicht doch allzu hymnisch und pathetisch – als Lebensresümee:

»Was Wulffen in seinen Hauptwerken als Kriminalpsychologe schuf, wird unvergänglich bestehen. Was er auf den einzelnen Gebieten des Rechts als Forscher, Mahner und Wegbereiter gelehrt, vorausgesehen, gefordert hat, ist heute zum großen Teil schon erfüllt. Seiner Anregung und seinem Eintreten sind wesentlich mit zu danken die Heraufsetzung des strafmündigen Alters auf das vollendete 14. Lebensjahr, die Einführung der Jugendgerichte, die Zubilligung von Bewährungsfristen, die Senkung zu hoher Strafmindestmaße, die Milderung der Strafen, die Ausdehnung der Geldstrafe und die Abschaffung der kurzzeitigen Freiheitsstrafen, der Ersatz der Schwurgerichte durch große Schöffengerichte, die gemeinsame Beratung der Richter und der Geschworenen über Schuld und Straffrage, die Übernahme des Strafvollzugs auf die Justiz.«

Diese Errungenschaften der Rechtspolitik waren tatsächlich nicht oder nicht allein das Werk Wulffens, sondern vor allem das von Gustav Radbruch (1878–1949) in seiner Zeit als Reichsjustizminister.[27]

Wulffen gehört zu den juristischen Autoren, die einen großen Anteil hatten, als es nach der Jahrhundertwende darum ging, mehrere Erkenntnisse zahlreicher Wissenschaftszweige für die Jurisprudenz zu rezipieren. Mit seinen enzyklopädischen Werken fasste er den Strauß der Kriminalwissenschaften zusammen. Wie etwa Hans Gross war Wulffen ein Mann der Praxis. Als »heimlicher« Literat fesselten ihn aus kriminologischer Perspektive die großen Figuren der deutschen und internationalen Literatur. Seine stilistische und dramaturgische Begabung machten ihn überdies zu einem Prototypen des Schriftsteller-Juristen als Verfasser erfolgreicher, in ihrer Zeit populärer Kriminalromane. Seine Stärke lag innerhalb der Kriminologie aber auf dem Gebiet der Kriminalpsychologie. Dass er dabei, dem Geist der Wissenschaft entsprechend, eher wider dem puristischen Zeitgeist versuchte, die neuen Erkenntnisse anderer Wissenschaften für Strafrecht, Strafvollzug und Strafprozess fruchtbar zu machen, zeichnet ihn aus. Mit seinem Interesse für aufsehenerregende Kriminalfälle konnte er das Publikum etwa durch seine Studie über den damals viel diskutieren Indizienprozess Hau zu differenzierten Betrachtungen führen. Der prominente Casus hat Romanschriftsteller bis heute beschäftigt.[28] Wulffen war der erste, der, offenbar ohne die Akten im Detail zu kennen, eine präzise Analyse des Falls aus psychoanalytischer und kriminalistischer Sicht vorlegte.[29]

Unter Wulffens Arbeiten ragt des Weiteren seine *Psychologie des Hochstaplers*[30] heraus, wie er überhaupt Brücken von der Psychologie großer verbrecherischer Romane oder Romanfiguren zur *Psychologie des Verbrechers*[31] schlug. Dass er sich deswegen auch für die Memoiren von Georges Manulescu (1871–1908)[32], eines weit bekannten notorischen Heiratsschwindlers und Diebes, interessierte, die 1905 erschienen, liegt auf der Hand. Manulescu galt als der *Fürst der Diebe* und prominenter Gauner. Seine nach einem Berliner Freispruch wegen angeblicher Geisteskrankheit in der Psychiatrie geschriebenen Erinnerungen veranlassten Wulffen zu einer kritischen sozialpsychologischen Studie.[33] Wulffens vielseitiges literarisches Œuvre ist trotz seiner Zeitgebundenheit gleichwohl ein bemerkenswerter Nachlass und ein Beispiel auch für die fundierte Popularisierung moderner wissenschaftlicher Forschung in den Grenzbereichen zwischen Recht, Literatur und Kriminalwissenschaften.[34]

Über dieses Buch

Erich Wulffen war ein äußerst produktiver, fachlich und literarisch hochambitionierter Autor. Die bibliografische Erfassung seines Gesamtwerks ist bis dato noch nicht abgeschlossen. Nachdem 1973 der Nachlass des Kriminologen durch die Sächsische Landesbibliothek in Dresden von Dr. Hasso Wulffen aus Karl-Marx-Stadt angekauft worden war, wurde eine handschriftliche Übersicht erstellt, aus der sich die enorme Schaffenskraft des Juristen andeutet. Sowohl der überreichte Nachlass als solcher als auch die in Dresden erstellte Werkübersicht ist letztlich unvollständig. Das eine oder andere Werk fehlt in der Aufstellung. Dennoch ist der dokumentierte Werkumfang außerordentlich groß. Erstaunlicherweise hat es weder zu Wulffens Lebzeiten noch danach jemals eine Anthologie seiner Aufsätze gegeben. Mit dem vorliegenden Buch soll diese Lücke geschlossen und erstmals ein Streifzug durch Wulffens kriminalpsychologische Aufsätze und Essays unternommen werden, um sie – zumindest einen Teil davon – dem heutigen Leser vorzustellen. Sowohl die Länge als auch die Qualität der Beiträge sind durchaus unterschiedlich. Viele Aspekte unterliegen der zeitgeschichtlichen Betrachtung und so ist mancher von Wulffen behandelte Ansatz mittlerweile eher als wissenschaftliches Artefakt zu bestaunen. Dennoch beeindrucken auch heute noch viele Gedankengänge des Dresdner Kriminologen, sein sensibles Gespür für Täter und Tathintergründe wie auch sein enormes literarisches und künstlerisches Wissen.

Vor allem in seinen ersten beruflichen Jahren beschäftigte sich Wulffen mit der Modernisierung des materiellen Strafrechts, Strafprozessrechts und Strafvollzugs, was sich in der Publizierung zahlreicher Beiträge in Fach- und Publikumszeitschriften sowie Fachbüchern äußerte. Er sah Defizite in allen Teilbereichen und pochte daher auf Reformen. Wulffens Feststellungen beruhten dabei nicht auf bloßen akademischen Mutmaßungen, sondern auf Einsichten aus der Praxis. Zugleich unterzog er seine praktischen Erfahrungen ausführlichen wissenschaftlichen Analysen. Mit dieser Vorgehensweise begann er bereits als junger Staatsanwalt.

Anders als viele seiner Kollegen analysierte Wulffen als Staatsanwalt sehr genau die Verhaltensweisen der Angeklagten vom psychologischen Strandpunkt aus. Er zeichnete sich dabei durch eine besondere Beobachtungsgabe aus, was sich auch in der Skizze *Wie Angeklagte sich verteidigen* widerspiegelt, wenn es dort u.a. heißt:

»Der Schuldige findet – aus seinem innersten Zustande heraus – für sein Verteidigungsvorbringen nur ganz ausnahmsweise den Ton der wirklichen Unschuld. Sein Ton ist entweder zu unsicher oder zu sicher. Diesen beiden Tonarten begegnet man immer wieder; ich habe zahlreiche Male die Probe auf das Exempel gemacht. Dabei muss man nicht nur den Inhalt, sondern eben den Ton – *er kommt vom Grunde der Seele* – des Vortrages hören, dabei die Haltung, die Gesichtszüge, vor allem den Blick und das Auge des Menschen sehen.«

Vielfach wandte sich Wulffen gegen die Gefühlskälte seiner Kollegen, denen er mangelndes Fingerspitzengefühl in der Beurteilung der Tathintergründe und im Umgang mit den Tätern vorwarf. Der Richter sollte sich in die Seele des Angeklagten versetzen wie ein Künstler in sein Werk. In diesem Sinne spricht sich der Jurist in *Die Strafzumessung unserer Gerichte* für eine neue, moderne Sichtweise aus: »Für die Strafzumessung ist der objektive Erfolg der Straftat nur der eine Faktor; der andere gleichwichtige liegt in der Psychologie der Tat und des Täters.«

Ein zunehmendes Problem wurde bereits zu Wulffens Zeiten der journalistische Umgang mit der Justiz. Für den Juristen hatte die Presse nicht nur ganz allgemein, sondern auch in ihren Prozessberichten die Rechte anderer zu berücksichtigen. So sprach er sich in *Die Schäden in der Berichterstattung der Presse über Gerichtsverhandlungen* für eine Wahrung der Persönlichkeitsrechte der Angeklagten aus. Damit deckten sich Wulffens Forderungen zur Schutzwürdigkeit der Persönlichkeitssphäre als solche mit Ansichten einzelner Kollegen wie Otto von Gierke (1841–1921)[35] und Josef Kohler (1849–1919)[36], die sich schon früh für das Bedürfnis eines jeden Menschen nach Schutz der Individualität einsetzten. Demgegenüber wurde bei der Einführung des Bürgerlichen Gesetzbuchs (BGB) auf einen allgemeinen Persönlichkeitsschutz verzichtet. Auch das Reichsgericht hat ein derartiges Recht nicht angenommen.[37]

Insofern haftete Wulffens Forderung eine Modernität an, deren Aktualität sich zuletzt z.B. im Verfahren des Moderators Jörg Kachelmann zeigte, der sich vielfach gegen die Berichterstattung über sein noch nicht abgeschlossenes Strafverfahren wandte. So befand jüngst erneut der Bundesgerichtshof[38] im Gegensatz zum Reichsgericht, dass im Rahmen einer Abwägung die zugunsten des Betroffenen sprechende, aus dem Rechtsstaatsprinzip folgende Unschuldsvermutung zu berücksichtigen sei. Diese gebiete eine entsprechende Zurückhaltung, mindestens aber eine ausgewogene Berichterstattung. Außerdem sei – so auch das Bundesverfassungsgericht – eine mögliche Prangerwirkung zu berücksichtigen, die durch die Medienberichterstattung bewirkt werden kann. Im Hinblick darauf kann bis zu einem erstinstanzlichen Freispruch oftmals das Recht auf Schutz der Persönlichkeit und Achtung des Privatlebens gegenüber der Freiheit der Berichterstattung überwiegen.[39]

Verbrechenspsychologie

Nach Wulffens Auffassung bildete von allen »Disziplinen der Gesamtlehre des Verbrechens keine so eingehendes allgemeines Interesse wie die Kriminalpsychologie. Sie ist gewissermaßen die Seele des ganzen kriminologischen Systems«. In seinem Beitrag *Kriminalpsychologische Plauderei* geht der Jurist näher auf die Gründe ein, die ihn Zeit seines Berufslebens so eingehend zur intensiven Beschäftigung mit diesem kriminologischen Zweig bewegten.

Am Vorabend des Ersten Weltkrieges veröffentlicht Wulffen unter dem Titel *Das Problem des Bösen* eine kriminologisch-anthropologische Grundsatzabhandlung im Berliner Tageblatt. Er erweist sich hier in seiner etwas apodiktisch formulierten Analyse durchaus als typischer Vertreter einer liberal-konservativen bürgerlichen Wissenschaft. Sein Denken ist geprägt durch den nicht ohne Pathos vorgetragenen Glauben an den Fortschritt der Naturwissenschaften, zugleich jedoch mit den Zügen einer gängigen traditionellen sozialdarwinistischen Weltanschauung. Wulffen ist insofern aber kein Vertreter einer Richtung, die – wie die Sozialdemokraten – dem unausweichlichen Fortschrittsgedanken huldigen. Gleichwohl schließt er nicht aus, dass durch die Verbesserung der sozialen Bedingungen auch die Abnahme von Kriminalität zu beeinflussen sei. Der angeborene Trieb zum Guten wie zum Bösen wird hier interessanterweise an die Beziehung des Kindes zur Mutter, als frühe Instanz für die sittliche Erziehung und Sozialisation zuständig, gekoppelt. Aber die Tendenzen zum Guten finden bei aller Möglichkeit ihrer Bestärkung ihre Grenzen in den biogenetischen Anlagen. Die biologischen und physiologischen Bedingungen des Menschen in seiner Einheit von Trieb und Physis ermöglichen zwar die individuelle Entwicklung, den Menschen zum Guten zu befähigen. Aber der vermag sich der Natur nicht zu entziehen, die mit Gut und Böse in ihm verankert sei. Die biologische Ausrüstung und Ausrichtung bewirke letztlich eine »kleine«, eine bedingte Willensfreiheit, aber auch eine in der Natur angelegte Möglichkeit zu bösen Taten, zur Kriminalität. Insofern ist Wulffen sicherlich kein unkritischer Anhänger der Thesen Lombrosos mehr. Aber gleichwohl sei eben das Böse aufgrund biogenetischer Grundgesetze niemals gänzlich aus der Welt zu schaffen. In gewisser Weise denkt Wulffen auch im zunehmend wirksamen erbbiologischen Konzept der Erblichkeit bestimmter Verhaltensausformungen. Die Darwin'sche Evolutionstheorie wirkt als ein gängiger Topos nach und hat auch bei ihm wie bei der Mehrheit der Zeitgenossen ihre Spuren hinterlassen. Das zeigt sich seit dem 19. Jahrhundert – allgemein bei der missverständlichen Übersetzung von »survival of the fittest« – in dem interpretatorisch erweiterten naturnotwendigen Überlebensgesetz des Stärksten. Wulffens relativ allgemein gehaltener, nirgends direkt auf Empirie oder Autoritäten Bezug nehmender Essay, sondern eher mit Allgemeinbildung, Alltagserfahrungen und vielfach kursierenden Ansichten arbeitend, ist trotzdem vergleichsweise differenziert. Er zählt gewiss nicht zu den schon vor dem Ersten Weltkrieg sich entwickelnden und dominanter werdenden radikaleren Sozialdarwinisten, die vornehmlich auf der rechten Seite des politischen Spektrums die Fahne des Kampfes ums Dasein, um die Vorherrschaft in Europa, um die Weltherrschaft als ehernes Naturgesetz hisst. Wulffen erweist sich eher als ein »milder«, sozialdarwinistisch geprägter Protagonist des Wilhelminischen Zeitgeistes. Das »Böse« als eine menschlich-anthropologische Konstante wird als unausrottbares Moment von Mensch und Gesellschaft gesehen. Naturgesetze und Naturwissenschaft sind nach Wulffen von der Einheit von Physis und Psyche geprägt, als ein Grundgesetz jedes Daseins. Wulffen berührt sich hier auch mit Grundüberzeugungen des Monismus, wenn er als das höchste Weltgesetz einen unaufhörlichen Wechsel von Gegensätzen interpretiert. Mag er auch das Kant'sche Sittengesetz zitieren, so läuft die Grundüberzeugung auch im Anklang an Emil Du Bois-Reymond – mit dem bekannten Satz »ignoramus et ignorabimus« – bei der Frage nach der Transzendenz auf die Bescheidung vor den Grenzen wissenschaftlicher Erkenntnis hinaus. In der Anerkennung der Relativität menschlicher Forschung entspricht Wulffens Votum zum Teil gängigen Klischees, mochte sich auch das Berliner Tageblatt, neben der Vossischen Zeitung eine einflussreiche Zeitung mit politisch-liberalen Tendenzen aus dem Konzern von Rudolf Mosse (1843–1920), vorsichtshalber aus Rücksicht auf seine Leserschaft nicht mit allen, ihm vielleicht nicht allenthalben konsensfähig erscheinenden Ausführungen identifizieren. Nicht zufällig hat sich Wulffen jedenfalls nach dem Ende des Weltkriegs zum damals linksliberalen Liberalismus der DDP bekannt. Wenn er die menschliche Möglichkeit, das Gute zu tun und Böses zu lassen, wenn er Leiden und Schuld irrig als seelische Elemente *aller* großen Religionen verortet, so scheint er die christliche Religion mit ihrer Neigung zu Qualen und Leiden als Maßstab zu nehmen und ihre Basis zu verabsolutieren. Wulffens Grundanschauungen weisen mit ihren differenzierten Ansichten zur Psychologie und Physiologie von Kriminalität erheblich über das 19. Jahrhundert hinaus. Die angeborenen Faktoren finden ihre Ergänzung durch Individualität, eingeschränkte Willensfreiheit, durch Kultur, Sittengesetze, Religion. Sie sind hier ersichtlich nicht unbedingt sehr originell oder spezifische Novitäten der Kriminalwissenschaften, aber gewiss nicht geprägt von rückwärtsgewandter, sondern durchaus mit eigentümlicher Perspektive, auch weit entfernt von bereits untergründig oder explizit sich zu Wort meldenden Richtungen eines z.B. für Sterilisierung und andere Zwangsmaßnahmen plädierenden brutalen Sozialdarwinismus. Wenn man so will, wirft der Essay fast mehr Licht auf den zu weltumspannenden generellen Thesen neigenden Charakter, auf die zweifellos gute psychologische Einsicht und intuitive Empathie Wulffens als Teil seiner von der wilhelminischen Epoche geprägten Weltsicht und weniger auf ein System kohärenter, empirisch basierter Kriminalpsychologie. Was Wulffen hier als naturwissenschaftliche Prinzipien entwickelt, läuft letztlich darauf hinaus, dass die unvermeidliche Existenz des Verbrechens nur auf der Grundlage dieser seiner »naturwissenschaftlichen Erkenntnis« zu bekämpfen sei. Wie aber das von der »gesetzlichen Weisheit« in concreto umzusetzen sei, das auszuführen scheint Wulffen sich hier doch weise oder diplomatisch gescheut zu haben, auch wenn seine Reformen im sächsischen Strafvollzug ihm offenere Worte ermöglicht hätten.

Zu Beginn seiner Laufbahn folgte Wulffen im Übrigen noch deutlicher den Thesen seines italienischen Kollegen Cesare Lombroso (1835–1909), der im Verbrecher einen Atavismus erblickte. Die Auseinandersetzung mit dem nicht unumstrittenen Gelehrten und seinen Thesen lässt sich in *Cesare Lombrosos Lehre vom Verbrecher* mitverfolgen.

Mit den Jahren löste sich Wulffen jedoch mehr und mehr von Lombroso, denn er sah jeden Menschen als latent kriminell an. Er vertrat die These der grundsätzlichen Gleichheit von Verbrecher und Nichtverbrecher. Von Wulffens Standpunkt aus kam es nicht darauf an, was den Nichtverbrecher vom offenbar gewordenen Verbrecher unterscheidet, sondern was sie gemeinsam haben. Aus dieser Gemeinsamkeit resultierte für ihn der Schlüssel zum Verständnis des Verbrechers. Darin unterschied er sich deutlich von Lombrosos Lehre.[40]

An der Entwicklungsgeschichte des Kindes veranschaulichte Wulffen, wie früh es mit dem Ausleben von Kriminalität beginnt und wie allgemeingültig seine Lehre von der latenten Kriminalität aller Menschen ist. Diese Einschätzung wird im Beitrag *Zur Psychologie des Kindes* dokumentiert. Vor allem aber zeigt der Kriminologe hier, wie sehr das Lügen und Betrügen zur Natur des Menschen gehört, was sich bereits im Kindesalter zeige. »Das Kind ist in der Entfaltung seiner Triebe einem unzivilisierten Naturvolk nicht unähnlich. Viel Bosheit und Schlechtigkeit stecken oft in Kinderseelen, bei entwickeltem ethischen Bewusstsein und gereifter Intelligenz verschwinden sie wieder.«

Für die heutige Kriminologie steht es außer Frage, dass die Kriminalität von Frauen und Mädchen grundsätzlich auf dieselben Ursachen wie bei Männern zurückzuführen ist. Es lassen sich allenfalls geschlechtsbezogene Abwandlungen feststellen.

In den Anfängen der Kriminologie, namentlich u.a. von dem bereits erwähnten Cesare Lombroso und Guglielmo Ferrero (1871–1941) vertreten, wurde weibliche Kriminalität dagegen in erster Linie auf die Konstitution der Frau zurückgeführt. Die Frau sei ein in seiner Entwicklung zurückgebliebener Mann. Spezielle kriminelle Anlagen in der Frau verursachten dieser wissenschaftlichen Auffassung zufolge weibliche Kriminalität.

Auch Wulffen sah einen Unterschied in den Kriminalitätsursachen bei Männern und Frauen. Er betrachtete bei der Entstehung der weiblichen Kriminalität vor allem die Sexualität als einen besonderen Faktor. So vertrat Wulffen die Auffassung, dass jedes von einer Frau begangene Verbrechen auf sexuelle Faktoren zurückgeführt werden könne, »weil bei dem Weibe die meisten kriminellen Auswirkungen aus naheliegenden psycho-physiologischen Gründen in irgendeinem

näheren oder entfernteren Zusammenhange mit seinem Geschlechtsleben stehen. Also auch die Diebin und Betrügerin,
die Erpresserin und Brandstifterin, die Raubmörderin und
Verwandtenmörderin kann in solchem Sinne eine Sexualverbrecherin sein. Diese Unterstellung ist so einleuchtend und
leicht verständlich, dass ihre Terminologie Gemeingut zu
werden verspricht.«[41]

Er wollte damit sagen, dass Straftaten von Frauen stets in
einem näheren oder entfernteren Zusammenhang mit ihrem
Geschlechtsleben beurteilt werden müssten. In diesem Sinne
referierte Wulffen in seinem umfangreichen Beitrag *Weibliche
Kriminalität* verschiedene Verbrechen und Vergehen von
Frauen und jungen Mädchen zwischen 1909 bis 1931.

Die Ursächlichkeit der Sexualität für die weibliche Kriminalität betonten später auch andere Forscher. »Man spricht
in diesem Zusammenhang häufig von sexueller Triebhaf-
tigkeit und Labilität krimineller Frauen. Erhöhte Delikts-
bereitschaft soll bei der Frau durch ihre Generationsphasen
entstehen: durch Menstruation, Schwangerschaft, Geburt,
Wochenbett und Stillzeit [...]. Hormonumstellungen während der Rückbildungsphase der Wechseljahre sollen bei der
Frau zu Schwankungen ihres psychischen Gleichgewichts,
zu erhöhter Labilität und zu Kriminalität führen. Puberti-
rende Mädchen sollen aus Heimweh Brandstiftung begehen
(Pyromanie). Sexuell unbefriedigte Frauen sollen ohne Zu-
eignungsabsicht zum Zwecke der Spannungslösung stehlen
(Kleptomanie). All diese Aussagen konnten bis heute empirisch nicht nachgewiesen werden.«[42]

Wulffen widmete seine kriminologische Aufmerksamkeit
auch immer wieder einzelnen aufsehenerregenden Straffäl-
len seiner Zeit. Hierzu gehörte auch der sensationelle Mordfall Carl Hau (1881–1926) aus den Jahren 1906/07 vor dem
Schwurgericht in Karlsruhe, der von Wulffen einer ausführlichen »Betrachtung« mit dem Titel *Kriminalpsychologie im
Mordfall Hau* unterzogen wurde. Dennoch beschränkt er sich
nicht auf eine Analyse der Indizien, der Persönlichkeit des
Angeklagten und der bekannt gewordenen Tatumstände. Die
Studie ist deswegen besonders bemerkenswert, weil Wulffen
offensichtlich nur aufgrund der umfänglichen Zeitungsmel-
dungen und Reportagen berichtete und bewertete. Umso erstaunlicher ist, dass er noch während des Laufs des Verfahrens
das Urteil, das auf Todesstrafe wegen Mordes lautete, ebenso

fast im Gegensatz zu seiner vorsichtigen impliziten Kritik bestätigte, bevor das Reichsgericht über die Revision entschieden hatte, wie dann durch seine Vorhersage der Begnadigung zur lebenslangen Freiheitsstrafe. Sie wird auch durch das vielfach bekundete und verbreitete öffentliche Unbehagen an diesem Verfahren und Ergebnis beeinflusst worden sein. Diese sehr frühe Analyse eines in ganz Europa beachteten, heftig umstrittenen und kritisierten Indizienurteils erscheint als eine sehr kluge kriminalpsychologische, eindringliche Expertenmeinung. Sie lief bemerkenswerterweise auch auf eine relativ harsche Kritik an dem bekannten Gutachter, dem Psychiater Aschaffenburg hinaus, während der ebenso bekannte Gutachter Alfred Hoche (1865–1943) günstiger, durch Stillschweigen, davonkommt, obwohl beide sich eher für Hau aussprachen und die Motivlage ja auch durch Indizien scheinbar belegt, aber dennoch in Teilen als spekulativ angesehen werden konnte.[43] Die Rolle des Verteidigers wird von Wulffen besonders negativ gewürdigt. Hier befand er sich anscheinend zum Teil auch im Einklang mit dem Angeklagten selbst. Aus der Darstellung spricht andererseits, wie kritisch der erfahrene ehemalige Staatsanwalt und Strafrichter mit Indizien und Zeugenaussagen umzugehen pflegte. Dass die eher psychologisch begründeten Schuldmomente, aber auch die untergründigen, zwischen den Zeilen aufscheinenden Zweifel Wulffens, seine auffallende Ambivalenz und dann doch letztliche Entscheidung *für* den Schuldspruch hier eine merkwürdige Melange bilden, die nicht so recht zu überzeugen vermag, aber für das bemerkenswerte Einfühlungsvermögen Wulffens spricht – bei der vielfach unübersichtlichen Faktenlage – macht diese Analyse zu einem noch heute sehr lesenswerten und dank seines Faktenreichtums zu einem beachtlichen Dokument über einen unvergessenen Sensationsprozess. Er hat – wie Wulffen – die Gemüter der Zeitgenossen, der Journalisten und Juristen auf Jahrzehnte bewegt. Romanautoren wie Jakob Wassermann (1873–1934) mit seinem *Der Fall Maurizius*[44], Filmproduzenten und bis in die jüngere Zeit Schriftsteller wie zum Beispiel Bernd Schröder[45] haben den Stoff verarbeitet.[46] Vieles blieb unaufgeklärt, ein nicht nur psychologisches Rätsel, und die Entlassung von Carl Hau nach 17 Jahren Haft führte schließlich aufgrund zweier Veröffentlichungen Haus sogar zum Widerruf der Strafaussetzung zur Bewährung und zum Suizid Haus auf der Flucht in Italien. Eine retrospektive kriminalgeschichtliche Analyse wird an Wulffens subtilen Ansätzen nicht vorbeigehen können. Manche Reformen im Strafprozess sind in den 1920er Jahre ohne Verlauf und Ende dieses Prozesses ebenfalls nicht zu denken. Schon Wulffen sah die Gefährlichkeit der Indizienbeweise wie die ebenso riskante und ein besonnenes Urteil einschränkende *vox populi*. Ein Vergleich von Wulffens Diagnose mit den Urteilsgründen en detail ist ein Desiderat.

Mit besonderer Betroffenheit folgt der Leser Wulffens Ausführungen über den *Serienmörder Peter Kürten* und seine Taten.[47] Im deutschsprachigen Raum existiert keine Definition des Begriffs »Serienmörder«. Für das amerikanische FBI stellt der »Serienmord die gesetzeswidrige Tötung von zwei oder mehr Opfern durch denselben (oder dieselben) Straftäter in separaten Ereignissen«[48] dar. Dieser Definition zufolge gehört der Serienmord zu den »Multiziden« und unterscheidet sich von anderen Arten der Mehrfachtötung wie dem Doppel- oder Massenmord.[49] Bei sexuell motivierten Serienmorden spricht der Bundesgerichtshof[50] von »Lustmorden«. Die meisten von Kürtens Morden wird man in diese Kategorie einzuordnen haben. Zugleich fallen bei Wulffens Referierung der Taten zwei weitere Merkmale auf: die sadistische Komponente des Täters (wobei auch Hinweise auf masochistische Tendenzen gegeben werden) und eine spezifische Signatur wie die spezielle Tötungsart mittels Hammer oder Schere. Sadismus und spezifische Formen der Tatbegehungen lassen sich bei Serienmördern häufig antreffen.

Kraft-Ebing[51] beschrieb Sadismus als die Empfindung von sexuellen Lustgefühlen bis zum Orgasmus beim Sehen und Erfahren von Züchtigungen und anderen Grausamkeiten, verübt an einem Mitmenschen oder selbst an einem Tier, sowie als den Drang, um der Hervorrufung solcher Gefühle willen anderen lebendigen Wesen Demütigung, Leid, ja selbst Schmerz und Wunden widerfahren zu lassen. Kürten erscheint als Musterbeispiel in diesem Sinne und wird auch von zeitgenössischen Fachleuten wie Wulffen als solcher erkannt.

Der Serienmörder wurde am 22. April 1931 von einem Düsseldorfer Schwurgericht wegen Mordes in neun Fällen neunmal zum Tode, außerdem zu 15 Jahren Zuchthaus für sieben Mordversuche verurteilt. Ein Gnadengesuch seines Anwalts wurde von der preußischen Regierung abgelehnt. Im

Juli erfolgte im Kölner Gefängnis Klingelpütz Kürtens Hinrichtung mit dem Fallbeil.

Wulffen weist in seinem Aufsatz noch auf eine Obduktion von Kürtens Gehirn hin, bei der sich »organische Gehirn- oder Geisteskrankheit [...] nicht feststellen« ließ. Der Kriminologe sieht in Ermangelung wirklicher Erklärungen für Kürtens unsägliche Taten auch den »kriegerischen Blutrausch der Nationen«, sprich den Ersten Weltkrieg als mitursächlich an. Möglicherweise aber gehört das Böse »nicht zu den Themen, denen man mit einer These oder einer Problemlösung beikommen könnte«, wie Rüdiger Safranski[52] bemerkt. Vielleicht auch nicht mit den Mitteln der Kriminalpsychologie Wulffens.

Künstler und Gelehrte

Wie erwähnt, bildete die Liebe zur Literatur, vor allem auch die eigene Schriftstellerei eine wesentliche Leidenschaft in Wulffens Leben. Ein entsprechender »Weg in die literarische Öffentlichkeit schien ihm jedoch durch die Karriere als Staatsanwalt erst einmal verbaut. Allzu viel Romanisiererei konnte den Inhaber eines so verantwortungsvollen Postens in kein gutes Licht setzen. Literatur war verpönt, allein die Fachliteratur war gefragt.«[53]

Doch schon bald fand Wulffen die Möglichkeit, seinen Beruf als Jurist und Kriminologe mit seiner Leidenschaft als Literaturkenner zu einer fruchtbaren Symbiose zu verschmelzen. Er betrachtete die großen Dichter der Weltliteratur wie Shakespeare, Ibsen & Co. unter dem kriminalpsychologischen Blickwinkel. Zugleich spürte er in den Werken der großen literarischen Meister nach den Ursachen und Darstellungen von Kriminalität. Es kam Wulffen vor allem darauf an, »die Nachweise auf den Gebieten der verschiedensten Künste, vornehmlich in Dichtung und Literatur, und im Schaffen und Leben der Künstler selbst zu führen, um das überraschende Ergebnis glaubhaft zu machen.«[54]

In seinem Essay *Mein Umweg über die Dichter* zeichnet der Kriminologe diese biografische Entwicklungslinie nach.

Aber es waren nicht nur die Werke der Dichter alleine, die Wulffens Interesse auf sich zogen, sondern auch deren persönliche Beziehungen zur Justiz. Dass Karl May (1842–1912) ein ideales »Forschungsobjekt« in diesem Sinne darstellte, ließ sich natürlich auf die Vorstrafen des Schriftstellers zurückführen. Vor allem der Umstand, dass die Vagantenzeit des berühmten Autors vor allem von Hochstapeleien geprägt war, musste das wissenschaftliche Interesse Wulffens erregen. In seiner *Psychologie des Verbrechers*[55] ist von »einem noch lebenden sehr bekannten deutschen Schriftsteller« die Rede, bei dem »sich der feine psychologische Zusammenhang zwischen seinem ehemaligen Verbrechertum und seinem Schriftstellertum aktenmäßig nachweisen« lasse. May selber nahm diese Äußerungen zur Kenntnis und empörte sich über die »Folterpsychologie jenes sächsischen Staatsanwalts, der jetzt, nach vierzig Jahren, in seinem neuesten Werke mir meine Seele öffentlich vernichtet und einen literarischen, moralischen und materiellen Mord an mir begeht, dessen Widerrechtlichkeit geradezu zum Himmel schreit!«[56] Wulffen hat es sich nicht nehmen lassen, auch der Forensisch-psychiatrischen Vereinigung zu Dresden im Anschluss an einen Vortrag des Kölner Professors Aschaffenburg am 10. Januar 1908 »den Fall eines bekannten Mannes« mitzuteilen, »der sowohl ein guter Dichter wie ein ausgezeichneter Schwindler war«[57]. Er nannte mündlich wie in seinem Buche die meisten Straftaten Mays und meinte:

»Das Exotische, Phantastische, Faszinierende, welches seine Schriften so spannend macht, trat auch bei seinen Straftaten hervor.«[58]

Die öffentliche Erörterung seiner Person und seines Werkes unter kriminalpsychologischen Gesichtspunkten hat May damals so tief und schmerzlich getroffen, dass er sich an Wulffen wandte und die Entfernung der ihn betreffenden Textstellen aus seinem Buche verlangte. Wulffen habe ihm geschrieben, berichtete May später, »dass die Entfernung der betreffenden Zeilen aus den gebundenen Bänden eine Unmöglichkeit sei; er wolle sich jedoch mit dem Verleger darüber verständigen.«[59]

Geschehen ist dies letztlich nicht. Tatsächlich aber kam es in Form einer Parteinahme zu einer Wandlung in Wulffens grundsätzlicher Haltung zu May, die sich auch literarisch bemerkbar machte. So war schon sehr bald nach des Dichters Tod 1912 der Gedanke aufgekommen, die wissenschaftliche May-Forschung in einer Publikationsreihe zu bündeln. So entstanden die *Karl-May-Jahrbücher*, zunächst 1918 bei

Schottländer in Breslau und ab 1920 beim Karl-May-Verlag in Radebeul bei Dresden.

Zu den herausragenden Beiträgen dieser Publikationsreihe gehört zweifellos auch Wulffens Beitrag *Der Läuterungsgedanke bei Karl May*, der im Karl-May-Jahrbuch 1923 erschien.

Darin schildert Wulffen, dass das Werk des Winnetou-Erfinders ein Spiegelbild der inneren Läuterung seines Schöpfers darstelle. »O ihr Psychologen! Wenn ich selber in meinen wissenschaftlichen Arbeiten Karl May erwähnte, geschah es immer, ihn der Mitwelt als psychologisches Schulbeispiel verständlich zu machen, das neben Friedrich Schiller am auffälligsten ist. Er ist das Beispiel einer starken Kraft, die sich, nach verschiedenen Seiten schlagend, durch ihre besonderen Eigenarten entwickelt und läutert.«

Der mit May befreundete Maler Sascha Schneider (1870–1927) urteilte über den Aufsatz: »Das ist seit Langem das Beste, was mir vorgekommen ist. Das kommt, wenn ein Künstler wie W[ulffen] gleichzeitig Wissenschaftler ist. Die Beweisführung ist so klar objektiv, absolut überzeugend, gründlich – und alles im Rahmen einer hohen künstlerischen Synthese, dass sich das alles mit der Hochspannung eines großartigen Kunstwerkes präsentiert. Ich habe W[ulffen] sehr bewundern gelernt und freue mich, dass ein solcher Kopf an wichtiger Stelle steht.«[60]

Ein anderer Schriftsteller, mit dem Erich Wulffen auch in persönlichem Kontakt gestanden hat, war der Dichter Gerhart Hauptmann (1862–1946). Ihm widmete der Kriminologe das Buch *Gerhart Hauptmanns Dramen vor dem Forum der Kriminalpsychologie und Psychiatrie*[61], worin zehn bekannte Jugenddramen behandelt werden, die thematisch dem Grenzgebiet der Psychiatrie und der Kriminalpsychologie entnommen sind.

»Es ist auffällig«, so Wulffen[62], »wie häufig die neueren Dichter sich mit kriminalistischen Problemen, mit naturwissenschaftlichen Gesetzen und pathologischen Geisteszuständen befassen. Hier haben wir es mit einer Wirkung der neueren wissenschaftlichen Forschungen zu tun. So suchen Kunst und Wissenschaft sich gegenseitig [...] In der Reihe der neueren Dramatiker, welche in tiefem sittlichen Ernste ihre Dichtungen dem modernen naturwissenschaftlichen Geiste erschlossen haben, steht an erster Stelle Gerhart Hauptmann.«

Für »das schöne und anregende Buch, das mit so großem Scharfsinn meine Arbeiten analysiert und mich noch lange beschäftigen wird«, bedankte sich Hauptmann in einem Brief[63] an Wulffen. Nicht enthalten in dieser Sammlung ist das 1903 entstandene und mit dem hier vorliegenden Werk erstmals aus dem Nachlass veröffentlichte naturalistische Werk *Rose Bernd*, das das soziale Problem der außerehelichen Mutterschaft und das Schicksal einer ledigen Mutter behandelt. Der Kindsmord ist ein Thema schon des 18. Jahrhunderts, denn die junge Generation der Sturm-und-Drang-Zeit nahm es zum willkommenen Anlass, ihre leidenschaftliche Anklage gegen eine in der Konvention erstarrte, verlogene Gesellschaftsmoral vorzubringen. Auch Wulffen greift in seinen kriminalpsychologischen Betrachtungen dieses Thema sowohl im Hinblick auf seine Erfahrungen als Jurist, wie auch im Zusammenhang mit Dichtern wie Goethe und eben Hauptmann immer wieder auf. In *Gerhart Hauptmanns Rose Bernd vom Standpunkte des Kriminalisten* gelangt Wulffen zu dem Erklärungsmuster, dass pathologische Not die Kindsmörderin letztlich zur Handlung trieb, nicht etwa Angst und Schamgefühl.

Von Jugend an hegte Wulffen ein besonderes Faible für die beiden großen Weimarer Klassiker Johann Wolfgang Goethe (1749–1832) und Friedrich Schiller (1759–1805).

Zu Beginn der 1930er Jahre geriet Goethes Mitwirkung am Todesurteil einer Kindsmörderin in die öffentliche Diskussion. »Auch ich« – so stand es, ausgegeben als exakte schriftliche Äußerung Goethes, in einer Abhandlung von Friedrich Wilhelm Lucht[64], die sich auf die Voten der Geheimen Räte zum Problem der Bestrafung von Kindsmörderinnen bezog. In der Folge prangerte der Jurist Karl Maria Finkelnburg (1867–1945)[65] im Berliner Tageblatt Goethes Unmenschlichkeit an: »Die Hand, die die wundervolle Kerkerszene im Faust, eine der erschütterndsten Szenen der Weltliteratur, geschrieben hat, setzte – die Originalakten sind noch vorhanden – als Zustimmung zu den beiden auf Todesstrafe lautenden Voten nur die Worte hinzu: *Auch ich*. Nichts weiter. Formelhaft.«

Finkelnburgs Abhandlung forderte den Goethe-Verehrer Erich Wulffen zu einer literarischen Replik mit dem Titel *Bekanntes und Unbekanntes über Goethe als Kriminalisten* heraus.

Hierfür hatte er sich an die allerdings nicht zuständige

Direktion des Goethe- und Schiller-Archivs in Weimar gewandt:

»Da ich als kriminalistischer Schriftsteller und Goetheforscher ein lebhaftes Interesse habe, den Vorgang in seinen Einzelheiten näher kennenzulernen, gestatte ich mir die Anfrage, ob das Aktenstück, das nach jenem Aufsatz noch vorhanden sein soll, sich im Goethe- und Schillerarchiv oder wo sonst befindet und ob ich die Möglichkeit habe, dasselbe Sonnabend den 5. März 1932 vormittags, wo ich auf der Rückfahrt von einer Vortragsreise über Weimar komme, einzusehen. Ich darf betonen, dass es mein Bestreben ist, im Gegensatz zu dem Aufsatz Finkelnburgs Goethe wider den erhobenen Vorwurf nicht geübter Humanität zu verteidigen. Hierzu ist aber vor allem Einsicht der Akten erforderlich.«[66]

Nachdem die Anfrage an das Thüringische Staatsarchiv Weimar weitergeleitet worden war, erhielt Wulffen am 5. März 1932 die Gelegenheit zur persönlichen Einsichtnahme in die fallbezogene *Geheime Kanzleiakte*. Wulffens am 29. März 1932 in der Wissenschaftlichen Beilage des *Dresdner Anzeigers* erschienener Aufsatz erlangte allerdings nicht jenen Bekanntheitsgrad, wie ihn Finkelnburgs Beitrag hervorgerufen hatte.

Die als Vortrag gehaltene Gelegenheitsschrift *Ein Hygienespruch Friedrich Schillers* nutzt das bekannte Wort des Dichters »Sorgt für Eure Gesundheit, ohne sie kann man nie gut sein!«, um die Verbindungen von körperlichen Zuständen, von kranken und gesunden Körpern, von körperlichen und seelischen Einstellungen in ihrem Zusammenhang zu paraphrasieren. Die bevorstehende 11. Internationale Hygieneausstellung in Dresden 1930 und die Wiedereröffnung im Jahre 1931 veranlassten ihn zu der hier wohl erstmals abgedruckten Rundfunkansprache. Der Topos, dass die Gesundheitsprobleme durch Seuchen die Völker treffen und ruinieren können, wird mit historischen Reminiszenzen aufgegriffen. Tuberkulose, Syphilis, Alkoholismus bilden ebenso Beispiele wie Überlegungen zur aktuell in der Weimarer Republik diskutierten Eugenik. Wulffens biogenetisch und organizistisch begründete Grundüberzeugung hat sich seit seinen früheren Schriften (siehe z.B. seine in dieser Anthologie wiedergegebene Schrift *Das Problem des Bösen*) im Grunde seit der Epoche vor dem Ersten Weltkrieg nicht wesentlich verändert. Im Übrigen ist seine Rede eine sehr popularisierte Wiedergabe von zahlreichen Überlegungen bis hin zu Gemeinplätzen des Leib-Seele-Problems.

Aber es waren nicht nur die Literaten, denen Wulffens privates und berufliches Interesse galt. Auch die Musik, insbesondere Richard Wagner, beschäftigte ihn. Und so verwundert auch nicht, dass sich im Nachlass des Kriminologen eine Studie mit dem Titel *Kriminalpsychologisches über Richard Wagner* auffand, die, soweit ersichtlich, bisher nie veröffentlicht worden ist. Ihre Entstehungszeit muss weit nach 1924 zu datieren sein, denn Wulffen greift auf einige Werke zurück, die 1919 und später erschienen sind. Die wahrscheinlichste Entstehungszeit wird bei 1932/33 liegen, da der Autor ersichtlich den 50. Todestag des Komponisten zum Anlass nahm. Es soll an dieser Stelle nicht auf die zahlreichen Werke eingegangen werden, die sich historisch und biografisch mit Wagners Jugend, seiner Dresdner Zeit, seiner Teilnahme an der Revolution von 1849 und seine Beziehungen zu Bakunin u.a. beschäftigen. Von besonderem Interesse dürfte vielmehr sein, dass sich hier in deutlicher Weise noch Wulffens partielle Abhängigkeit von manchen Lehren und Annahmen Lombrosos oder jedenfalls von manchen seiner Einflüsse und Wirkungen manifestiert.

Für Wulffen stolpert Wagner »in das politische Abenteuer« hinein. Er greift auf das von Wagner selbst veröffentlichte Selbstverständnis des Künstlers zurück, der in seiner Autobiografie von 1911 allen Anlass hatte, vieles zu beschönigen und sich in ein bestes Licht zu rücken. Auffallend ist, wie Wulffen zeitgenössische Psychologie und Sexualwissenschaft rezipiert. »Ernsthafte Autobiographie« soll »über der Psychoanalyse« stehen; sie ist für Wulffen anscheinend eher ein Schlüssel zu seelischen Geheimnissen. Andererseits basiert seine Analyse auch auf einer 1919 erschienen historischen Darstellung zu Wagner[67] im Jahre 1849 und, was als noch auffälliger erscheint, dann auf Werken wie des Esoterikers Hans Freimark (1881–1945) und des konservativen Sexualwissenschaflers Albert Moll (1862–1939). Erstaunlich wirkt dabei dann die besondere Bezugnahme auf die Individualpsychologie Alfred Adlers (1870–1937). Adler war immerhin ein ehemaliger Freudianer mit eigener Richtung und linker Dissident. Andererseits ist für Wulffen, dem offensichtlich auch an Bewunderung des Genies sowie an einiger Exkulpation gelegen ist, wenn er ihn als einen jungen Ideologen bezeichnet – »wesenlose

Vermischung demokratisch-republikanischer Freiheitsgesinnung mit anarchistisch-utopischen Ideen«, wobei Wagner als partiell Genialer an die Ideenfanatiker und Phantasten angegrenzt habe. Wagner wird von Wulffen kritisch gesehen – die Theorien Adlers führen ihm die Feder: »Sehnsucht nach Überlegenheit, Gottähnlichkeitsgedanke, sein Glaube an seine besondere Zauberkraft« als inneres Wesensmerkmal. Der Komponist wird von Wulffen in seinen vergleichsweise deutlich herausgehobenen negativen Charakterzügen zu einem Zeitpunkt einer heftigen psychologischen Kritik gezeichnet, die dem Zeitgeist des unübersehbar aufkommenden Nationalsozialismus ebenso wenig entsprach wie den Präferenzen des »Führers«. Vielleicht liegt hier auch der Grund dafür, dass sich keine Möglichkeit zur späteren Veröffentlichung dieser offenherzigen und in großen Teilen historisch wie charakterlich zutreffenden Portraitstudie des jungen Wagner und seiner Entwicklung ergab.

Für einen Kriminalpsychologen wie Erich Wulffen lag eine intensive Beschäftigung mit dem Begründer der Psychoanalyse Sigmund Freud (1856–1939) auf der Hand. Wulffens fundamentale Kritik in seinem Beitrag *Einige kritische Bemerkungen über die Theorien Sigmund Freuds und seiner Schule* an Freud ist nicht datiert. Man wird annehmen können, dass sie nach 1929 geschrieben worden ist, aber vor 1932, dem Jahr, in welchem Freud der Goethe-Preis verliehen worden ist. Denn sonst hätte dies Wulffen wohl angesprochen. Er greift auf wichtige psychoanalytische Arbeiten von Theodor Reik (1888–1969), Alexander Franz (1891–1964) und Hugo Staub zurück. Denn diese zählen noch heute zu grundlegenden Arbeiten der Wissenschaftsgeschichte in Bezug auf die Beziehung von Psychoanalyse und Justiz.

Wulffen hat interessanterweise bei aller prinzipiellen Kritik an Freud und seinen Vorbehalten gegenüber der Psychoanalyse, vor allem im Bereich der Sexual- und Triebtheorie, in der Psychoanalyse von Kindern, in der Frage der Bewertung von Zeugenaussagen von Kindern und Jugendlichen und zur Vernehmungstechnik eine engere, rigidere Haltung eingenommen als etwa sein österreichischer Kollege Hans Gross (1847–1915), der Begründer Kriminalwissenschaft in Europa und damals weltweit anerkannter Kriminologe. Hans Gross' Interesse für alle an die Kriminalwissenschaften angrenzenden und für diese womöglich aufschlussreichen Gebiete wie die Psychoanalyse und Psychiatrie ist an den von ihm in seiner Zeitschrift veröffentlichten Studien und Rezensionen abzulesen. In dem bekannten Konflikt mit seinem Sohn Otto Gross (1877–1920), dem auch von Freud seit 1908 abgefallenen Psychopathologen und Psychoanalytiker, hatte Hans Gross – durchaus offener für diese neue Wissenschaft – engeren, sogar persönlichen und durchaus positiven Kontakt zu Sigmund Freud und C. G. Jung (1875–1961), selbst zu einer Zeit nach der prinzipiellen Trennung Jungs von Freud oder auch zu dem von Freud als ehemaliger Schüler verstoßenen Wiener Psychoanalytiker Wilhelm Stekel (1868–1940).

Wulffens kritische Anmerkungen zu Freud sind ein bemerkenswertes, bislang ganz unbekanntes, fast sensationell zu nennendes Dokument der Wissenschaftsgeschichte, gleichermaßen von Bedeutung für Jurisprudenz, Kriminologie und Psychoanalysegeschichte. Hier werden von einem Kriminologen mit weitem Horizont, literarischer und psychologischer Bildung eine ganze Reihe der gängigen, fast stereotyptischen Vorbehalte der Juristen und Psychologen gegen die Psychoanalyse reproduziert. Das soll und muss hier im Lichte der zeitgenössischen und späteren Wissenschaft nicht kritisch hinterfragt, sondern unsererseits nur annotiert werden. Für den hochgebildeten Leser und Wissenschaftler Wulffen galten Lebensberichte und Bekenntnisse der Literatur und Philosophie als höherwertig. Er wendet im Übrigen methodisch und empirisch höchst anfechtbar die kriminalistische Erfahrung gegen psychoanalytische Kriminalitätstheorien. In seinen kritischen Bezugnahmen auf die Sensationsprozesse (Carl Hau, Philipp Halsmann, Frenzel) schwingt ebenfalls die prinzipielle Ablehnung Freud'scher »Annahmen« und Theorien des früheren Richters und Psychologen nur allzu deutlich mit.

Im Gegensatz dazu lässt sich andererseits Wulffens durchaus positive Rezeption der Individualpsychologie Alfred Adlers (1870–1937) für die Kriminologie konstatieren, wie das in dem anderen unveröffentlichten Manuskript sich zeigt. Adler, bekanntlich auch ein früher Gefolgsmann Freuds und dann mit Stekel ein exponierter Dissident, wird von Wulffen akzeptiert und für die Kriminologie genutzt. Wissenschafts- und theoriegeschichtlich ist das bis heute durchaus von großem Interesse.

Wenn Wulffen, sonst durchaus neuen psychologischen Entwicklungen und kriminologisch der Intuition zugetan, die Psychoanalyse als materialistisch abtut und sie sogar relativ pauschal für die »Übererotisierung« und »Übersexualisierung« als Leiden der »Gegenwart« verantwortlich macht, auch wenn er Freuds Theorien und Erkenntnisse vom Unbewussten als Bereicherung angesehen hat – sein heftiger Affekt gegen die Psychoanalyse bei gleichzeitiger Akzeptanz der ebenfalls Freud verpflichteten Individualpsychologie Alfred Adlers zeigen eine merkwürdige, nicht konsequente Ambivalenz.

Sie wäre noch näher aufzuhellen. Dass Wulffen die Arbeit zu Lebzeiten nicht publizierte, ja vermutlich gar nicht mehr publizieren konnte und durfte, hat seinen Grund darin, dass er mit Theodor Reik, Franz Alexander, Sigmund Freud und Alfred Adler die bedeutendsten jüdischen Psychoanalytiker im Kontext der kriminologischen Forschung und Praxis nannte. Alexander gilt heute als »Vater« der Psychosomatik und der Psychoanalyse. Wie Reik gleichermaßen als bedeutender Kriminalpsychologe in die Emigration gezwungen, waren sie alle Opfer des deutschen Antisemitismus und ein herber Verlust auch für die Kriminalwissenschaften in Österreich, Deutschland und Europa.

Abschließend bedanken wir uns bei der Sächsischen Landesbibliothek – Staats- und Universitätsbibliothek Dresden (SLUB) für die Genehmigung zum Abdruck zahlreicher Texte aus dem Nachlass von Dr. Erich Wulffen (Msc. v. Dresd. App. 1832). Unser weiterer Dank gilt der Universitäts- und Stadtbibliothek Köln, Herrn Hans-Dieter Steinmetz (Dresden) und Herrn Dr. Ulrich Freiherr von Thüna (Bonn) für Informationen und Materialien.

Jürgen Seul, Bad Neuenahr-Ahrweiler, und
Dr. Albrecht Götz von Olenhusen, Freiburg i.Br./Düsseldorf,
im März 2015

Juristische Praxis und Presse

Wie Angeklagte sich verteidigen

Wer nahezu zwei Jahrzehnte Gelegenheit gehabt hat, Beschuldigte, Angeklagte und Verurteilte im Vorverfahren, in der Hauptverhandlung und nach dem Urteilsspruch in der Art ihrer Verteidigung zu hören und zu sehen, der wird als Kriminalpsychologe versucht, die verschiedenen Verteidigungsarten in ein System zu bringen und ihre innere und äußere Glaubwürdigkeit zu prüfen. Mit welchem Erfolge dies geschehen kann, soll hier kurz skizziert werden.

Die Verteidigung eines leugnenden Angeklagten steht erstens in engem Zusammenhange mit seinem *Temperament*. Der Sanguiniker wird sich anders wie der Melancholische, der Cholerische anders als der Phlegmatiker verteidigen. Dabei darf aber nicht vergessen werden, dass die bloße Tatsache der – zu Recht oder zu Unrecht – erhobenen Beschuldigung und ihre Wirkungen unter Umständen jedes Temperament beeinflussen können. In einer langen Untersuchungshaft kann auch der Sanguiniker deprimiert und der Phlegmatiker gereizt werden.

Ein Angeklagter wurde aufgrund eines anscheinend sicheren Indizienbeweises wegen Einbruchsdiebstahls zu mehreren Jahren Zuchthaus verurteilt. Bei der Urteilsverkündung rüttelte er wie ein Wütender an den Schranken der Anklagebank und rief dem Vorsitzenden bei Entwicklung der Urteilsgründe die unflätigsten Worte dazwischen. Richter und Staatsanwalt gewannen aus diesem Verhalten auch noch nachträglich die volle Überzeugung von der Richtigkeit des Urteilsspruchs. Nach ewigen Monaten gestand zufällig ein anderer diesen Diebstahl ein; sein Geständnis erwies sich bei sorgfältigster Nachprüfung als zutreffend; der unschuldig Verurteilte musste freigesprochen werden.

Der Glasmachermeister Linke, der im Jahre 1906 in Kamenz seine Frau und Schwiegermutter sowie seine vier Kinder mit dem Beile erschlug und dann zur Verdeckung seiner Tat das Haus an drei Stellen in Brand steckte, bestritt vor und nach der Verurteilung mit den Worten: »So wahr ein Gott im Himmel lebt, ich bin unschuldig!« die Anklage auf das Hartnäckigste. An der Richtigkeit des Urteils besteht nicht der leiseste Zweifel. Solche Versicherungen unter Andeutung Gottes sind nicht selten.

Der seelisch Niedergeschlagene oder der Phlegmatiker können gar zum Zugeständnis einer falschen Beschuldigung gelangen. Ein Kellner gestand vor Polizei und Gericht in allen Einzelheiten zu, einen Geldbrief, den ihm sein Prinzipal zur Aufgabe auf der Post gegeben hatte, unterschlagen zu haben. Tatsächlich hatte er sich an dem Briefe gar nicht vergriffen, sondern hatte ihn nachlässig in der Gaststube liegen lassen, wo ihn der Schankwirt in Gedanken wieder zu sich gesteckt hatte. Der Kellner gestand, weil er die Untersuchungshaft vermeiden und die Verurteilung wegen seiner Nachlässigkeit als »Fahrlässigkeitsstrafe« auf sich nehmen wollte. Er konnte sich, ebenso wenig wie der Schankwirt, daran erinnern, wie er mit dem Geldbrief verfahren war.

Beleuchtet das Temperament den Willen zur Verteidigung, so die *Intelligenz* des Angeklagten seine Fähigkeit dazu. Hier spielen die zahlreichen Schlauheiten und Dummheiten des Verbrechers, vielfach schon mit der Ausführung der Tat beginnend, eine Rolle. Ein gefälschtes Schriftstück trug das Wasserzeichen einer Fabrik, die zur Zeit der angeblichen Ausstellung der Urkunde noch gar nicht existierte. Ein gefälschtes Testament datierte vom Jahre 1868: Das Wasserzeichen des Papiers wies aber den Adler des Deutschen Reiches auf. Ein Hochstapler arbeitete mit einer simulierten Geistesstörung wie mit einem Gaunertrick, bis er nach wiederholten Freisprechungen entlarvt wurde. Ein Spitzbube spielte den Taubstummen und stieß auf der Anklagebank unartikulierte Laute aus, während er sich in der Zelle mit einem anderen Gefangenen sehr gut unterhalten hatte.

Beliebt ist die Abwälzung der Schuld auf den »Unbekannten«, der bald groß, bald klein, heute brünett, morgen blond, einmal bartlos, dann mit Schnurrbart oder auch mit Vollbart beschrieben wird und niemals zu finden ist, weil er gar nicht existiert.

Im sogenannten »Bombastusprozess« (November 1909 zu Dresden) behauptete der Angeklagte, die in Frage stehenden kosmetischen Rezepte habe ihm, als er sich im Trancezustand befunden, der Geist des Bombastus Paracelsus von Hohenstein[68] diktiert. Auf den Vorhalt, die Rezepte ständen auf ganz modernem wissenschaftlichem Boden, erklärte der Angeklagte, Bombastus Paracelsus habe sich eben seit seinem Tode wissenschaftlich fortgebildet.

Es gibt hartnäckige Angeklagte, die auch der schlagendsten Tragik der Tatsachen gegenüber bei ihrem Leugnen bleiben. Die Krone der Verteidigung in den Kriminalprozessen der letzten Jahre gebührt dem Reichsanwalt Karl Hau (Karlsruhe 1907). Als er den Spürsinn der Öffentlichkeit in der Richtung nach Olga Molitor bemerkte, »lancierte« er diplomatisch sein Geständnis, er habe am 6. Nov. 1906 sie nochmals in Baden-Baden wiedersehen wollen. Im Übrigen lehnte er alle Erklärungen ab. Seine abgeschmackten, sentimentalen Versicherungen: »Ich bin unschuldig!«

Gelassene Erklärungen:
Der Verteidiger solle sein Plädoyer so einrichten, als sei er schuldig.

Als Schlussausführung einer achttägigen Verhandlung nur fünf Worte:
»Ich habe nichts zu sagen!«

Der wichtigste Faktor im psychologischen Verteidigungskomplex ist das Schuldbewusstsein. Auch der abgestumpftere Verbrecher verspürt etwas davon, wie sehr er es auch unterdrücken möchte. In seinem Gemütszustande kommt es für den scharfen Beobachter zum Ausdruck. Das Schuldbewusstsein beeinträchtigt vor allem auch die geriebene Verbrecherintelligenz, wie schon bei Verübung der Tat, so auch hinterher in der Verteidigung. Es ist etwas außerordentlich psychologisch Feines um den *Grad der Sicherheit,* mit der ein Angeklagter seine Verteidigung vorträgt. Freilich der bloße Kriminalist sieht und hört hier auch nicht viel, er muss vor allem auch ein Menschenkenner, ein Kenner der tiefen Falten des menschlichen Herzens sein. Der Schuldige findet – aus seinem innersten Zustande heraus – für sein Verteidigungsvorbringen nur ganz ausnahmsweise den Ton der wirklichen Unschuld. Sein Ton ist entweder zu unsicher oder zu sicher. Diesen beiden Tonarten begegnet man immer wieder; ich habe zahlreiche Male die Probe auf das Exempel gemacht. Dabei muss man nicht nur den Inhalt, sondern eben den Ton – *er kommt vom Grunde der Seele* – des Vortrages hören, dabei die Haltung, die Gesichtszüge, vor allem den Blick und das Auge des Menschen sehen.

Wie ganz anders nimmt sich dies alles bei dem wirklichen Unschuldigen aus. Ton, Haltung, Blick und Auge sind ganz anders. Es lässt sich nicht beschreiben, sondern nur hören und sehen, nur fühlen. Ich glaube, es lässt sich auch nicht von jedermann erlernen – eine angeborene Fähigkeit – nennen wir sie den kriminalpsychologischen Menschenblick – ist Voraussetzung. Übung kann hier eine verhältnismäßige Wissenschaft erzeugen. Augenblicke der Täuschung bleiben nicht aus. Man denke an Richard III. in der Szene mit Königin Anna, an Macbeth nach der Mordnacht unmittelbar bei der Entdeckung der Untat. Es gibt auch Komödianten des Lebens. Schon manchmal schien es mir, als würde eine Verteidigung, die doch erlogen war, von der Unschuld vorgetragen. Hörte ich dann aus demselben Munde das wahrheitsgemäße Geständnis, dann spähte und lauschte ich und erhaschte das Geheimnis: Der Ton der Wahrheit klang musikalisch doch anders, das Auge des Wahrhaftigen hatte doch ein anderes Licht!

Hier stehen wir am Anfang einer kriminalistischen Kunst, die noch wenig geübt wird. Im Gerichtssaale, wo der Angeklagte viel zu weit von seinen – oft schlecht sitzenden und oft schlecht hörenden – Richtern steht und spricht, kann sie überhaupt nicht zur Geltung kommen. Nur im Amtszimmer des Staatsanwalts und Untersuchungsrichters – Auge in Auge mit dem Beschuldigten – ist für sie Raum. Aber ihre psychologischen und künstlerischen Voraussetzungen sind richtig. Die verfeinerte Kriminalpsychologie der Zukunft wird es erweisen.

Der Kriminalpsychologe muss dem Menschen so tief ins Herz sehen lernen, wie die großen tragischen Dichter es vermochten.

Die Strafzumessung unserer Gerichte

Die öffentliche Meinung hat in neuerer Zeit wiederholt, insbesondere durch die Presse, an der Strafzumessung unserer Gerichte Kritik geübt. Es darf dies als ein Zeichen dessen, dass die größere Öffentlichkeit ein immer steigendes Interesse an der Strafrechtspflege nimmt, aufgefasst werden. Gerade eine gut bediente Tagespresse erscheint ganz besonders geeignet, das Publikum über seine strafrechtlichen Interessen aufzuklären und zu deren Wahrnehmung zu erziehen. Ein Teil der Kriminalisten will das noch immer nicht anerkennen. Die Zeit wird aber doch wohl nicht mehr fern sein, wo man sich in den Tagesblättern beispielsweise den spaltenlangen Berichten über die Eintagsfliegen der modernen schönen Literatur eine Aufklärung über Fragen vorziehen wird, welche die Stellung des Einzelnen im Rechtsstaate näher angehen. Und das Strafrecht selbst wird hiervon den größten Gewinn ziehen. Denn es wird, wie nach den sozialen Errungenschaften der letzten Jahrzehnte nicht mehr zweifelhaft ist, nicht eher als reife Frucht der Kultur erscheinen, als bis die soziale Mitarbeit des ganzen Volkes den Acker bereitet hat. Im Strafrechte zuerst wird unser heutiges Juristenrecht sich in ein Volksrecht verwandeln.

Die Strafzumessung vor allem ist in der Tat eine Brücke, auf welcher im Gebiete des Strafprozesses Juristen und Laien sich begegnen können und begegnen sollen. Zwar werden die einzelnen Vorschriften des geltenden Strafgesetzes hinsichtlich der Strafzumessung durch Gesetzeskenntnis vermittelt; insoweit ist also die Findung der Strafe juristischer Natur. Im Übrigen aber beruht die Ausmessung einer im einzelnen Falle angemessenen Strafe nicht auf juristischen, sondern rein menschlichen, vor allem auf ethischen und sozialen Anschauungen und Fähigkeiten. Und dieser moralischen Bewertung einer Straftat ist das Publikum dann, wenn die in öffentlicher Hauptverhandlung festgestellten Tatsachen durch die Presse wahrheitsgetreu publiziert worden sind, durchaus fähig. Ohne auf das Wort *Vox populi vox dei*[69] Bezug zu nehmen, möchte doch davor gewarnt werden, das juristische Judizium[70] des Volkes zu unterschätzen. Es hat verschiedentlich sogar den Gesetzgeber ad absurdum geführt. Nur ein Volk in seiner Gesamtheit, und nicht etwa die Gesamtheit oder ein Teil seiner Kriminalisten, ist der Träger und Verkünder seiner ethischen und sozialen Welt- und Lebensauffassung. Auf diese geht aber alle Strafzumessung zurück. Aus ihr sind insbesondere auch die Strafzumessungsgründe geflossen, welche ein geltendes Strafgesetz dem Richter mit einzelnen Bestimmungen an die Hand gibt. In unserem Strafgesetze und vor allem in unseren einzelnen Strafandrohungen finden wir den Niederschlag unserer Sittlichkeit, unserer Bewertung der Lebensgüter, unseres innersten Volksgewissens wieder. Freilich Goethes Wort, dass die Gesetze von Geschlecht sich zu Geschlechte »schleppen« und vom Rechte, das mit uns geboren ist, nie die Frage sei, trifft noch immer zu. Insbesondere sind die sozialen Anschauungen, aus welchen heraus vor nunmehr länger als dreißig Jahren unser Reichsstrafgesetzbuch geboren worden ist, in vielen Beziehungen nicht mehr die unsrigen. Denn gerade innerhalb der letzten dreißig Jahre hat sich jener Umschwung vollzogen, der einer Sozialpolitik zuerst die Wege öffnete. Die in das Auge gefasste Neubearbeitung unseres Strafgesetzbuches wird vor allem die Strafandrohungen zu revidieren haben, und es kann ohne Prophetengabe vorausgesagt werden, das neue Strafgesetzbuch wird mildere Strafen aufweisen, als das jetzt geltende, es wird vor allem die Anwendung der Geldstrafe ausdehnen und sie mit der Freiheitsstrafe öfter als heute nebeneinander zur Wahl stellen. Die größere Milde der Strafen entspricht unserer höheren sozialen Erkenntnis, wie sie beispielsweise bereits in der neuen Konkursordnung mit der wohlweisen Androhung der Geldstrafe zum Ausdrucke gekommen ist. Und mit der Betätigung größerer Milde in seinen Strafen wird der künftige Gesetzgeber die Bahnen wandeln, welche die Weltgeschichte unserem Volke und allen Völkern seit Jahrtausenden vorgezeichnet hat. Es ist ein Zeichen steigender Kultur, dass sie ihre Strafen mildert.

Also alle Strafzumessung, wiederholen wir, hat auf die ethischen und sozialen Anschauungen eines Volkes in seiner Gesamtheit hinzublicken und hat auf sie, welche wandelbar sind und fortschreiten, auch innerhalb der Strafandrohungen eines alternden Strafgesetzes möglichste Rücksicht zu nehmen. Eine Strafzumessung, welche der Ethik und der Sozialpolitik eines Volkes widerspricht, ist fehlerhaft. Der Strafrichter schneidet mit ihr in das gesunde Fleisch seines Volkes.

Der Anhaltspunkte, welche unser Reichsstrafgesetzbuch dem erkennenden Richter für die Bemessung der Strafe gibt, sind nicht zu viele. In einzelnen Fällen stellt es mehrere Strafarten, in der Hauptsache Freiheitsstrafen und Geldstrafen, nebeneinander zur Wahl. Im Übrigen setzt es durch allgemeine oder besondere Bestimmung für jeden Tatbestand ein Mindest- und ein Höchstmaß der angedrohten Strafart fest, rückt für gewisse erschwerte Fälle das Strafminimum hinauf und gibt Bestimmungen über die Zubilligung von mildernden Umständen, welche ein Hinabsteigen des Strafmaßes unter das bestimmte Minimum oder die Wahl einer milderen Strafart gestatten. Hinsichtlich der oft tief einschneidenden Nebenstrafen, wie des Verlustes der bürgerlichen Ehrenrechte, begnügt sich das Gesetz mit der Bezeichnung der Straftaten, bei welchen sie neben einer bestimmten Hauptstrafe erkannt werden können. Der Gesetzgeber hat also dem Strafrichter den weitesten Spielraum gelassen. Droht das Gesetz, wie beispielsweise beim Diebstahl und Betrug, Gefängnisstrafe bis zu 5 Jahren an, so stehen dem Richter so viele Strafmaße zur Wahl, als sich verschiedene Zeitmaße von einem Tage bis zu fünf Jahren ergeben, also 1825 verschiedene Strafmaße. Der Laie wird über diese Tatsache erstaunen, der Jurist vielleicht nicht minder, weil er sie sich meistens nicht gegenwärtig hält. Ähnlich, wenn auch in geringerer Anzahl, stehen bei allen anderen Delikten verschiedene Strafmaße reichlich zur Verfügung. Von den erwähnten 1825 verschiedenen Strafmaßen wird im einzelnen Falle eine größere Anzahl ausscheiden, die, wie mit Sicherheit gesagt werden kann, nicht angemessen sind. Andererseits werden in jedem Falle eine bald größere, bald kleinere Zahl verschiedener Strafmaße verbleiben, von welchen bei der verschiedenen subjektiven Auffassung der verschiedenen Richter wieder nicht behauptet werden kann, dass sie durchaus unangemessen sind. Normale Schwankungen in der Strafzumessung sind daher unvermeidlich, weil sie in unserem ganzen Strafsystem begründet liegen. Unvermeidlich ist es deshalb auch, dass ganz dieselbe gleichwertige Tat von dem einen Gerichte erheblich empfindlicher geahndet wird als von dem anderen. Mit Recht sagt Professor Dr. von Liszt, es solle ihm einmal ein Richter im Urteile auseinandersetzen, weshalb gerade eine Strafe von 6 Wochen und nicht schon von 4 Wochen oder eine Strafe von gerade 2 Jahren und nicht schon von 1 Jahre 6 Monaten Gefängnis bzw. Zuchthaus »angemessen« sei. Bekanntlich steht von Liszt auf dem Standpunkte, dass der Strafrichter den Angeklagten überhaupt zu wenig kenne, um ihm das endgültige Strafmaß bestimmen zu können, und will dessen Festsetzung einem zweckmäßig zusammengesetzten Vollstreckungsamt überlassen wissen. Und dabei muss für unser Strafgesetzbuch betont werden, dass es sich gerade da am besten bewährt hat, wo es den weitesten Spielraum lässt, dagegen überall da, wo es das Strafminimum von der allgemeinen Bestimmung abweichend hinaufgerückt hat, den Strafrichter leicht in Verlegenheit bringt. Jede gesetzgeberische Kasuistik in der Strafzumessung hat sich als unzweckmäßig erwiesen. Einen brauchbaren Ersatz für die Gewährung des weitesten Spielraums bei Ausmessung der Strafe hat die Praxis noch nicht gefunden. Es muss also bis auf weiteres dabei bleiben, dass der Angeklagte dem Ermessen des Richters, somit dessen persönlichem Denken und Empfinden, überantwortet ist.

Sonach liegt der Schwerpunkt bei der Strafausmessung darauf, dass der Richter innerhalb der gesetzlich gesteckten Grenzen sachlich und individuell unterscheidet. In der Festsetzung der angemessenen Strafe wird in vielen Fällen die Hauptaufgabe der Urteilsfindung bestehen, weil bei einer einigermaßen vorsichtigen Anklageerhebung schon nach dem Inhalte der Akten feststeht, dass der Angeklagte, weil seine Tat unter das Strafgesetz fällt, verurteilt werden muss. Insoweit schafft der Richter, wenn die Hauptverhandlung nicht abweichende Ergebnisse liefert, im Urteile nichts Neues. Als neue Arbeit leistet er die Ausmessung der Strafe. Wenn der Angeklagte auf eine Freisprechung nicht rechnen kann, hat er das Hauptinteresse an dem Maße der ihm aufzuerlegenden Strafe. Aber auch in den Fällen, in welchen die Schuldfrage zweifelhaft und in erster Linie vom Richter zu entscheiden ist, bleibt die Bemessung der Strafe von Wichtigkeit. Will sich der Richter in den Stand setzen, die angemessene Strafe zu finden, so muss er die subjektive Seite der Tat ganz durchdringen und im Urteile herausarbeiten. Für die Strafzumessung ist nicht nur von Bedeutung, dass beispielsweise der Täter an einem bestimmten Tage und Orte einem bestimmten anderen einen Gegenstand von einem gewissen Werte gestohlen hat. Vor allem wollen wir wissen, wie er auf den Gedanken zu stehlen kam, wie er sich bei Ausführung der Tat und hinterher bei der Verwertung des gestohlenen Gutes sowie bei und nach Entdeckung des Diebstahls verhalten hat. Die Handlung und den Täter besonders charakterisierende Umstände müssen hervorgehoben werden. Wollte das Urteil bloß die nackte Gesetzesformel umschreiben, so würde oft aus der Polizeianzeige über die Beweggründe und das Verhalten des Täters besser Aufschluss zu erlangen sein. Für die Strafzumessung ist der objektive Erfolg der Straftat nur der eine Faktor; der andere gleich wichtige liegt in der Psychologie der Tat und des Täters. Mit der Feststellung und Konstruktion des gesetzlichen Tatbestandes ist die Aufgabe des erkennenden Richters weder bei der Beratung noch bei der Ausarbeitung des Urteils beendet. Insbesondere muss die Beratung für die Abwägung der Strafzumessungsgründe reichlichen Raum geben. Gerade weil das Strafmaß auf dem persönlichen Denken und Empfinden des Richters ruht und die Richter auch nur Menschen sind, welche von Stimmungen beeinflusst werden, ist zum Mindesten zu fordern, dass ein Ausgleich der verschieden gestimmten Anschauungen und Empfindungen versucht werde. Es muss unbedingt von jedem Richter des Kollegiums eine selbstständige Erklärung über das Strafmaß abgegeben werden. Dann wird sich sofort die Notwendigkeit der Debatte darüber ergeben. Wird nur ein einseitiger Vorschlag seitens des Vorsitzenden oder Referenten gemacht und zum Urteilsspruch erhoben, falls von keiner Seite Widerspruch erfolgt, also auch dann, wenn die anderen Richter schweigen, so wird die gerade so nützliche allseitige Aussprache ausgeschaltet, die sich übrigens nicht nur mit dem Maße der Strafe ziffernmäßig, sondern auch mit den einzelnen Gründen für die Bemessung zu befassen hat. Dass der Vorsitzende das Strafmaß vorschlägt, widerspricht schon der Vorschrift in § 199 des Gerichtsverfassungsgesetzes, wonach gerade er zuletzt und der jüngste Richter, abgesehen von dem Berichterstatter, zuerst zu stimmen hat. Die Debatte über die Strafbemessung bietet auch, insbesondere für den jüngeren Richter, die nahezu einzige Gelegenheit, sich auf diesem Gebiete auszubilden. Bei der hohen Verantwortlichkeit darf diese Gelegenheit nicht vermieden werden. Wir wissen ja, wie leicht das Zünglein der Wage bei der Bemessung der Strafe ins Schwanken gerät. Der Einwurf eines einzelnen Richters kann das Maß um Tage, Wochen und Monate verändern. Unter diesem Gesichtspunkte ist auch die preußische Einrichtung gutzuheißen, dass der Staatsanwalt, der im Großen und Ganzen als ein Mitglied des Gerichtes ohne Stimmberechtigung aufgefasst werden darf, auf ein bestimmtes Strafmaß plädiert. Weil die Findung der angemessenen Strafe nicht leicht ist, sind hierzu alle beteiligten Sachverständigen zu hören. Und der Staatsanwalt plädiert bekanntlich nicht immer auf die härtere Strafe. Bei der Ausarbeitung des Urteils darf die Psychologie der Tat und des Täters nicht zu kurz kommen. Die Tat soll im Urteile moralisch bewertet werden. Man soll nach dem Durchlesen eines Urteils sich nicht noch fragen müssen: Was hat also, moralisch gewürdigt, der Mensch eigentlich getan? Die ausdrückliche Feststellung dessen, dass dieser oder jener gestohlene oder unterschlagene Gegenstand, zum Beispiel ein Portemonnaie, ein Geldstück, ein Bekleidungsstück, eine »bewegliche Sache« im Sinne der §§ 242, 246 des Strafgesetzbuchs ist, kann im Urteile entbehrt werden. Hingegen darf bei der moralischen Bewertung der Tat zur Begründung der erkannten Strafe etwas größere Ausführlichkeit erwartet werden, als sie gewisse stereotype Redewendungen, wie »die Gröblichkeit des verübten Vertrauensbruches« oder »die durch die Tat bekundete Rohheit« usw. bieten.

Das Urteil als schriftstellerisches Produkt muss Innerlichkeit haben. Sozialpolitik und Kriminalpolitik sollen dem Richter die Wege zeigen, wenn er die Strafe ausmisst. Glänzende juristische Technik, in den kühnsten Konstruktionen geübt, und Anlehnung an die Präjudizien der höchsten Gerichtshöfe reichen hier nicht aus. Gerade die zu hohe Bewertung der juristischen Technik lässt den Kern alles Strafrechtes, den Menschen, sein Wesen und sein Schicksal, leicht in den Hintergrund treten. Im Übrigen darf der Kriminalist, der die rein juristische Wissenschaft und die Konstruktion allein bewertet, nicht vergessen, dass er auf diesem technischen Gebiete von den Vertretern der rein technischen Wissenschaften und Disziplinen, wie ihn ein Einblick in die Werkstätten des Maschinenbauers und Mechanikers belehren kann, bei weitem überflügelt wird!

In der Technik allein darf der Jurist sein Heil nicht suchen. Das Strafrecht hat keinen Selbstzweck, es ist auch nur Mittel zu den Zwecken des Ganzen. Die Sozialpolitik lehrt: Die menschliche Gesellschaft muss nach besten Kräften bestrebt sein, jedes ihrer Glieder zu einem für das Gemeinwohl brauchbaren heranzubilden und als solches zu erhalten. Die Gesamtheit eines im Staate verbundenen Volkes ist das Höchste, dem alles andere dienen muss, weil nur in ihr aller Fortschritt sich offenbart. Jeder Akt, durch welchen ohne vernünftige Ursache und ohne vernünftigen Zweck die Heranbildung auch nur eines einzigen, und wäre er der geringste, zu den großen Zwecken des Ganzen vereitelt oder vernachlässigt wird, bedeutet einen sozialpolitischen Fehler. Die Gebote der Kriminalpolitik aber sind dem gleich. Zu strafen ist in der Weise, dass dem Übeltäter so lange als irgend möglich der Zusammenhang mit dem besseren Teile der menschlichen Gesellschaft erhalten bleibt. Zu strafen ist nicht mit dem Erfolge, dass der moralisch Schwache, der Verführte, mit der ersten Verurteilung sich aus der Gesellschaft der Besseren ausgestoßen fühlt und deshalb auf der abschüssigen Bahn des Verbrechens weiterschreitet. Nur der Unverbesserliche, der nach menschlicher Berechnung für die Zwecke des Ganzen unwiederbringlich verloren ist, fühle die ganze Schwere des Gesetzes und werde unschädlich gemacht. Aus diesen Sätzen folgt logisch, dass der Übeltäter bei dem ersten Fehltritt so mild als irgend möglich zu strafen ist. Insbesondere ist bei erstmaliger Verurteilung reiflich und vorsichtig abzuwägen, ob auch die Nebenstrafe der Aberkennung der bürgerlichen Ehrenrechte ausgesprochen werden soll. Durch sie wird ein bisher unbescholtener Mann, der sich durch Notlage oder Verführung zu einem allerdings nicht leichten Fehltritt hat hinreißen lassen, über seine nicht unempfindliche Hauptstrafe hinaus noch auf Jahre in seinem Fortkommen sozial nachhaltig geschädigt. Und es ist nicht nur die äußere, sondern vor allem auch die innere Wirkung dieser Ehrenstrafe, welche auf das noch empfindsame Gemüt drückt, in Anschlag zu bringen. Eine solche zweifache Benachteiligung steht oft nicht im richtigen Verhältnisse zur objektiven und subjektiven Seite der Tat. Weil das Gesetz die Aberkennung der bürgerlichen Ehrenrechte in bestimmten Fällen zulässt, so braucht doch nicht auf sie erkannt zu werden. Auch lässt sie sich im Urteile nicht ohne weiteres allein damit begründen, dass der Verurteilte durch seine Tat eine ehrlose Gesinnung bekundet habe. Jeder, der sich beispielsweise an fremdem Gute bereichert oder einen anderen betrügt, betätigt damit in gewisser Beziehung eine unehrenhafte Gesinnung. Auf der anderen Seite werden sich in vielen Fällen Gründe finden, welche die Tat in einem milderen Lichte erscheinen lassen. Man muss nur so tief in die Tat und in das Innere des Täters eindringen, dass man die Unterscheidungsmerkmale findet. Die auf Abschwächung der ersten Verurteilung gerichtete Tendenz ist aus sozialer Erkenntnis hervorgegangen und wird auch mit dem Institut des bedingten Strafaufschubs verfolgt. Diesem Grundsatze gegenüber kann jedenfalls bei erwachsenen, im sozialen Verkehre stehenden Übeltätern im einzelnen Falle nicht die Hypothese aufgestellt werden, gerade eine empfindlichere Ahndung werde sie ein für alle Mal von weiteren Straftaten abschrecken. Eine solche erzieherische Wirkung ist von einer längeren Freiheitsstrafe nur bei Personen zu erwarten, welche noch im Alter der Erziehung stehen. Auch hier sind die Hoffnungen oft getäuscht worden. Es ist möglich, dass eine solche Wirkung mit einer härteren Strafe auch bei Erwachsenen erzielt wird, aber es ist nicht gewiss. Es ist aber ebenso gut möglich, dass die härtere Strafe den moralisch Schwachen in Verzweiflung niederwirft und niemals wieder aufstehen lässt. Mit dieser Gefahr darf der Strafrichter nicht spielen. Dem Gefallenen so lange als möglich die rettende Hand zu bieten, entspricht auch dem Gedanken des Christentums. Der Strafrichter ist also in der glücklichen Lage, praktisches Christentum zu treiben.

Freilich kann nicht jede Straftat, selbst wenn sie die erste ist, mild gestraft werden; die erhebliche Beeinträchtigung fremder Rechtsgüter und die frevelhafte Gesinnung des Verbrechers können empfindliche Ahndung erheischen. Aber nach der Statistik treten die sogenannten schweren Fälle den leichteren gegenüber weit zurück. Die Kriminalität unseres Volkes bewegt sich hauptsächlich in solchen Fällen, welche, wenn auch nicht immer nach den Strafandrohungen unseres Strafgesetzbuchs, so doch aus objektiven und subjektiven Gründen des konkreten Falles zu den leichteren gezählt werden dürfen.

Hier ist die Kriminalität aus sozialen und physiologischen Ursachen eine allerdings recht intensive. Angeborene Veranlagung, mangelhafte Erziehung, günstige Gelegenheit und soziale Bedrängnis führen auf die verbotenen Wege. Diese Kriminalität, welche in unserem Volksleben eine unvermeidliche ist, soll der Strafrichter milder beurteilen. In dieser Richtung ist interessant, dass die Richter in den großen Städten, wo ihnen die soziale Lage und Lebensweise des gewöhnlichen Mannes am anschaulichsten vor Augen treten, nicht abgeneigt sind, die leichtere Kriminalität mild zu beurteilen. Aber auch hier ist die, man möchte sagen, allgemeine richterliche Scheu davor, bei wahlweisen Strafandrohungen möglichst die mildere Strafart zu wählen und sich bei jeder Strafart, wenn die Umstände es irgend zulassen, an der Grenze des Strafminimums zu bewegen, noch nicht überwunden. Und eine solche Strafbemessung liegt doch sozial am nächsten. In den kleineren Orten dagegen pflegen die Richter empfindlicher zu strafen. Bei der geringeren Zahl der zur Aburteilung gelangenden Fälle gewinnt der einzelne Straffall, obschon er geringfügiger Natur sein mag, an Bedeutung. Man hat oft den Eindruck, als erführen diese wenigen Straffälle seitens der Richter ohne deren Willen und Bewusstsein auf psychologisch leicht zu erklärende Weise bei der Aburteilung eine Ausgestaltung und Bewertung, welche dem historischen Vorgange nicht entsprechen. Und dabei sind doch die Voraussetzungen für die Strafzumessung in den größeren Städten und den kleineren Orten ungefähr dieselben. Ob beispielsweise ein Diebstahl auf dem Lande, wo viele Türen unverschlossen bleiben, oder in den Mietskasernen der Großstädte verübt wird, wo viele Menschen dieselben Räume teilen, wägt gleichviel. Die kleineren Diebstähle, Unterschlagungen, Betrügereien und Hehlereien, die geringeren Verstöße gegen die öffentliche Ordnung und Autorität der Staatsgewalt, die ohne nachhaltigen Folgen verlaufenen Körperverletzungen, deren sich insbesondere der körperlich arbeitende Mann nach seiner derben Lebensweise leicht innerhalb seiner Kreise schuldig macht, die vielen Polizeiübertretungen bedürfen einer milderen Auffassung. Soweit das Gesetz und die Tatumstände es zulassen, darf von der Geldstrafe Gebrauch gemacht werden. Die Richter entschließen sich zu deren Wahl nicht ohne weiteres. Insbesondere wird bei den Unterschlagungen und Betrügereien mehr Gewicht auf die verursachte Benachteiligung fremder Vermögensrechte als auf den Beweggrund zur Tat gelegt. Geldstrafen bei Unterschlagung und Betrug gehören verhältnismäßig zu den Seltenheiten. Wir können uns noch nicht daran gewöhnen, dass rechtswidrige Bereicherung am fremden Gute mit Geldstrafe soll gesühnt werden können. Und dennoch drängen unsere ganzen sozialen Verhältnisse zu dieser Auffassung. Es wird bekanntlich viel darüber gestritten, ob für den einfachen Diebstahl die Geldstrafe angemessen sei. Die nächste Revision des Strafgesetzbuchs wird sie zweifellos bringen. Schon jetzt werden kurze Diebstahlsstrafen im Gnadenwege in Geldstrafen umgewandelt. Das Bedürfnis nach Anwendung der Geldstrafe ist also unstreitig vorhanden. Auch bei Hausfriedensbruch, Sachbeschädigung, Widerstand gegen die Staatsgewalt und Körperverletzung, die vielfach in einem gereizten, erregten Gemütszustande oder im Zustande der Angetrunkenheit verübt werden, ist die Geldstrafe am Platze. Vor allem sollte sie in den gesetzlich zulässigen Fällen bei Übertretungen nur ganz ausnahmsweise der Haftstrafe weichen müssen. Bei ihrer Ausmessung ist zu berücksichtigen, dass schon Beträge von 20–30 M. den durchschnittlichen Wochenlohn in arbeitenden Kreisen ausmachen, der im Mittelstande durchaus nicht übermäßig steigt. Und die niederen und mittleren Schichten der Bevölkerung stellen gerade bekanntlich den größten Prozentsatz der Verurteilten. Dass eine nicht hohe Geldstrafe kein Übel sei, kann also nicht gesagt werden. Verdient der Verurteilte den Tag etwa 3–4 M., so verschlingt eine Strafe von 20–30 M. den vollen Wochenlohn. Ist dies bei Leuten, die aus der Hand in den Mund leben, nicht Strafe genug? Es trifft auch nicht zu, dass der minder oder unbemittelte Mann eine Geldstrafe nicht zahlen wolle oder nicht zahlen könne, dass es folglich müßig sei, auf eine Geldstrafe zu erkennen. Die Gesuche um gnadenweise Verwandlung einer geringen Freiheitsstrafe in Geldstrafe sind auch in unbemittelten Kreisen an der Tagesordnung. Die Geldstrafe, daran werden wir uns gewöhnen müssen, wird in einer eingehenden Ausgestaltung und Anpassung an die Vermögensverhältnisse des Einzelnen die Hauptstrafe der Zukunft sein. Freiheitsstrafen wegen geringer Vergehen, insbesondere bei ersten Verurteilungen erkannt, verbittert leicht das Gemüt, macht verstockt und stumpft das Ehrgefühl ab. Es wird also gerade das Gegenteil von Besserung erreicht. Die Gefährlichkeit der kürzeren Freiheitsstrafe ist genügend erkannt. Sie treibt manchen brauchbaren Menschen zu den Verlorenen. Das Urteil von Liszts, dass die kürzeren Freiheitsstrafen größeres soziales Unheil als völlige Straflosigkeit dieser Übeltäter anrichten, ist leider nicht zu hart. Die Erkennung einer ersten Freiheitsstrafe ist für das betroffene Menschenleben von größerer Bedeutung, als sich dies dem Strafrichter während der kurzen Zeit, die ihn die Aburteilung in Anspruch nimmt, eindringlich genug darstellen kann. Muss auf eine kürzere Freiheitsstrafe erkannt werden, so werde sie so niedrig als möglich bemessen. Durch ihre Ausdehnung wird bekanntlich dem Strafzwecke wesentlich nicht gedient. Bei der kürzeren Freiheitsstrafe liegt der Schwerpunkt darin, dass überhaupt auf diese Strafart erkannt worden ist. Auch eine nach Tagen bemessene Freiheitsstrafe trifft empfindlich, wenn der Betroffene, wie meist der Fall sein wird, auf Verwertung seiner Arbeitskraft angewiesen ist. Wer auf längere Zeit seinem

Erwerb nicht nachgehen kann, zieht die Angehörigen, welche wirtschaftlich von ihm abhängen, in unverdiente Mitleidenschaft. Hierdurch werden ganze Familien in jeder Beziehung sozial geschädigt und diese Benachteiligung überträgt sich auch auf Gemeinde und Staat. Die soziale Wohlfahrt dieser Familien und die Verwirklichung seines Strafanspruchs gegen jene Übeltäter stehen aber dem Staate gleich hoch. Hat er auf der einen Seite den Bruch seiner Rechtsordnung und den Eingriff in die Rechtssphäre zu ahnden, so will er doch politischer Weise mit möglichster Schonung der sozialen Interessen der Frevler Sühne heischen. Denn der Staat will immer politisch handeln, das heißt im steten Hinblick auf das Ganze. Die Staatsklugheit macht aber vor allem ihre Rechte geltend auf dem Gebiete der leichteren Kriminalität. Dabei kommt der Beschädigte und Verletzte mit dem ihm gebührenden Schutze durchaus nicht zu kurz. Von der Bestrafung des Übeltäters hat er an sich gar keinen Vorteil; der Strafprozess vermag seinen Schaden nicht zu heilen. Dass milde Strafen auf gewisse Übeltäter ihre Wirkung verfehlen, ist kein Beweis für die Unzweckmäßigkeit jener Milde. Alle Kriminalität vollzieht sich im Staate und ist mehr oder minder ein Produkt unserer Gesellschaftsform. Daher ist die Gesellschaft ihren einzelnen Gliedern auch schuldig, ihnen die Folgen der Kriminalität nach Kräften zu erleichtern, nicht aber berechtigt, sie wegen dieser Kriminalität ohne Nutzen für das Ganze zu vernichten. Polizeiübertretungen werden im modernen Verkehrsleben immer, vielleicht mit dem wachsenden Verkehre immer extensiver begangen werden, mögen sie nun mild oder hart gestraft werden. Gerade deshalb sind sie nicht hart, sondern mild zu strafen. Ebenso steht es mit der übrigen unvermeidlichen leichteren Kriminalität. Sie bedarf zu ihrer Beurteilung staatskluger Richter.

Die Schäden in der Berichterstattung der Gerichte über Gerichtsverhandlungen

Das Zeitungswesen hat in den letzten Jahrzehnten eine außerordentliche Entwicklung erfahren. Hierdurch sind aber auch größere Ansprüche an die Presse bezüglich der Berichterstattung über Gerichtsverhandlungen zu stellen. Auf die wesentlichsten Schäden nach dieser Richtung aufmerksam zu machen, ist der Zweck nachstehender Zeilen.

Die volle Wiedergabe von Stand, Namen und Wohnort eines Angeklagten im Zeitungsberichte über Gerichtsverhandlungen ist nur dann geboten und zulässig, wenn hieran in irgendeiner Hinsicht die Öffentlichkeit ein von der Presse zu vertretendes Interesse hat.

Das Interesse der Öffentlichkeit und der Presse an der Wiedergabe des Inhaltes einer Gerichtsverhandlung überhaupt kann auf tatsächlichem oder rechtlichem Gebiete oder auf beiden zugleich liegen.

Kommt ganz allein, wie z.B. öfter bei gewerbe- und wohlfahrtspolizeilichen Vergehen und Übertretungen, ein juristisches Interesse in Betracht, so hat in den meisten Fällen der Name des Angeklagten mit den Rechtsausführungen gar nichts zu tun. Es kommt einzig darauf an, das große Publikum und die Berufsgenossen des Angeklagten juristisch aufzuklären. Handelt es sich in solchen Fällen auch meist um keine Staatsverbrechen, so pflegen doch törichte und gehässige Menschen solche Veröffentlichungen misszuverstehen und im missverstandenen Sinne zu verbreiten. Der Verhandlungsbericht geht, wenn er juristisches Interesse bietet, leicht aus einer Zeitung in die andere über. Wie kommt der Angeklagte dazu, aus solchen Rechtsgründen durch die Presse gewissermaßen geschleppt zu werden? Dergleichen Namhaftmachungen stehen mit unseren modernen Reformen und Humanitätsbestrebungen auf strafrechtlichem Gebiete, für welche ja auch die Presse eintritt, in völligem Widerspruche.

Liegt das Interesse an der Veröffentlichung auf tatsächlichem Gebiete (Warnung und Aufklärung des Publikums, Abschreckung der Verbrecher) oder zugleich auf rechtlichem Gebiete, so wird man je nach der Qualifikation der Tat und des Täters zu unterscheiden haben.

Ein erheblich vorbestrafter Angeklagter (dessen Vorstrafen

ihrer Art oder ihrer Zahl nach von Bedeutung sind) hat im Allgemeinen wenig Anspruch auf Schonung in der Öffentlichkeit. Die Veröffentlichung seines Namens darf ihm aber doch erspart werden, wenn er wegen einer Bagatelle oder leichteren Straftat vor Gericht steht. Die Vorstrafen können weit zurückliegen, der Mann kann sich eine sichere Existenz gegründet haben. Die Presse hat es mit Recht gerügt, wenn in solchen Fällen die Vorstrafen öffentlich verlesen werden. Sie begeht aber einen gleichwertigen Fehler in weitaus mehr Fällen.

Der Urheber einer schweren oder einer ehrlosen Tat kann selbstverständlich nicht Beschwerde führen, wenn sein Name der Öffentlichkeit preisgegeben wird. Ob eine Tat eine schwere oder eine ehrlose ist, hat sich nicht immer nach der Qualifikation des Strafgesetzbuches, sondern nach der moralischen Bewertung im täglichen Leben zu richten. Ein Armer, der in der Not aus einem verschlossenen fremden Keller einen Eimer Kohlen mittels Nachschlüssels entwendet, begeht zwar einen »schweren Diebstahl«, aber die Ethik des gewöhnlichen Lebens rechnet ihm die paar Kohlen nicht so hoch an. Ähnliche Fälle gibt es genug. Ob eine Tat eine schwere ist, lässt sich nach der Schwere des erreichten oder beabsichtigten Erfolges, der Beeinträchtigung der fremden Rechte und nach der Gemeingefährlichkeit der Handlung beurteilen. Die Ehrlosigkeit einer Straftat nimmt Rücksicht auf die Gemeinheit der Gesinnung ihres Urhebers. Auch eine Übertretung, z.B. eine Tierquälerei, kann wegen der betätigten Rohheit eine ehrlose sein.

Könnte man ganz allgemein alle Verhandlungen vor den Schwurgerichten der Veröffentlichung mit voller Namensnennung preisgeben, weil an ihnen das größere Publikum lebhafteren Anteil nimmt? Die Namen und Straftaten der Angeklagten werden ja hier – wie ein Programm mit seinen Spezialitäten! – meist schon vorher in den Zeitungen bekannt gegeben. Übrigens kommen aber vor den Schwurgerichten durchaus nicht bloß schwere Delikte zur Aburteilung. Mancher in der Anklage streng beurteilte Fall löst sich vor den Geschworenen in eine mildere Darstellung auf. Es steht auch mancher bisher unbescholtene Mann vor dem Schwurgerichte.

Ein freigesprochener Angeklagter könnte aus tatsächlichen oder auch rechtlichen Gründen den Wunsch haben, dass seine Freisprechung unter Nennung seines Namens publiziert werde. Im Übrigen aber wird in vielen Fällen der Freisprechung auch bei schweren und ehrlosen Delikten ein solcher Anlass nicht gegeben sein, zumal, wenn sich eine Anklage als offenbar hinfällig erweist.

In allen diesen Fällen empfiehlt es sich, wenn nicht auf die Berichterstattung im Mangel juristischen Interesses ganz verzichtet wird, den Namen des Angeklagten mit dem Anfangsbuchstaben oder besser gar nicht anzudeuten und auch den Wohnort, besonders wenn er ein kleinerer Ort ist, nicht zu nennen. Lediglich wenn eine lokale gesetzliche Bestimmung Gegenstand von Rechtsausführungen ist, hat die Nennung des Wohnortes Interesse. Berichte über Gerichtsverhandlungen gegen Kinder gehören, wenn es sich nicht gerade um Ungeheuerlichkeiten handelt, überhaupt nicht, am allerwenigsten aber mit Namensangabe, in die Zeitung, weil dadurch die Gefahr der Nachahmung und Ansteckung vergrößert wird. Es ist vorgekommen, dass ein verurteilter Bengel den Zeitungsbericht in der Schule zum Gaudium der ganzen Klasse vorgelesen hat.

Die öffentliche Namensnennung schädigt oft sogar die Rechtspflege selbst. Die Blätter in kleineren Ortschaften bringen vielfach Berichte über die örtlichen Schöffengerichtsverhandlungen nur ausnahmsweise, um die verurteilten Ortseingesessenen zu schonen. Referieren aber die Zeitungen am Sitze des Landgerichts über die Berufungsverhandlung, so nehmen diesen Bericht auch die kleineren Blätter auf, um der Konkurrenz der großen Zeitungen zu begegnen. Hierdurch lässt sich mancher abhalten, Berufung einzulegen.

Der Verhandlungsbericht in der Zeitung ist gefürchteter als die Öffentlichkeit der Verhandlung selbst; er gefährdet Verwandtschaft, Freundschaft, gesellschaftlichen Verkehr, soziale Stellung und wirtschaftliche Interessen. Damit maßt sich die Presse eine Kompetenz an, die den rechtsprechenden Behörden selbst nicht zusteht.

Es mag vielleicht nicht ganz ohne Interesse sein, aus meinen persönlichen Erfahrungen Schlüsse allgemeiner Natur zu ziehen. Ich habe Anlass genommen, der Verwirklichung der hier entwickelten Grundsätze durch Herbeiführung einer Vereinbarung unter den maßgebenden Redaktionen einer Stadt in der Praxis näher zu treten. Alle Redaktionen erkannten offen das Unhaltbare der Berichterstattung an. Es wurde aber eingewendet, dass die Gerichtsreporter nicht befähigt seien, die »Grundsätze« richtig zu verstehen und zu handhaben, dass aber eine Nachprüfung durch den verantwortlichen Redakteur aus Mangel an Zeit nicht möglich sei. Da der Reporter meist nach der Zeile bezahlt werde, könne der arme Mann eines Tages nur Berichte liefern, welche nach den Grundsätzen nicht veröffentlicht werden dürften, so dass er nichts verdiene und missvergnügt werde. Es war nämlich auch die Meinung vertreten, dass Berichte ohne Namensnennung dem Zeitungsleser überhaupt kein Interesse böten, und dass in solchen Fällen der Bericht wegbleiben solle. Vergeblich wies ich auf Zeitungen von Bedeutung hin, welche in diesem Sinne bereits verfahren.

Man berief sich auf örtliche Erfahrungen. Es sei vorgekommen, dass Abonnenten die Zeitung ohne weiteres abbestellt hätten, weil eine Gerichtsverhandlung nicht oder nicht mit Namensnennung gebracht worden sei, während sie in einem anderen Blatte gestanden habe. Meine Einwendung, die Presse müsse erzieherisch wirken und den irregeleiteten Geschmack zu läutern suchen, blieb unbeantwortet. Ich war erstaunt, dass Zeitungen, welche eine unabhängige Meinung zu vertreten behaupten, sich von den Abonnementsgeldern ihrer Leser so abhängig fühlten. Von zwei Konkurrenzblättern war das eine bedingungslos bereit, meine Grundsätze zur Anwendung zu bringen. Das andere Konkurrenzunternehmen befürchtete aber, von der Gegenredaktion sofort angegriffen zu werden, wenn es einmal in subjektiver Auffassung der Grundsätze von der Ansicht jener abweiche. Endlich fürchtete man, dass die unanständige Presse aus der Befolgung der Grundsätze Kapital schlagen und nun in einem Sonderblatte in einer für das sensationslüsterne Publikum hergestellten frivolen Zubereitung die Verhandlungsberichte zusammenstellen könnte. Dass aber mit den Berichten über solche Gerichtsverhandlungen, welche nach den Grundsätzen ausfallen oder ohne Namensnennung gebracht werden sollen, Geschäfte gemacht werden könnten, kann ich mir nicht vorstellen.

Die Berichterstattung über Gerichtsverhandlungen ist aber auch sachlich eine unzulängliche. Sowie der Tatbestand eine Verwicklung annimmt oder die rechtliche Beurteilung nicht ganz einfach bleibt, finden sich meistens Missverständnisse und Irrtümer. Das hat große Bedenken. Das lesende Publikum wird über die Rechtsfragen nicht aufgeklärt, wenn nicht gar irregeführt. Sind aber die Rechtsausführungen unrichtig, so hat oft der Bericht gar keinen Zweck; die Bloßstellung durch Namensnennung ist also aus doppelten Gründen ungerechtfertigt. Auch Tatsachen werden manchmal in verhängnisvoller Weise verdreht. Mit Material stehe ich zur Verfügung.

Die Ursachen der unzuverlässigen Berichterstattung liegen auf der Hand. Jeder einzelne Gerichtsreporter ist aus pekuniären Gründen genötigt, täglich Berichte über verschiedene Verhandlungen zu liefern. Da er deshalb aus einem Verhandlungszimmer in das andere wandern muss, wohnt er keiner Verhandlung vollständig bei, abgesehen von ganz großen Fällen. Er hört meist nur Bruchstücke. Vielleicht gerade, als er sich entfernt hat, wird ein tatsächlich oder rechtlich wichtiger Punkt erörtert. Dann kann man beobachten, wie im Gerichtssaale oder auf den Gängen die Reporter ihre Niederschriften austauschen. Sogar der Gerichtsdiener muss sich Notizen machen, um die Berichte der abwesenden Reporter zu vervollständigen. So nimmt sich ein immerhin erheblicher Teil der Presse, welche doch Missgriffe von Behörden und Beamten gegenüber Privatpersonen sofort tadelt, recht wertvoller Rechtsgüter dieser nämlichen Privatpersonen an! Nur in größeren Sensationsprozessen oder für großzügig geleitete Blätter oder für solche von wirklicher Bedeutung pflegen die Berichterstatter auf einer höheren Bildungsstufe zu stehen.

Ich glaubte in diesem, der Presse bekannten Blatte die Schäden in der Berichterstattung der Presse über Gerichtsverhandlungen offen darlegen zu sollen, um die Diskussion hierüber in den interessierten Kreisen herbeizuführen. Dass die Leistungen der lokalen Berichterstatter nicht glänzend bezahlt werden können, ist bekannt. Aber es muss durch angemessene Bezahlung befähigter Reporter ein Weg gefunden werden, eine sorgfältigere und gewissenhaftere Berichterstattung zum Schutze der Allgemeinheit zu gewährleisten. Es ist ein Widerspruch, wie selten einer, wenn die Presse in ihren Leitartikeln eine gesicherte, wenn auch kostspielige Strafrechtspflege als ein Fundament des Staatsgebäudes feiert und sich selbst einige Spalten später im »Gerichtssaale« diese Strafrechtspflege so wenig kosten lässt. Und nicht am wenigsten würde durch eine den angeführten Grundsätzen angepasste Berichterstattung vorgebeugt, dass das Publikum durch falsche oder entstellte Berichte dem Juristenstande Misstrauen entgegenbringt oder gar der Vorwurf der »Weltfremdheit« unserer Richter neue Nahrung erhält.

Verbrechenspsychologie

Kriminalpsychologische Plauderei

Von allen Disziplinen der Gesamtlehre des Verbrechens findet keine so eingehendes allgemeines Interesse wie die Kriminalpsychologie. Sie ist gewissermaßen die Seele des ganzen kriminologischen Systems. Sie ist es, die in das innerste Gefühls- und Vorstellungsleben des Rechtsbrechers eindringt; sie ist es, die mit Hilfe der allgemeinen Psychologie das Werden des Verbrechers in der menschlichen Psyche sowie die verbrecherische Strebung in ihrem gesamten Verlaufe analysiert.

Als Erkenntnisquelle der Kriminalpsychologie dient die psychologische Erschließung einzelner Kriminalfälle nach den Gerichtsakten und den Gerichtsverhandlungen oder aus vorliegenden Berichten der Vergangenheit, also die freilich nur mittelbar mögliche Beobachtung fremden Seelenlebens. Ebenso wichtig aber ist unsere eigene innere Wahrnehmung, d.h. die Selbstbeobachtung, welche die feineren und feinsten seelischen Einzelheiten bloßlegt. Über unsere äußere und innere Erfahrung hinaus wird Erkenntnisquelle noch die Intuition, eine Funktion der menschlichen Seele, die vorliegende Möglichkeiten wahrnimmt und erkennt. Besonders die großen Dichter sind es, die mit Hilfe solcher Intuition kriminalpsychologische Wahrheiten vorgefühlt haben, ehe die Wissenschaft sie durch Erfahrung beweisen konnte.

Zwei wichtige Fragen erheben sich. Wie kommt im Rechtsbrecher der Entschluss zur Tat und zur Ausführung zustande? Wieso und weshalb hat der Mensch überhaupt eine Befähigung zum kriminellen Tun?

Unser Körper besitzt in seiner Entwicklung und Struktur heute noch die Elemente der wirbellosen Tiere, ja der Kaltblütler und Protozoen. So finden sich auch im unbewussten Teile unserer Seele Gefühle, Vorstellungen, Strebungen, Wünsche, Begehrungen aus vorgeschichtlichen und primitiven Zeiten, in denen der Mensch sein Dasein nur durch Gewalt und List sichern konnte. Dieses Primitive, oft Brutale, ja Grausame wirft bei Gelegenheiten – in der Leidenschaft, in Notlagen, auch Verführung, zufolge besonderer Veranlagung – seine Abbilder in das bewusste Seelenleben hinauf. Hier gerät es mit den Anforderungen von Gesetz und Recht der Gegenwart in einen Konflikt, in dem es entweder nachgibt und Verzicht leistet oder aber alle Hemmungen sprengt und den Rechtsbruch verübt. Der Mensch trägt also etwas latent Kriminelles in sich, das sich glücklicherweise meist nur in Gedanken bewegt oder nur bis vor die Schwelle der Tat wagt, das aber freilich diese Schwelle oft auch überspringt und in die Tat umschlägt. Nach der anerschaffenen Natur und Artung ist demnach der Mensch in seiner Umwelt für den Rechtsbruch disponiert. Im Kosmos, in aller Erdennatur und so auch in uns Menschen halten sich urpolare Mächte des Aufbaues und der Zerstörung die Waage eines erst so wahrhaft lebendigen Wirkens. So erscheint das Kriminelle als etwas Unüberwindliches, solange die Menschenartung auf der gegenwärtigen Entwicklungsstufe ihrer Natur verharrt.

Ganz besonders interessant sind nun – und dies sei unser heutiges Thema – die verschiedenen Motive, die zum Verbrechen führen, zumal in ihrer seelischen Anlage und Entwicklung. Wie die medizinische Wissenschaft von einer Inkubation, von einer Einlagerung der Krankheit im menschlichen Körper spricht, so kennen wir auch eine kurze oder lange Inkubationszeit, eine Einlagerungszeit des Verbrechens in der Menschenseele. Selbst wenn es zu impulsiven Taten, zu Totschlag, zu schnellem Raubmord, zu augenblicklichem Sittlichkeitsdelikt kommt, muss der Zündstoff zur explosiven Handlung im Innern des Menschen vorhanden sein und irgend bereit liegen. Es gibt ein kriminell assoziierendes Spielen, ein Spiel mit kriminellen Gedanken, das sich im Wagemut, in Gefährlichkeit, in der bloßen Möglichkeit des Verbrecherischen gefällt, aber auch fast unversehens in die ernste Tat übergehen kann. Den unmittelbar vor dem Hochverrat an Kaiser und Reich stehenden Wallenstein lässt Friedrich Schiller sagen:

»In dem Gedanken bloß gefiel ich mir, die Freiheit reizte mich und das Vermögen.«[71]

Wir sprachen sogar von einem besonderen Reiz des Kriminellen, der in dem Verbotenen, dem Heimlichen, dem Gefährlichen, dem Sensationellen der Handlung beruht.

Dieser Reiz kann so mächtig sein, dass disponierte Charaktere zu Amateur-Einbrechern, Amateurwilderern, Amateur-Schmugglern geworden sind, nur um das Gefährliche der Handlung und der Situation auszukosten. Oder andere – oft Psychopathen – stellen sich aus ähnlichen Gründen, auch um die Polizei zu narren, in sensationellen Fällen als angebliche Täter, die bald entlarvt werden. Andere Naturen wieder leben diesen kriminellen Reiz, vor dem wohl niemand ganz sicher ist und der aus dem Unbewussten heraussteigt, in der Lektüre von Kriminalromanen, im Besuch von Kriminalfilmen, ja selbst der klassischen Trauerspiele mit den großen tragischen Verbrechergestalten – Richard III., Macbeth, Othello und Jago, Franz Moor usw. aus. Manchmal verrät sich der heimliche kriminelle Gedanke vorher, Tage, Wochen, selbst Jahre vorher. Der zur Tat vorbereitete Brandstifter erzählt am Stammtische, er habe letzte Nacht geträumt, es werde bei X. brennen, oder er schreibt anonym mit verstellter Hand dem X. einen Brandbrief. Ein Maschinenschlosser prahlte von seinen Reisen im Auslande, wo kein Hahn danach krähe, wenn ein Mann seine Frau von einem Abhange oder Berge stürze. Er sagte dabei lachend zu seiner Frau:

»Gib nur Acht, wenn ich dich mal herunterstürze!«

Sie lachte auch und sagte:

»Ich werde schon nicht zu nahe an den Abgrund herangehen.«

Tatsächlich stürzte der Mann einige Jahre später diese seine Frau in einen dreißig Meter tiefen Abgrund. Hier könnte der Fall auch so liegen, dass der Schlosser seine Äußerung damals tatsächlich im scherzhaften kriminellen Spiel oder Übermut tat, und sie sich in seinem Innern so festsetzte, dass sie sich allmählich zu grausamem Ernst verdichtete. Wer übrigens mit einer anderen Person an nicht gesichertem Abhange steht, wird vorübergehend den Gedanken vom Hinabfallen, vom Hinabgestürzt werden und auch vom tätigen Hinabstürzen nicht immer vermeiden. So nahe grenzen latente kriminelle Gedanken in das Bewusstsein an.

Wir sprechen geradezu von kriminellen Eingebungen. Die Anregung zur Tat wird manchmal durch einen scheinbaren Zufall aus der Außenwelt in das allerdings oft empfängliche Unbewusste der Seele hineingetragen, ja hineingeschleudert. So werfen bei Shakespeare die Hexen den Gedanken des Königsmordes in Macbeths Seele, die dafür freilich durch ihren

Ehrgeiz disponiert war. An sogenannten periodischen Tagen der Verstimmung, der inneren Unsicherheit usw., sind wir für solche gefährlichen Eingebungen mehr empfänglich, an den sog. euphorischen Tagen starken Wohlbefindens gegen sie besonders gefeit.

Die neuere Psychologie handelt auch von den »Aufforderungscharakteren der objektiven Dinge«. Die meisten häuslichen Morde werden z.B. immer noch mit Beil, Axt oder Hammer vollführt, die als Werkzeuge des Haushaltes leicht zur Hand sind. Man könnte manchmal psychologisch die Frage aufwerfen: War es die Hand des Mörders, die das Beil führte, oder führte das Beil die Hand des Mörders? Schon Goethe sprach von der lebhaften Verbindung, von der Korrelation zwischen Objekt und Subjekt, und die primitiven Völker dachten und denken sich die Dinge sogar beseelt.

Es gibt weiter sogenannte »Handlungsorganismen«, gewohnte Handlungen, die sich zu einem fast selbstständigen Komplex im Seelenleben fixieren. Der immer verstellungsfreudige Hochstapler führt zu Betrugszwecken eine Komödie auf, in der er lebt; der heuchlerische Giftmischer die Komödie mit der Beibringung des Giftes, der Pflege des Erkrankten usw. Der veranlagte Dieb übt die ihm besonders reizvolle Greifhandlung aus. Ein infantiler Mensch, der als Spielzeugräuber bekannt war, schlug im Walde einen Jungen tot, weil dieser ihm seine Mundharmonika nicht geben wollte.

Die Kriminalpsychologie spricht ganz allgemein dem seelischen Komplex, der, vom Bewusstsein nur schwach beleuchtet, vielfach das Verbrechen herbeiführt, eine gewisse Selbstständigkeit gegenüber dem Ich der Persönlichkeit zu, die bei der Tat an jenen Komplex gewissermaßen verloren geht. Nicht der ganze Mensch, nicht die ganze Persönlichkeit erscheint als Verbrecher, nicht der ganze Charakter ist verbrecherisch, sondern eben nur jener Komplex, der im Seelenzustande der überwiegenden asozialen Strebungen durchbricht. Da sagt uns der Rechtsbrecher hinterher sehr richtig:

»Es trieb mich – es packte mich – es kam plötzlich über mich.«

Dieses von der neueren Psychologie eingeführte »Es« ist nichts Neues, sondern etwas längst Bekanntes. Bei den alten Griechen sagte der Täter:

»Der Gott (Apollo) bestimmte mir die Tat.«

Auch der deutsche Kriminalpsychologe Anselm von Feuerbach kannte schon dieses »Es«. Selbst die großen Dichter wussten davon. Goethe erzählt, dass der Trieb zu dichten so mächtig über ihn kommen konnte, dass er nächtlich aufstehen und die Verse, um sie festzuhalten, sofort niederschreiben musste, dass manche seiner Gedichte nicht er, sondern die Natur für ihn gedichtet habe – »Nicht hab' ich sie, sie haben mich gedichtet.«[72]

Ebenso sagt Heinrich von Kleist:

»Nicht wir wissen, es ist allererst ein gewisser Zustand in uns, der weiß«.[73]

Die kriminelle Eingebung als allgemeines psychologisches Ereignis hat also mit der dichterischen und übrigens auch mit der wissenschaftlichen eine gewisse Verwandtschaft. Der Rechtsbrecher sagt uns in solchen Fällen von seiner Tat zuweilen:

»Es war mir wie im Traum«.

Verbrechensmotive entspringen weiter gelegentlich einer gewissen Dumpfheit des Seelenzustandes. Die Vorstellungen sind unklar, träge, unbeweglich; die Gefühle schwer, drückend. Dann sind die Hemmungen gegen die schlechten Instinkte schwach. Andererseits drängt aber die innere tiefe Unlust nach Befreiung durch ein Tun, zumal gerade durch ein asoziales Tun. Da überschlägt sich ein Impuls, ein Begehren drängend in die Tat, die geradezu als Befreiung und Erlösung aus dumpfer geballter Stimmung und von innerer Pein empfunden werden kann. So sucht Dostojewskis Romanheld Raskolnikow sich aus seiner Lethargie, die ihn zu zermürben droht, dadurch zu befreien, dass er seine latente Energie in der Ermordung der Pfandleiherin erprobt und stärkt. Überhaupt sind die Stimmungen und Verstimmungen der Seele, die aus dem Unbewussten heraufsteigen, kriminell nicht unwichtig. Eine solche Missstimmung am Morgen kann die Folge eines peinlichen Nachttraums sein, dessen Inhalt wir aber vergessen haben. Ein Traum (Feuer- oder Sexualtraum) kann Brandstiftung oder Sexualdelikt auslösen. Da zeigt aber schon das Traumbild wieder die kriminelle Latenz des Träumers an.

Auch die Witterung hat ihre Einflüsse, Temperatur und sonstige Beschaffenheit der Luft wirken unmittelbar auf unsere Stimmungen, begünstigen oder hemmen das Hervortreten von Leidenschaften und Fehlhandlungen, Fahrlässigkeiten.

Die Kriminalstatistiken erzählen uns von den Frühlingskrisen mit ihren ansteigenden Kriminalitätskurven und ihren Gipfeln der Selbstmordkurve. Kein Geringerer als Friedrich Nietzsche klagt in seinen Briefen wiederholt darüber, wie trübe feuchte Witterung seine Stimmung ungünstig beeinflusst und sogar seine Vorstellungskraft mephistophelisch färbe. Das Klima hat Einwirkung: der leidenschaftliche Südländer, der kühle grübelsüchtige Nordländer; die Melancholie und Selbstmordmanie unter englischem Nebel. Vielleicht sprechen wir einmal von einer kosmischen Kriminalpsychologie. Wie bei Zunahme der Sonnenflecken nach ärztlichen Beobachtungen die Anfälle der Epileptiker sich häufen, so treffen die Wirkungen aus dem Kosmos, die uns Wirbelstürme, Wasserkatastrophen und Erdbeben bringen, zweifellos auch die überempfindlichen menschlichen Nerven mit starker schädigender Reizung. Vergessen wir auch die Ermüdung nicht als verbrechenauslösende Ursache. Zunächst ruft sie eine gesteigerte Reizbarkeit und impulsive Gefühlsbelebung, die u.a. Gewaltverbrechen mit sich bringen kann, danach aber in einem späteren Zustande eine herabgesetzte Reizbarkeit hervor, in der geradezu eine Katastrophe der Gesinnung, ja des Charakters, eine augenblickliche Gedankenverwirrung eintreten kann. Es ist erinnerlich, dass das Gutachten der medizinischen Fakultät Innsbruck in dem Halsmann-Prozess auf dem starken Ermüdungszustand des jungen Halsmann bei der Wanderung mit seinem Vater in den Tiroler Bergen hinwies, der ihn möglicherweise zu dem sonst wenig motivierten Totschlag an seinem Vater durch Hinabstürzen von einer Höhe trieb.

Wir gedenken andererseits auch der in der Gegenwart so erschreckenden Arbeitslosigkeit vieler Volksgenossen aller Nationen. Die Arbeit, die regelmäßige angemessene und lohnende Arbeit ist es, die den Menschen in einem Gleichgewicht seiner Gedanken und Gefühle hält. Ein beschäftigungsloser Mensch verliert leicht wirksame Interessen, die seine Instinkte und Triebe von asozialen Zielen ablenken.

Zum verbrechenerzeugenden Faktor kann auch die Überempfindlichkeit gewisser Sinne werden; sie kann sich mit Schreckhaftigkeit paaren und zu sogenannten Reflektoiden, d.h. fast unwillkürlichen Handlungen führen. Jähe akustische Reize wie Türenzuschlagen, elektrisches Signal, Sirenenruf, Familienkrach können plötzliche Gewaltakte, körperliche Misshandlungen, Tötungsdelikte, Selbstmord auslösen. Zur Nervosität der Großstädter trägt der unaufhörliche Lärm mit bei. Korrektiv wirkt die Gewöhnung an Lärm, Lärmbekämpfung – so der Motorräder! – hat auch die Bedeutung krimineller Vorbeugung.

Mehr als vielleicht gut ist, hat die neuere Psychologie auf die dem Menschen innewohnenden Gefühle der Minderwertigkeit aufmerksam gemacht, die sich zu einem Minderwertigkeitskomplex zusammenballen können. Man erkennt seine eigenen Schwächen, sieht sich von der Umwelt schlecht behandelt, verachtet. Zur Abwehr gegen diese Entwertungstendenz der Umwelt übersteigert nun der disponierte Charakter sein Selbstbewusstsein, er entwertet seinerseits seine Mitmenschen, um sich dadurch selbst zu erhöhen, er überkompensiert mit Worten und Handlungen seine Schwächen und Defekte. Auf diesem Wege gelangt der Mensch auch zur Verübung von Verbrechen, sogar von großen Verbrechen; aus Trotz, weil seiner Veranlagung soziales Verhalten versagt ist; aus Eitelkeit und Geltungsdrang, weil auch er etwas bedeuten will; aus Großmannssucht, um von sich reden zu machen; aus Rache an der Gesellschaft wegen ihrer Mangelhaftigkeit.

Hierher gehören die sog. herostratischen Verbrecher, benannt nach jenem Herostrat, der den Tempel der Artemis in Ephesus, ein Weltwunder der Baukunst in Brand setzte, um seinen Namen auf die Nachwelt zu bringen. Zu den Herostraten zählt auch der Eisenbahnattentäter Sylvester Matuschka[74], der übrigens der Kriminalpsychologie keinerlei Rätsel bietet. Auch dieses Gesetz von der Übersteigerung des Minderwertigen ist nicht neu. Wir kennen es aus der organischen Natur von Tier und Mensch. Wir wissen längst, dass z.B. Blinde ein feineres Gehör und feineren Tastsinn, Taube ein feineres inneres Gehör usw. sehr natürlicherweise als Ausgleich und Übersteigerung entwickeln. Und die Dichter wissen seit unvordenklichen Zeiten von diesen Zuständen. Schon in der Bibel wird Kain zum Brudermörder, weil sein Opfer Gott missfällig ist. Ja, selbst am Gutem und Edelsten vermag sich das Böse zu entzünden, wie schon nach dem Mythos der abtrünnige Engel Luzifer am Glanze Gottes. Gerade die große Güte des Wohltäters und die Hoheit des Edlen können disponierte Naturen anregen, sich für ihre abstechende Minderwertigkeit durch Frevelübung zu rächen. Die griechischen Tragiker kannten die Hybris, die Überhebung, die Übersteigerung des Maßes als Ursache der großen Frevel gegen die Gottheit. Ihre Heroen übersteigerten im Gefühle ihrer ihnen mitanerschaffenen Mängeln ihre Kraft – Prometheus, Herakles, Odysseus! Shakespeares Richard III. doziert schon das Gesetz:

»Zum Heben ward die Schulter mir getürmt!«[75]

Auch in Äußerungen von Schillers Karl und Franz Moor und in der Prosaerzählung vom »Verbrecher aus verlorener Ehre«[76] wird das Gesetz ganz deutlich. Schließlich auch in Friedrich Nietzsches »Wille zur Macht«[77]. Wir leben in einem Zeitalter nervöser Angst zufolge unserer Illusionsverluste, unserer Sexualverwirrung, unseres wirtschaftlichen Zusammenbruchs. Diese Lebensangst aus Unbefriedigung und wegen des vermeintlichen Unterganges unseres Seelischen lässt die Instinkte und Triebe lebenshungrig aufbegehren. In dieser Lebensangst zittert ein seiner Herkunft nach unbestimmtes Schuldgefühl, das die Willenskraft zermürbt oder freiwillig büßen will und so erst recht zu Straftaten führen kann, ja selbst falsche Schuldbekenntnisse auf sich nimmt, manchmal wegen geringerer Verfehlungen für verborgen gebliebene größere Frevel. Dem großen Verbrecher kann, wie auch Nietzsche lehrt, das Durchbrechen des gesetzlichen Verbotes geradezu zur Wollust werden. Sein Machtgefühl triumphiert. Er ist freier als die übrigen Menschen: Gesetze und Schranken binden ihn nicht. Es sind vitale Triebe nach Erregung, die zum Verbrechen führen. So erklärt sich die gewaltige Macht des verbrecherischen Triebes, der schon erwähnte kriminelle Reiz. Man denke an Haarmann[78] und Kürten[79].

Aber nach der Tat sind auch hinter dem starken Verbrecher die Furien der Scham und Schande her. Er ist ohnmächtig vorwärts gepeitscht. Da saugt er dann manchmal gerade aus der Verfolgung seine wildeste Kraft, seinen furchtbaren Trotz, die uns in der Gerichtsverhandlung und im Strafhause oft verwirren können. Jetzt sehen wir nämlich, wie seine eigene Untat auf ihn zurückwirkt. Wir sagen: »Er spielt den wilden Mann.«

Es ist aber zugleich Wut gegen sich selbst und gegen seine eigene Tat; aus seiner Frivolität vor Gericht spricht oft zugleich Verzweiflung: Nur so – durch scheinbaren Zynismus – kann er manchmal über seine eigene Untat hinwegkommen. Wie Nietzsche, der große Kenner und Enthüller der Seele, im »Zarathustra« sagt: »Ein Bild machte diesen Menschen bleich. Gleichwüchsig war er seiner Tat, als er sie tat: Aber ihr Bild ertrug er nicht, als sie getan war.«[80]

Das Problem des Bösen

Der frühere Staatsanwalt und jetzige Amtsgerichtsrat Dr. Wulffen, dessen kriminalpsychologische Studien viel Beachtung gefunden haben, beschäftigt sich hier in entwicklungsgeschichtlicher Betrachtung mit dem Problem des Bösen. Die Darstellung gibt eine Reihe interessanter Gesichtspunkte, wenn man ihr auch nicht in allem zustimmen mag.

Die Redaktion

Die naturwissenschaftliche Forschungsmethode, die unsere moderne Denkungsart beherrscht, tritt auch an die Lösung des Problems des Bösen heran, dass sich dem Menschen von Anbeginn in den äußeren Ereignissen der ihn umgebenden Natur und in den inneren Erlebnissen seiner eigenen Brust aufdrängte.

Im harten Kampfe gegen die Natur, gegen die Tiere und seine Mitmenschen musste der primitive Mensch beim Aussuchen der Beute, bei seiner Verteidigung und seinen Angriffen vor allem sich selbst behaupten. In seiner anerschaffenen Organisation brachte er eine natürliche Veranlagung hierzu im Instinkt der Selbsterhaltung mit, der sich zunächst im Drange nach Nahrung und Geschlechtsbetätigung erschöpfte. Durch immer wiederholte Übung entwickelte sich der Instinkt zum Selbsterhaltungstrieb und nahm als solcher eine Reihe seelischer und intellektueller Bestandteile des menschlichen Seins in sich auf. Der rücksichtslose Kampf um die Beute zwang den Menschen die gewaltsame, die brutale Tat auf, die sich auch im Fortgang seiner Entwicklung immer wieder in verschiedenen Formen nötig machte. So befestigte sich die absolute Gewalthandlung zum unvermeidlichen Requisit der menschlichen Lebensbetätigung; schon mit unseren physischen Kräften ist sie uns gegeben.

Wo es dem Urmenschen im Kampfe um Nahrung und Leben an Kraft und Gewalt gebrach, musste er gleichzeitig einen Instinkt entwickeln, der ihm andere Mittel zur Erreichung seiner Ziele gewährte. Er bedurfte, um seiner Gegner, der Tiere und Menschen, Herr zu werden, der Heimlichkeit, der Verstellung, der List. Auch diesen Verstellungsinstinkt erwarb er, wie die Gewalttätigkeit, wahrscheinlich aus dem

Tierreiche, wo wir Heimlichkeit, Verstellung und List im Aussuchen der Beute, vor allem beim Raubtiere, aber auch beim Haustiere, antreffen. Der Verstellungsinstinkt wurde von Generation zu Generation – sie alle bedurften seiner – zum Verstellungstrieb entwickelt, den heute das kleine Kind angeboren mitbringt.

Der Selbsterhaltungstrieb wurde dem Menschen zur realen Lebensenergie. An ihm entwickelten sich seine Affekte, Leidenschaften und Verstellungswerke, ohne die alle er sich nicht hätte behaupten können. Er empfand Lust und Unlust, Neigung und Abneigung; in Verwirklichung seiner Ziele betätigte er Zorn und Furcht. Aus dem Selbsterhaltungstrieb erwuchsen Begehrlichkeit und Genusssucht, Selbstsucht und Herrschbegierde, schließlich jener Wille zur Macht, der die ganze Welt zu umfassen sich erkühnt. Der Selbsterhaltungstrieb wurde und blieb der Träger der menschlichen Kultur. Jedoch Gewaltakt und Verstellung – diese Mittel des Urzustandes – blieben auch jetzt seine Begleiter. Dem Verstellungsinstinkt erwuchsen Lüge und Täuschung. Zahllose Male verübte der Mensch die seinem Gegner und auch die der Allgemeinheit schädliche Handlung. Die Letztere nannte das sich entwickelnde ethische Unterscheidungsvermögen die schlechte Tat, gemeinhin das Schlechte.

Gewalthandlung und Hinterlist weckten im Menschen (wahrscheinlich in gewissem Umfange vor ihm schon im Tiere) das Gefühl der Grausamkeit. Als Gefühlston der Vorstellung von der gewaltsamen und hinterlistigen Handlung trat in ihm die grausame Empfindung auf. Auch sie wurde durch immer wiederholte Übung gezüchtet, so dass heute der Mensch die Veranlagung zur Grausamkeit im Wege der Vererbung erwirbt.

Der Grausame verursacht körperliches oder seelisches Leiden, um sein eigenes Wohlbefinden, sei es auch nur für Augenblicke, zu steigern. Die Leidzufügung betont er mit Lustgefühlen. Eine Verallgemeinerung und deshalb zugleich eine Steigerung der mehr speziellen Grausamkeit ist die menschliche Bosheit.

Dem Boshaften bereitet der schädliche Erfolg seiner Handlung Lust. Auch dieser Instinkt pflanzte sich fort; keinem Menschen bleibt die Lust an der üblen Tat ganz unbekannt. So kam die menschliche Bosheit, kam das Böse in die Welt. Das Schlechte wurde durch die im Menschen auftretende Lustbetonung zum Bösen gesteigert. Über die bloße Selbstsucht hinaus regt sich im Menschen ein Böses, wirkt es im Großen und Kleinen.

Schon frühzeitig aber, zu allererst in der Liebe der Mutter zum Kinde, entfaltete sich der Mensch auch eine Tätigkeit, die dem Mitmenschen, die der Allgemeinheit nützlich war. Auch dieses Tun erfüllte ihn bei immer wiederholter Übung mit Lust. Obwohl auch hier ein Zusammenhang erkennbar bleibt – von diesem kann er organisch sich nie befreien – wird doch die Handlung zum allgemeinen Wohl unter glücklichen Umständen einer Erhöhung teilhaftig, welche die letzten Reste der Eigenliebe fast ganz abstreift. So entwickelte der Mensch das Gute und das Gefühl für das Gute. Er steigerte es schließlich zu dem – nach Ort und Zeit – nur in Einzelheiten, nicht aber im Grundprinzip wandelbarer Sittengesetze: das heißt den Geboten dessen, was jeweils dem Wohle der Allgemeinheit dient.

So hat sich im Menschen biogenetisch, naturwissenschaftlich das Böse und das Gute entwickelt und vererbt. Beide weisen sie, wie wir zeigten, eine engste Verknüpfung mit der organischen Veranlagung und kulturellen Entwicklung des Menschen auf. Ob hinter den Fähigkeiten zum Guten und zum Bösen transzendente Kräfte stehen und wirken, vermag keine Wissenschaft zu beantworten. Eines aber darf nicht vergessen werden: Der Mensch hätte die Befähigung, das Gute sowohl wie das Böse mit Lustgefühlen zu betonen, überhaupt nicht entwickeln können, wenn er nicht biologisch, das heißt in seiner Nervensubstanz und Gehirnfunktion dazu veranlagt gewesen wäre. Woher also – die letzte Frage bleibt offen – diese Veranlagung?

Das rein Kriminelle, um auch von ihm hier ein Wort zu sagen, deckt sich keineswegs immer mit dem positiven Wesen. Wer ohne Not, Verzweiflung und Leichtsinn, wer in Leidenschaft, zufolge Verführung oder bei günstiger Gelegenheit zum Verbrecher wird, hat durchaus nicht immer Wohlgefallen an seinem die Allgemeinheit gefährdenden Erfolge, der ihn vielmehr nachträglich öfter mit Bedauern, ja mit Schaudern erfüllt. Solche Verbrecher sind das Schlechte, aber nicht das Böse. Freilich kann im Verbrecher der Übergang vom Schlechten zum Bösen schnell und fast ohne seinen Willen vollzogen werden; es ist ein manchmal nicht kontrollierbarer Vorgang in seinem Innersten. Andererseits gibt es positiv böse

Handlungen, die von keinem Strafgesetz getroffen werden. Sie geschehen aus Hass, Neid, Rache, ja ohne persönliches Motiv aus bloßem Hass gegen das Gute. Es gibt eine im Übrigen motivlose Feindschaft gegen das Große und Wahre, gegen das Reine und Edle, die diese Mächte alle vernichten möchte.

Der Mensch schreitet auf seinem Lebenswege zwischen ethisch indifferenten, zwischen schlechten, guten und bösen Handlungen dahin. Moralisch indifferente Handlungen tragen wie zahllose Wellen das Schiff unseres Lebens: Dem Anreiz zur schlechten Handlung unterliegen wir nur zu willig. Die Gelegenheit, Gutes zu tun, lassen wir oft an uns vorübergehen. Das Böse hat einen Reiz wie die schillernde Haut der Giftschlangen.

Das alles blieb uns nicht rätselhaft. Wir haben ja erkannt, welche mit unseren ureigensten Lebenskräften aufs Innigste und unlösbar verknüpften Strebungen so oft den für die Allgemeinheit schlechten, ja bösen Erfolg herbeiführen. Dabei beschränkt sich das Ereignis nicht auf unsere Handlungen, auch unsere Gefühle und Vorstellungen, die wir nicht in die Tat umsetzen, unterliegen dem gleichen Gesetz. Dazu entwickelte unsere Befähigung zum Guten und zur Lust am Guten gleichfalls biogenetisch in unserem Innersten die Stimme des Gewissens. Ein psychischer Indikativ signalisiert uns mit einer überraschenden Sicherheit unsere Gefühle, Vorstellungen und Handlungen nach ihren wirklichen moralischen Werten. Damit noch nicht genug. Die schlechte und böse Handlung, ja schon die bloße Unterlassung einer uns möglich gewesenen Guttat erfüllt uns mit Beschämung, mit Pein und Selbstanklagen.

Hier liegt der Widerspruch. Hier stoßen wir auf das Problem. Der Mensch vermag das Schlechte und Böse nicht zu vermeiden und unterliegt gleichwohl der eigensten, oft vernichtenden Kritik. Sein Wille, der ihm als frei gepriesen wurde, erweist sich bei der Wahl zwischen *Gut* und *Schlecht* tatsächlich bedingt und beschränkt. Er kann (und auch dies nur unter glücklichen äußeren und inneren Umständen) den Willen zum Guten üben; aber auch dann vermag er das Schlechte, ja nicht einmal das Böse keineswegs ganz zu vermeiden. Deshalb bietet die Willensübung vielen so wenig Anreiz. Das Schuldgefühl aber bleibt unausrottbar.

Die biologische Entwicklung und die enge organische Verknüpfung unserer Befähigung zum Schlechten und Bösen mit unserem Selbsterhaltungstrieb müssen den naturwissenschaftlichen Schlüssel zu dem Geheimnis von Gut und Böse geben. In unserer rein organischen Natur bietet der Selbsterhaltungstrieb im Nervenmechanismus und im Stoffwechsel einen Vergleichspunkt zu unserem Problem.

Die Nervensubstanz gilt als Sitz einer immer wechselnden chemischen Zusammensetzung, die durch Aufnahme neuer und Ausscheidung verbrauchter Stoffe jene hohen Verbrennungswerte erzeugt, durch welche die Nervenarbeit überhaupt erst geleistet werden kann.

Der physische Lebensprozess, der auf solche Weise zustande kommt, besteht in einem fortwährenden Wechsel und Austausch unverbrauchter (also wertvoller) und verbrauchter (also wertloser) Stoffe. Die charakteristischen Merkmale dieses physischen Prozesses sind also der nie aufhörende Wechsel und die Gegensätzlichkeit der ausgetauschten Faktoren. Kontraste und Wechsel erweisen sich damit als Grundgesetze unseres physischen Daseins. Das Aufhören von solchem Wechsel in unserem Organismus bedeutet seinen Stillstand, bedeutet den Tod des Individuums.

Die gefundenen physischen Grundgesetze von Gegensätzlichkeit und Wechsel wiederholen sich im Psychischen des Menschen, das mit seinem Physischen eine Einheitlichkeit bildet und deshalb den gleichen Gesetzen unterworfen sein muss.

Auch unser seelisches Leben vollzieht sich in einem fortwährenden Wechsel. Ohne Stillstand steigen Gefühle und Vorstellungen in uns auf und versinken wieder. Ein psychisches Drängen, Verdrängen und Verdrängtwerden bedeutet unser von den Assoziationsgesetzen beherrschter Seelenprozess. Selbst im Schlafe kann der Verdrängungsvorgang in uns nicht aufhören, er setzt sich im Traume nach dessen besonderen Gesetzen fort. Der Stillstand des Assoziationsprozesses bedeutet den Tod des Individuums und fällt mit dem Aufhören des gleichartigen physischen Ereignisses zusammen.

Jedoch auch der Kontrast ist ein psychisches Gesetz. Die seelischen Werte sind ebenfalls an die Bedingung der Gegensätzlichkeit geknüpft. Auch unser Seelenleben kann sich nur in Gegensätzen vollziehen. Zwischen Lust und Unlust, Freude und Schmerz, Sorglosigkeit und Sorge, Hoffen und Fürchten, Suchen und Neiden, Schaffen und Rasten leben wir dahin. Nur scheinbar wird der Wechsel durch Zustände der seelischen Indifferenz vorbereitet. Unser Gemüt vermöchte nicht zeitlebens, nicht einen Tag eine einheitliche Stimmung festzu-halten; erst der Wechsel in Gegensätzen ermöglicht ein Leben des Gemütes, das selbst dem Geisteskranken nicht fehlt.

Die ethische Ungleichwertigkeit der menschlichen Gefüh-le, Vorstellungen und Handlungen stellt sich vom Standpunk-te des gesamten Lebensprozesses lediglich als ein psychischer Gegensatz, am nächsten der Lust und Unlust verwandt, dar. *Gut* und *Schlecht*, *Gut* und *Böse*, mit dem physischen und psychischen Selbsterhaltungstriebe geboren und unlösbar verbunden, sind im seelischen Mechanismus gegensätzliche Wechselwerte wie die verschiedenen Stoffe im Nervenchemis-mus.

Der Aufnahme unverbrauchter Stoffe und dem Ausschei-den verbrauchter Stoffe im Nervenmechanismus entspricht das Auftreten und Verdrängtwerden eines Affektes oder Vor-stellungswertes im Seelenprozesse. Was verdrängt oder entäu-ßert wird, gilt vorläufig als verbraucht. Die seelische Entäuße-rung, die seelische Ausscheidung ist genauso notwendig wie die der Nervenstoffe. Die Natur zeigt überall Parallelen.

Die Grundgesetze des Lebens von Kontrast und Wech-sel finden sich auf der ganzen Erde und im Weltall wieder. Äther[81] und Erde, Erde und Wasser, Sommer und Winter, Tag und Nacht schaffen alles Leben auf unserem Planeten. Im Weltall verkünden Werden und Vergehen der Weltkörper dieselbe unverbrüchliche Norm. Wir stehen vor dem höchs-ten Weltengesetz. Es heißt: Alle Entwicklung ist nur im nie aufhörenden Wechsel von Gegensätzen möglich. Kontrast und Wechsel sind die Entwicklungsfaktoren im All.

Auch das geistige und sittliche Leben des Menschen muss als Bestandteil des Alls unter diesem höchsten Entwicklungs-gesetze stehen. Auch die sittliche Entwicklung des Menschen war und ist nur an den Gegensätzen von Gut und Schlecht, von Gut und Böse möglich. Täten wir nicht auch das Schlech-te und das Böse, so wären wir Engel, aber keine Menschen. Mensch sein heißt: eine Entwicklung durchlaufen. Ohne das Schlechte und das Böse hätten wir überhaupt kein Sittenge-setz, das ja erst auf der Vergleichung der moralischen Kon-traste beruht und erst so von uns errungen werden konnte.

Weshalb wir von der Natur gerade nur als Produkt und Träger einer Entwicklung erschaffen sind? Weil alles Leben im All auf Entwicklung beruht. Nur Entwicklung ist Leben. Hier liegt ein letztes Gesetz noch geheimnisvoll verhüllt.

Das Schlechte und Böse wirkt im Innern des Menschen und im Spiele des Lebens keineswegs nur mit der Einseitigkeit seines ursprünglichen Zieles. In der Seele ruft es die Erinnerung und Sehnsucht nach dem Guten wach, und auch in Leben und Weltgeschichte lockt es die Wirkungen des Guten hervor. Schmerz ist Erkenntnis, und das Schlechte und Böse ist es auch. Das ist wieder eine Wechselwirkung, ist wieder Entwicklung. Wie wir des Lebens bedürfen, so auch des Schlechten und Bösen. Sie erst geben, sie erst verstehen des Menschen Innerlichkeit. Schlechtes und Böses in diesem Sinne ist Leiden. Erst das Leiden und das Böse haben die Menschenseele wahrhaftig entdeckt, alle großen Religionen beweisen das. Erst durch Schuld und Leiden wird sich die Seele ihrer selbst bewusst. Dieses Selbstbewusstsein der Seele aber ist des Menschen köstliches, einzigartiges Gut, das er mit Recht selbst gegen die göttliche Schuldlosigkeit nicht tauschen würde. Um die Innerlichkeit unserer Seele sind Schuld und Leiden nicht zu teuer erkauft.

Wir sind also hier auf Erden an die Gegensätze von Gut und Schlecht, von Gut und Böse gebunden; wir sind nicht imstande, das Böse auch nur von der Erde hinwegzudenken. So sehr zu hoffen ist, dass verbesserte soziale Verhältnisse und wachsende sittliche die Verbrechensverübung beschränken und mildern werden, das Verbrechen selbst wird in gewissem Umfange mit dem Schlechten und Bösen bleiben. Aufgabe gesetzlicher Weisheit aber ist es, das Verbrechen nur im Sinne dieser naturwissenschaftlichen Erkenntnis zu bekämpfen.

Cesare Lombrosos Lehre vom Verbrecher

Am 19. Oktober [1909] ist in Turin im Alter von dreiundsieb-zig Jahren der italienische Mediziner und Anthropologe Cesare Lombroso gestorben, an dessen Namen sich zwei Jahrzehnte lang ein heftiger Streit innerhalb der beteiligten Wissenschaften und das populärwissenschaftliche Interesse von ganz Europa geknüpft haben. Er wurde 1836 von jüdischen Eltern in Verona geboren und wuchs in einer politisch bewegten Zeit, in welche die erste Losreißung Venedigs und Mailands von Österreich fällt, in seiner Vaterstadt heran, die an der Bewegung gegen die Fremdherrschaft lebhaften Anteil nahm. Nachdem er ursprüng-lich zum philosophischen Studium geneigt hatte, widmete er sich an inländischen und auswärtigen Universitäten, zuletzt in Wien, der Medizin. Bereits im Alter von dreiundzwanzig Jahren trat er mit seiner ersten Schrift *Über den weißen und schwarzen Menschen* (1859) hervor, in der er, fast gleichzeitig mit Darwin, zu der Schlussfolgerung gelangte, dass die menschlichen Ras-sen im Wege der Entwicklung den gleichen Ursprung genom-men haben. Seine praktische Laufbahn begann er als Irrenarzt; später wurde er Direktor der Irrenanstalt zu Pesaro, verhalf der damals in Italien darniederliegenden Psychiatrie zu einer wis-senschaftlichen Blüte und betrat auch selbst den akademischen Lehrstuhl, zuerst in Padua, von wo er 1878 als Professor der gerichtlichen Medizin nach Turin berufen wurde.

Auf demselben Wege, wie das Neuland der jungen krimi-nalpsychologischen Wissenschaft vom Gebiete der Psychia-trie aus betreten worden ist, gelangte Lombroso von seiner irrenärztlichen Tätigkeit zu seinen kriminalistischen For-schungen. Dieser Schritt, den er als Erster getan hat, ist also vorbildlich für die ganze Forschungsmethode geblieben.

Lombroso führte in die Psychiatrie das anthropome-trische Experiment ein. Mit Zirkel und Waage ging er daran, menschliche Proportionen, vor allem die Schädelmassen zu messen und zu vergleichen. Hierdurch gelangte er zu neuen Unterscheidungen zwischen Norm und Abnormität. Als Di-rektor der Irrenanstalt zu Pesaro hatte er Gelegenheit, auch die Insassen der benachbarten Strafanstalten nach seiner neu-en Methoden zu untersuchen. So kam er zur Aufstellung ei-ner Anthropologie der Irren und der Verbrecher: Er wurde zum Begründer der Kriminalanthropologie.

Lombroso ging von dem zweifellos richtigen Gedanken aus, dass die Eigenart eines bestimmten Menschen nur aus der Erforschung der Menschenart im Allgemeinen erkannt werden kann, und dass die Kenntnis der letzteren auch für die weitere, ganz bestimmt wichtige Frage die Unterlage gibt, ob etwa die Verbrecher oder bestimmte Arten von Verbrechern innerhalb des Menschengeschlechtes eine abgesonderte, schon anthropologisch in körperlicher und psychischer Beziehung erkennbare Klasse von Menschen bilden. Dass bei einer intensiven Betrachtung der Verbrecher und der Verbrechen diese Frage aufgeworfen werden musste, erscheint uns heute selbstverständlich. Dass sie aber in Wirklichkeit aufgeworfen wurde, und zwar mit einer solchen Zähigkeit, die auch die kritische Forschung herausfordern musste, bleibt das untilgbare Verdienst Lombrosos. Eine neue Idee pflegt den Menschen häufig zu Übertreibungen anzuregen.

Gerade diese, über welche Spötter lachen und schelten, sind so sehr nützlich, weil sie die schwer zu fesselnde Aufmerksamkeit der heutigen Mitwelt zum Teil suggestiv gefangen nehmen und den neuen Gedanken in einer Vergrößerung zeigen, in der sein innerster wahrer Gehalt leichter erkannt wird. Ähnlich ist es mit dem System des Turiner Psychiaters geschehen. Nur die Wahrheiten und auch die Irrtümer Lombrosos durchlaufend, konnte die Kriminalanthropologie die Ergebnisse zeitigen, auf denen wir heute fußen.

Soviel früher und zum Teil heute noch von den Theorien Lombrosos die Rede ist, so wenig sind die umfangreichen Werke dieses Mannes gelesen worden. Nur vom Hörensagen trägt jeder die Meinung weiter, der Mann sei mit seinen ganzen Ideen ein »*überwundener Standpunkt*«.

Ich darf auch versichern, dass unsere praktischen Kriminalisten Lombrosos Bücher nur vereinzelt in der Hand gehabt haben und seine Gedankenentwicklung ebenfalls nur vom Hörensagen, also natürlich in unvollständiger, wenn nicht missverstandener Weise kennen. Lombrosos Hypothese vom »delinquento nato«, vom geborenen Verbrecher, wie er sie in seinen Hauptwerken: *Der Verbrecher in anthropologischer, medizinischer und juristischer Beziehung*[82] und *Das Weib als Verbrecherin und Prostituierte*[83] aufgestellt hat, will folgendes behaupten. Alle echten Verbrecher besitzen eine bestimmte, in sich kausal zusammenhängende Reihe von körperlichen, anthropologisch nachweisbaren und von seelischen, psychophysiologisch nachweisbaren Merkmalen, die sie als eine besondere Varietät, einen eigenen anthropologischen Typus des Menschengeschlechtes charakterisieren.

Die Träger dieser Merkmale müssen, ganz unabhängig von allen sozialen und individuellen Lebensbedingungen, mit unentrinnbarer Notwendigkeit zum Verbrecher, wenn auch vielleicht zum unentdeckten werden. Wohl können erworbene Eigenschaften oder soziale Einflüsse, wie Erziehung, Gewohnheit, Verführung, Lebensschicksale, das Individuum zum Verbrechen bestimmen, wohl sind Leidenschafts-, Gelegenheits- und Gewohnheitsverbrecher zu unterscheiden. Das Wesen der echten Verbrechernatur aber ist die angeborene Disposition, die im Gefühlsleben und in der Charakterentwicklung haftet.

So erklärt Lombroso das Verbrechen für einen Atavismus, für eine Rückbildung. Bei den Verbrechern finden sich die körperlichen und geistigen Eigenschaften der Wilden wieder. Ja, im Tierreiche und in der Pflanzenwelt sucht er die Handlungen, die wir als verbrecherische bezeichnen. Die insektenfressenden Pflanzen »verüben an den Insekten wahre Morde«. Im Tierreiche sind Tötungen zur Beschaffung der Nahrung, Tötungen aus Ehrgeiz, aus Eifersucht und Habsucht etwas Alltägliches.

Von den anatomischen Varietäten am Verbrecher untersuchte Lombroso vor allem den Verbrecherschädel. Von der äußeren Gestalt des Schädels, der in seinen bestimmten Teilen gemessen wird (Kraniometrie), schließt er auf die psychische und moralische Beschaffenheit eines Individuums. Die Größen- und Maßverhältnisse der Schädelkapsel geben einen nahezu sicheren Aufschluss über das Volumen seines Inhalts, des Gehirns. Unter den Schädelanomalien beim Verbrecher hebt er vor allem die »fliehende Stirn« und die starke Entwicklung der Unterkiefer, der Kauapparate, als Zeichen minderwertiger Gehirntätigkeit hervor.

Unter den »Varietäten rudimentärer Organe« nehmen diejenigen der Ohren die erste Stelle ein. Hierher gehören die sogen. Henkelohren, die henkelartig vom Kopf abstehen, sowie die an die Wangenhaut angehefteten »fossilen« Ohrläppchen, die schon zu den Degenerationszeichen, auch zu den Anzeichen der Entartung hinüberführten. Die Verbrecher besitzen nach Lombroso weiter eine besondere, auf eine organische Unempfindlichkeit zurückzuführende Organisation.

Ihre Sorglosigkeit bewahrt sie vor den atrophierenden Einflüssen des Kummers und der Angst. Ihre ganze Sensibilität ist herabgesetzt. Eine Verringerung der Seh- und Hörschärfe, eine Verminderung des Geschmackes und Stumpfheit des Geruchs, größere Tastempfindungen und geringere Schmerzempfindlichkeit der Haut, endlich eine Abschwächung der Gefühlsreflexe sind ihnen eigen. So zeigt sich ihr ganzes inneres Gefühlsleben herabgesetzt, während die unsympathischen Affekte, wie Zorn, Rache, Hass und Grausamkeit, nach Lombrosos Untersuchungen mit dem Plethysmographen bei dem Verbrecher im gesteigerten Maße auftreten.

Aller besseren Gefühle sind sie aber nicht bar; bekannt ist ihr Mitgefühl für Tiere. Groß ist ihr Leichtsinn und ihre Genusssucht, ihre Unbeständigkeit und Eitelkeit, ja ihr Stolz auf das Verbrechen, während der »geborene« Verbrecher Reue und Gewissensbisse nicht kennt. Die Intelligenz der Verbrecher ist im Allgemeinen geringer als bei dem normalen Menschen. Ihre angeborene Energielosigkeit bei der ehrlichen Arbeit, ihre Faulheit verhindert schon von der Kindheit an die Ausbildung ihres Verstandes. Aus derselben Quelle fließt ihre bekannte Unvorsichtigkeit, die so oft das falsche X in ihre Berechnung bringt.

Über das Weib als Verbrecherin hat Lombroso ebenfalls eingehende Untersuchungen angestellt. Entgegen der bisherigen Annahme stellte er die Behauptung auf, die Sensibilität des Weibes, also auch des verbrecherischen, sei im Allgemeinen eine stumpfere als beim Manne. Die Schmerzerregbarkeit, aber auch die Widerstandsfähigkeit gegen den Schmerz ist beim Weibe größer als beim Manne. Die moralische Sensibilität des Weibes steht hinter der des Mannes zurück. Es hat geringere Willenskraft in großen Dingen. Die höchste Stufe der Intelligenz, das Genie, fehlt dem weiblichen Geschlechte. Die Inferiorität der weiblichen Intelligenz ist biologisch begründet. Der Verbrechertypus mit vier oder mehr Degenerationszeichen ist beim weiblichen Verbrecher seltener als beim Manne. Die »geborene Verbrecherin« vereinigt die unsympathischen Eigenschaften des Mannes und des Weibes.

Wenn wir diesem kurzen Abriss der Lombrososchen Theorien folgen, so erkennen wir, dass er bei seinen Forschungen zwar von Äußerlichkeiten ausging, aber auf diesem Wege tief in das Innenleben des Verbrechers vordrang. Soweit er seine Ansichten auf die Äußerlichkeiten stützte, haben wir

Späteren sie in der Hauptsache fallen lassen. Auch Beethoven hatte eine fliehende Stirn – die sogen. Verbrecherphysiognomie, die Lombroso ganz eingehend beschrieben hat, findet sich auch bei edlen und genialen Männern. Die Ergebnisse aber, die er für die Gefühlssphäre des Verbrechers fand, sind im Allgemeinen auch heute noch unbestritten, wenn wir auch zu einem geringen Teile eine andere Kausalität annehmen. So war Lombroso der Erste, der mit Nachdruck auf die Beobachtung und Ergründung des Innenlebens der Verbrecher hinwies und damit die Grundlage für die ganze moderne Kriminalpsychologie schuf, deren Vater er mit Recht genannt werden darf. Das fundamentale Problem aller Kriminalpsychologie, die Erforschung der individuellen Affektdisposition des Verbrechers, hat schon Lombroso für alle Zeiten gestellt. Auch seine viel angefochtene Lehre vom »geborenen« Verbrecher ist keineswegs, wie viele glauben, ad absurdum geführt, sie ist vielmehr in einer gewissen Einschränkung anerkannt worden.

Gerade unsere deutsche kriminalpsychologische Schule steht so sehr auf den Grundlagen, die Lombroso gelegt hat, dass kein Anlass für uns war, ihn, wie leider geschehen ist, zu belächeln und zu verspotten.

Ähnlich ist es mit seinen übrigen Theorien der Fall. Seine Behauptungen bezüglich der Psychologie des Weibes sind nach den neuesten Forschungen der Biologie im Allgemeinen noch in Geltung. Wenn freilich der verstorbene Neurologe J.P. Möbius, von Lombroso ausgehend soweit ging, von einem »physiologischen Schwachsinn«[84] des Weibes zu reden, so hat der Turiner Gelehrte selbst sich mit Recht gegen eine solche Übertreibung verwahrt.

Auch in seinem berühmten Buche *Genie und Irrsinn*[85] finden sich in den Ausgangspunkten und Schlussfolgerungen mancherlei Fehler und Irrtümer. Aber das Endergebnis, die aus gemeinschaftlicher Urquelle fließende Verwandtschaft dieser beiden geistigen Erscheinungsformen, wird ebenfalls im Großen und Ganzen von der neueren Biologie gedeckt.

Weniger bekannt sind Lombrosos Bücher über den politischen Verbrecher und über die Anarchisten. Und doch hat er auch in diesen bahnbrechenden Arbeiten als Erster die Psychologie des politischen Verbrechers in einer Weise behandelt, dass wir aus ihr die Ereignisse der großen Revolutionen, insbesondere auch der letzten, der russischen Aufstände, verstehen lernen und kein anderer Schriftsteller auf diesem Gebiete ihm nahegekommen ist, geschweige ihn übertroffen hat.

Wie so mancher geniale Mann ist auch Lombroso von einer gewissen Kritiklosigkeit und Hartnäckigkeit nicht freizusprechen. Aber auch bei ihm war das instinktive Gefühl der Pionier der Erkenntnis. Nun er gestorben ist, wird es die Zukunft noch deutlicher erweisen.

Zur Kriminalpsychologie des Kindes

Die Frage nach der Behandlung der kriminellen Kinder im künftigen Strafrechte ist auf dem Gebiete der gegenwärtigen Reformbewegung von hervorragender Bedeutung. Auf ihrer Jugend steht die Nation. Eine zweckmäßige oder unzweckmäßige Behandlung der verbrecherischen Jugend – das zeigen die Zahlen der Rückfälligen mit im Kindesalter eingetretener erster Bestrafung – wirkt bis ins Mark der ganzen Nation.

Dass das Kind das Größte und Heiligste ist, was uns im Leben zuteil wird, und die Wiedergeburt und Fortdauer unseres eigenen Wesens, ist merkwürdigerweise eine erst in jüngeren Tagen gleichsam neuerstandene Wissenschaft. Bis dahin wurde von den meisten Zuständigen das Kind wie ein festgestellter abstrakter Begriff verstanden und behandelt, der in den übrigen Organismus des Lebens und der Logik mit trockener Pedanterie eingefügt wurde. Diese hat denn auch dem Zwölfjährigen »die zur Erkenntnis der Strafbarkeit seiner Handlungsweise erforderliche Einsicht« – eine Blüte der abstrakten Gesetzgebungstechnik! – als Regel imputiert. Dass das Kind ein endlos Werdendes ist, dessen beste Kräfte von der Natur in allweiser und allgütiger Vorsicht tief unter der Schwelle des Bewusstseins gehalten werden, wird noch nicht lange verstanden. Die Medizin und Pädagogik haben diese Lehren der modernen Psychologie mit schönem Erfolge praktisch verwertet. Literatur und Kunst schreiten ihnen geflügelt zur Seite. Nur der Strafgesetzgeber hat bisher fast abseits dieser Errungenschaften gestanden und seit 35 Jahren seine Erkenntnis von der Psychologie des Kindes nicht verändert.

Die Wissenschaft lehrt, dass bei dem normal entwickelten Menschen die ethischen Vorstellungen erst nach Abschluss der Gehirnentwicklung und nach erreichter Pubertät zur Reife gelangen. Auf der Erfassung der ethischen Begriffe aber beruht in der Hauptsache die strafrechtliche Verantwortung des Individuums.

»Die zur Erkenntnis der Strafbarkeit einer Handlungsweise erforderliche Einsicht« scheint nach diesem Wortlaute des Gesetzes hauptsächlich als ein Ausfluss der Intelligenz gedacht zu sein und wird von der Praxis wenigstens als solcher aufgefasst und erörtert. Es kommt aber vor allem darauf an, ob der jugendliche Täter die *ethische* Reife für das Verständnis seiner Strafbarkeit hat. Der Ausdruck »Erkenntnis«, welchen der Reichsgesetzgeber wählt, wird ja auch nicht nur im intellektuellen, sondern auch im psychologischen und ethischen Sinne gebraucht. Die ethische Reife des Jugendlichen kann aber aus einzelnen Kundgebungen und Urteilen der Intelligenz, aus einer gewissen Schlauheit oder Bosheit nur ungenügend gefolgert werden. Das Maß der ethischen Reife ist nach der Stärke der dem Menschen innewohnenden psychischen Kraft zu beurteilen, welche ihn befähigt, den Geboten der Moral gemäß zu handeln. Ehe der Jugendliche vom staatlichen Strafgerichte abgeurteilt werden darf, muss eine gewisse Erstarkung jener psychischen Kraft, muss eine normale *ethische* Befähigung nachgewiesen sein.

In unserem Erziehungswerke am Kinde ist es nun eine Auffälligkeit, dass die Ausbildung der intellektuellen Fähigkeiten fast ausschließlich herrscht und die Heranbildung zur ethischen Befähigung mehr nebenhergeht. Ihre ersprießliche Entwicklung wird zum nicht geringen Teile auf gutes Glück hin sich selbst überlassen. Das meiste auf dem Gebiete der ethischen Ausbildung leistet noch die Schule, wo sie sich, zumal im Religionsunterricht, mit der intellektuellen Erziehung vereinigen lässt. Unsere häusliche Erziehung wirkt ethisch auf das Kind zu wenig nachdrücklich, sofern keine schlechten Beispiele gegeben werden. In unserem Erziehungsgedanken steht praktisch die Willensbildung zu sehr im Hintergrunde. Es fehlt weiter die Erziehung zu einer Auffassung des Sittengesetzes; diese hat das junge Menschenkind mit sich selbst abzumachen.

Hierbei muss man vor allem sich von dem Irrtum frei machen, als ob die Ausbildung der Intelligenz und diejenige der ethischen Befähigung ein und dasselbe Moment bedeuteten oder auch nur miteinander Schritt hielten. Die Intelligenz hat vor der Ethik im Kinde meist einen nicht unerheblichen Vorsprung. Eben deshalb darf die ethische Kraft nicht nach Äußerungen des Intellektes, wie es in unserer Praxis geschieht, ausschließlich beurteilt werden. Ein Kind kann im Rechnen usw. oder in der Musik schon recht viele technische Kenntnisse haben und wird doch die Antworten nach den ethischen Gründen irgendeiner Handlungsweise schuldig bleiben. Der ethische Instinkt, das Gewissen, bietet für diesen Mangel keinen Ersatz. Das Kind versteht noch nicht, weshalb da in seinem Innern eine Stimme redet: »Du sollst« oder »du sollst nicht«. Wenn es dieser Stimme folgt, handelt es mechanisch und formalistisch. Intelligenz und ethische Befähigung stehen aber im Menschen und ganz besonders im Kinde oft auch in einem Missverhältnisse. Die besonders ausgezeichnete Intelligenz ist nicht immer mit einer gleich gearteten Ethik gepaart.

Unsere oben erwähnte Art der Erziehung finden wir nicht nur in den sozial besser und vorteilhaft gestellten Familien. Schlimmer noch ist es aber in den Häusern der Armut bestellt, wo man zu solchem Erziehungswerke wirklich keine Zeit hat. Wenn Vater und Mutter den Tag über auf Arbeit gehen und die Kinder sich meistens selbst überlassen sind, wo bleibt da Raum für eine Ausbildung in der Wirkung auf Herz und Gemüt, zumal bei der eigenen ethischen Veranlagung und Erziehung der Eltern? Wenn dann Vater und Mutter gar noch schlechte Beispiele geben oder sonst die Umgebung das Kind gefährdet, wie müssen solche Umstände das schwache ethische Bewusstsein eines Kindes nachteilig beeinflussen! Wenn Vater und Mutter stehlen und betrügen, soll das Kind dann so stark sein, seine Eltern zu verurteilen? Wenn Vater und Mutter und Bruder und Schwester alle in einer Kammer zusammen schlafen und Vater und Mutter in einem Bett und Bruder und Schwester desgleichen, muss diese Kammer nicht zur Brutstätte von Sittlichkeitsverbrechen werden?

Gipfelt sonach, wie wir gesehen haben, die innere Physiognomie des Kindes in einem unentwickelten ethischen Bewusstsein, so tritt als weitere Ursache seiner unvollkommenen Auffassung von Straftat und Strafe sein selbstverständlicher Mangel an sozialem Verständnisse hinzu. Unsere strafbaren Tatbestände wurzeln ebenso sehr in der Ethik wie in unserer Gesellschaftsordnung. Dass die Kinder auf der Straße, sobald der Schutzmann um die Ecke tritt, befangen werden und sich selbst in erlaubten Spielen mäßigen, ist kein Beweis für eine Einsicht in die staatliche Ordnung. Ist auch in ihre Vorstellungen – ähnlich wie vorher der Knecht Ruprecht – von Eltern, Geschwistern und Dienstpersonen der Schutzmann als eine drohende Autoritätsperson eingeführt worden, so wissen sie doch wenig oder nichts von der hinter dem Schutzmann stehenden Obrigkeit und dem Strafgesetze. So begreift das Kind eigentlich nur, dass die Strafe die *Folge* der Straftat ist.

Die Begriffe des Eigentums, der persönlichen Ehre und der Geschlechtsehre, des Rechtes auf Unversehrtheit des Körpers und des Eigentums, der staatlichen Autorität usw. müssen in dem jungen Menschenkinde erst eingepflanzt und herangezogen werden. Wenn es deshalb lernt: »Du sollst nicht töten«, »du sollst nicht stehlen«, »du sollst nicht ehebrechen«, so werden ihm damit zwar formulierte Lehren des Sittengesetzes zugängig gemacht. Aber den ethischen und sozialen Gehalt der so geschützten Rechtsgüter begreift es damit noch nicht. Hiervon muss man sorgfältig trennen, dass Kinder sich in Schule und Haus moralische Urteile anderer mechanisch anlernen. Hinsichtlich der Eidesverbrechen lehnt der Strafgesetzgeber – in einem gewissen Widerspruche mit sich selbst – die Zurechnungsfähigkeit desjenigen ab, der das 16. Lebensjahr noch nicht vollendet hat. Und doch lernen unsere Kinder in der Schule unter den anderen Geboten auch: »Du sollst nicht falsches Zeugnis reden wider deinen Nächsten« und »du sollst den Namen deines Gottes nicht unnützlich führen.«

Mit dem Gebote »du sollst nicht stehlen« und der Erklärung, was Diebstahl ist, und dass er vom Gerichte bestraft wird, erhält der Zwölfjährige noch keinen Begriff von der Ordnung des Eigentums im Staate. Diese aber ist der Schlüssel zum Verständnis des Diebstahls. Dabei ist das Kind überall von Eigentum umgeben, sieht Eigentum bei den Eltern, den Geschwistern, den Gespielen und den Dienstboten und hat selbst Eigentum an seinen Kleinigkeiten. Die soziale und ethische Seite des Eigentums bleiben ihm noch unverständlich: Von diesem Ergebnisse aus muss man die Diebereien der Kinder beurteilen. Selbstverständlich können und werden sie auch oft die Vorläufer einer auch in der Zukunft betätigten diebischen Neigung sein. Wenn das Kind einen Begriff vom Diebstahle hat, so doch nicht zugleich ohne weiteres auch von der Unterschlagung und der Hehlerei. Hier sind logische Operationen erforderlich, zu welchem noch juristisch-technische Schwierigkeiten treten. Die Strafbarkeit des juristisch ebenfalls komplizierten Betrugs ist wegen seiner Verwandtschaft mit der straflosen Lüge dem Kinde auch nicht ohne weiteres geläufig. Dass fast jedes Kind lügt, liegt an seinem mangelhaften Unterscheidungsvermögen von Wahrheit und Dichtung sowie daran, dass ihm der ethische Begriff der Wahrheit fehlt. Von dem juristisch-technischen Begriffe und der Bedeutung der Urkunde weiß es nur wenig.

In den 5 Jahren von 1894–1898 wurden in Deutschland 3290 Kinder wegen Sachbeschädigung, 2441 wegen gefährlicher Körperverletzung, 539 wegen Beleidigung und 387 wegen Hausfriedensbruchs verurteilt. Was weiß z.B. ein Kind von dem Rechte auf Respektierung des Hausfriedens? Kann von einer Zurechnung für Sittlichkeitsverbrechen gesprochen werden, obwohl der ethische Geschlechtssinn erst nach erlangter Pubertät reift?

Dem Mangel an ethischem Bewusstsein entspricht ein ungezügeltes Triebleben. Der Affekt behauptet seine Herrschaft. Der menschliche Egoismus macht sich mit allen Mitteln, mit Gewalt und Rechthaberei, mit List und Lüge, mit Güte und Bosheit, geltend. Der Neid kann nicht niedergekämpft werden. Das Kind ist in der Entfaltung seiner Triebe einem unzivilisierten Naturvolk nicht unähnlich. Viel Bosheit und Schlechtigkeit stecken oft in Kinderseelen, bei entwickeltem ethischen Bewusstsein und gereifter Intelligenz verschwinden sie wieder.

Wie die Kinderkrankheiten darin einen Zweck erfüllen, dass sie angesammelte schlechte Stoffe ans dem kindlichen Körper ausscheiden, so bedarf auch manche Kinderseele der Betätigung von Schlechtigkeit und Bosheit, um angesammelter psychischer Unreinheiten ledig zu werden.

Es gilt dasselbe Naturgesetz, physisch wie psychisch. Manches Kind durchläuft eine innere und oft auch eine äußere Kriminalität als Kinderkrankheit. Da wird gestohlen und betrogen. Da wird Feuer angelegt und geschlechtlich gefehlt. Wird diese Kriminalität als Krankheit behandelt, ist ihr schon oft Heilung beschieden gewesen. Es sitzt mancher in Amt und Würden, der als Kind nicht nur einmal gestohlen hat. Es wäre psychologisch und ethisch verfehlt, ihn deshalb seines Amtes für unwürdig zu erklären. Die unreinen Gedanken und Triebe nach menschlichem Vermögen zu zügeln, will erst in späteren Jahren gelingen, wenn das Sittengesetz begriffen und den Anfechtungen eine zur Charakterbildung erstarkende Willenskraft entgegengesetzt werden kann. Das Kindesalter steht im Zeichen des sinnlichen Impulses, des Übermutes, der Nachahmung, der Fahrlässigkeit, der Zerstreutheit, der Träumerei, der Absonderlichkeit und Verschrobenheit. Der Laie ahnt nicht, in welches ethische Labyrinth sich die Vorstellung eines Kindes zu verirren vermag. Bei Kindern und über das Kindesalter hinaus schreitet auch die ethische und intellektuelle Entwicklung in den verschiedensten individuellen Zeitmaßen vorwärts. Der körperliche Organismus ist in steter Veränderung, im Wachstum begriffen; das Innere nimmt fortwährend neue Begriffe und Vorstellungen auf. Das eine Kind entwickelt sich langsam, das andere schnell. Vielfältige Krankheiten hemmen den Fortgang. Es gibt Zeiten des Stillstandes, ja der scheinbaren Rückwärtsbewegung, dann kommen wieder Monate des eilenden Fortschrittes. Die Natur ist nicht so pedantisch, dass sie in allen Kinderseelen gleichzeitig und gerade mit dem Glockenschlage des vollendeten zwölften Lebensjahres ihr Wunderwerk vollendete.

Und dabei sprechen wir immer nur von normalen Kindern. Es gibt aber eine beträchtliche Anzahl solcher, welche sich abweichend von der Norm entwickeln. Das sind die physisch und psychisch minderwertigen. Wie es mit der Zurechnungsfähigkeit solcher Kinder bestellt ist, das zeigt sich erst richtig in den folgenden Jahren. Bis zur Volljährigkeit kommen sie über die Entwicklung des 15. und 16. Jahres der gesunden Kinder nicht hinaus. Der Grad ihrer Minderwertigkeit kann im Alter bis zum vierzehnten Lebensjahre meist nicht genügend erkannt werden.

Wenn der Zwölfjährige die Frage des Richters, ob er nicht gewusst habe, dass er nicht stehlen, nicht unterschlagen, nicht betrügen, nicht Urkunden fälschen dürfe, und dass er deshalb vom Gerichte bestraft werden könne, bejaht, so ist damit wenig gewonnen. Er fühlt und begreift nun nach begangener Tat, dass er etwas Unrechtes getan hat. Und weil er nun wirklich vor dem Richter steht und bestraft werdet soll, wird er sich vielleicht für verpflichtet halten, die Frage der Richters, um diesen nicht zu erzürnen und seiner eigenen Sache zu nützen, zu bejahen. Das Kind ist der Suggestion im äußersten Maße zugängig. Es kommt oft alles darauf an, ob sich nach Lage der Sache überhaupt eine objektive Frage an das Kind stellen lässt. Im besten Falle ist die Bejahung der Frage nach der Einsicht eine Selbstkritik.

Eine Gefängnisstrafe kann bessernd auf das Kind um deswillen nicht wirken, weil es die Ethik dieser Strafe, also deren innersten Grund nicht versteht. Es hat lange gedauert, bis wir zu dieser Erkenntnis gekommen sind. Dass das Kind von den Eltern und in der Schule Einsperrung als Strafe erleiden muss, erschließt ihm das Verständnis für die staatliche Gefängnisstrafe noch nicht. Den großen Schritt von jener erzieherischen Einsperrung bis zu unserer Freiheitsstrafe, der – wenigstens in der Praxis – hauptsächlich andere Momente innewohnen, geht das kindliche Verständnis nicht mit.

Wir betonen immer wieder: die ethische Kraft zur freiwilligen und bewusster Maßen guten Tat ist im Kinde noch schwach entwickelt. Der ganz gewiss schon sich lebhaft rührende Instinkt des Gewissens ist noch keine ethische Kraft. Auf die Entwicklung dieser Kraft kommt aber alles an.

In Schule und Haus könnten die ethischen Kräfte des Kindes zweckmäßiger und nachhaltiger geweckt werden als jetzt. Die staatliche und soziale Eigentumsordnung, der Respekt vor Beschädigung einer fremden Sache, vor dem fremden Hausfrieden, vor der körperlichen Unversehrtheit und der Ehre eines anderen, die staatliche Autorität mit ihrem Instanzenzuge könnten dem Kinde sehr wohl in einer seinem Verständnisse angepassten Weise anschaulich gemacht werden, wenn geeignete Erzieher vorhanden sind. Auch ethische Übungen in der Entwicklung und Stärkung der Willenskraft lassen sich veranstalten.

Andererseits dürften solcher Unterricht und solche Übungen auch nicht zu früh getrieben werden. Es wäre falsch, die Kinder vorzeitig und gewaltsam zur Erkenntnis herüberzerren zu wollen, vielleicht gar bloß, um sie dann mit hinreichendem Grunde bestrafen zu können. Vor der von der Natur selbst gesetzten Reifezeit können keine ethischen Früchte geerntet werden. Die Natur hat ihre weisen Zwecke, wenn sie die Kinder jenseits von Gut und Böse stellt. Nur in diesem ungetrübten Jenseits lassen sich die herrlichen Zukunftskräfte der Menschheit aus dem Kinde heraus entwickeln. Hierin haben wir auch einen sehr wichtigen, fast gänzlich übersehenen Grund, weshalb man Kinder nicht vor die Gerichte ziehen und bestrafen soll.

Wir sind alle Kinder gewesen und haben in dieser ethischen und intellektuellen Unreife gestanden. Wir haben aber anscheinend für diese Zustände kein Gedächtnis. Es sind noch viele Stimmen, welche von der Heraufsetzung der Strafmündigkeit bis zum vollendeten vierzehnten Lebensjahre nichts wissen wollen. Man sollte meinen, sie müssten die ethische Kraft ihrer Kinderjahre nicht von Menschen als Erbe erhalten haben. Wir sind ein nervöses und unduldsames Geschlecht. Die angeborene oder durch Übung erworbene Gabe, sich ganz und voll in den Zustand eines Kindes zu versetzen, ist selten vorhanden. Ich möchte sie als eine künstlerisch-schöpferische Gabe bezeichnen. Möchte sie unserer Generation wiederkehren, zumal unseren Kriminalisten. Wenn wir in diesem Sinne nicht wieder werden wie die Kinder, werden wir das Strafrecht für Jugendliche nie glücklich formulieren.

Weibliche Kriminalität

I.

Die Kriminalstatistik, diese unheimliche Gradmesserin am wirtschaftlichen und sittlichen Volkskörper, zeigte schon während der Jahre des Weltkrieges bei uns auffällige Veränderungen. Während in den ersten Kriegsjahren die Kriminalität allgemein und im Besonderen auch der Frau stark zurückging, sodass im Jahre 1915 der tiefste Stand der gesamten bisherigen Frauenkriminalität in Deutschland erreicht wurde, stieg mit der immer zunehmenden Heranziehung der Frau zu den männlichen Berufen und der Verschlechterung der wirtschaftlichen Verhältnisse naturgemäß auch der weibliche Anteil an der Gesamtkriminalität, der 1914 bei 17,1%, 1915 schon 26,2%, 1916 aber 30,0% und 1917 gar 34,9% betrug. Und hauptsächlich fiel dieses Anwachsen der weiblichen Kriminalität den Altersstufen vom 15. bis zum 30. Lebensjahre und fast ausschließlich den Unverheirateten und erschreckenderweise den Mädchen unter 16 Jahren zur Last. So erwies sich eine alte traurige Erfahrung aufs Neue, dass im Kriege, wo die waffenfähigen Männer im Felde stehen, die Frauen und die strafmündigen Kinder die Kriminalität ihres Volkes auf sich nehmen müssen. *Und ganz besonders gefährdet war das junge Weib.* Das zeigte sich auch noch in sexueller Beziehung. Die Verurteilungen wegen Kuppelei gingen während des Krieges zwar stark zurück. Da so viele Männer bei der Fahne standen, war die Nachfrage in der Heimat nicht so groß. Vor allem aber hatte das junge Weib sich selbstständig gemacht, bedurfte keiner kupplerischen Vermittlung, bot sich selbst an, pflegte die freie Liebe und sah auch eine Heiratswelle über sich ergehen, die freilich auch Ungünstiges mit sich führte. Auch die damals staatlich noch privilegierte Prostitution hatte im Kriege einen Rückgang zu verzeichnen, der aber nur äußerlich zu werten war, weil in der Umgebung von Männeransammlungen in der Heimat die heimliche Prostitution in erschreckender Weise sich ausbreitete und so *das junge Weib* abermals gefährdete.

Als die Frau nach Kriegsende demobilisiert wurde, setzte auf der ganzen Linie eine Herabminderung ihrer Kriminalität ein, die aber sehr bald, schon von 1920 ab, wieder stieg, als die schwierigen Jahres des wirtschaftlichen Verfalles der Inflation zutrieben. Und selbst als diese Zeiten überwunden waren, führte auf dem Wege gleichsam der Erinnerung und Gewohnheit die weibliche Kriegskriminalität ein Nachleben, das noch bis in unsere Tage hinein spukt, ja durch die neuere ansteigende Welle wirtschaftlicher Not geradezu aufgepeitscht wird. Und sowohl die im Kriege entfesselte Gewaltsamkeit, das aus Entwertung des Menschenlebens geborene Tötungsverbrechen wie die befreite Sexualität spielen in dieser weiblichen Kriminalität der Neuzeit eine charakteristische Rolle.

II.

Dass der Raubmord dem weiblichen Geschlechte fern liege, hat der Kenner der Kriminalgeschichte niemals behaupten können. Vor allem der Mangel an Körperkraft und an persönlichem Mut wird als Hindernis bezeichnet, die das Weib abhalten, zum Raubmord zu schreiten. Aber selbst schwächliche Mädchen sind zu Raubmörderinnen geworden. Da das Opfer gewöhnlich ahnungslos überfallen und mit einem wuchtigen Werkzeug bearbeitet wird, braucht der Raubmörderin gar nicht so große Körperkraft zu Gebote zu stehen. Die Wucht des Werkzeugs besorgt die erste Betäubung des Opfers und die Kraft der Täterin wächst mit der inneren Erregung während des Zuschlagens. So sehen wir weibliche Täter meist mehr Schläge bis zur Unzahl auf das Opfer führen als der kräftigere Mann. Ein persönlicher Mut gehört gewiss dazu, dem Opfer Auge in Auge gegenüber zu treten. Aber aus den statistischen Deliktsziffern über Körperverletzung usw. wissen wir, dass es dem Weibe an sich gar nicht so fern liegt, sich an einer anderen Person zu vergreifen, während sie zur Beschädigung von Gegenständen nicht neigt. Der vorbereitete überraschende Überfall, der das Opfer allein trifft, erleichtert diese Rolle. Vor allem neigt der weibliche Raubmörder, die Ausführung seiner Tat in einen geschlossenen, ihm vielleicht gut bekannten Raum zu verlegen, und meidet den Überfall auf offener Straße oder sonst im Freien. Der geschlossene Raum erleichtert die Tat. *Sexuelle Unterströmungen oder Begleiterscheinungen sind vielfach vorhanden.*

Jugendliche Raubmörderinnen gab es schon vor dem Kriege.

1909 erschlug in Frankenberg (Sachsen) das 17-jährige Dienstmädchen Marta Kr. das 21-jährige alte Hausmädchen Elfriede M. Sie tötete ihr schlafendes Opfer mit neun Beilhieben in der Schlafkammer, schlug ihr Gesicht und Schädeldecke ein und beraubte sie ihrer Ersparnisse von 200 M. Sie war in der Schule eine der schlechtesten Schülerinnen, ihr jähzorniger Vater war 18 Mal vorbestraft, der mütterliche Großvater ein notorischer Säufer, die beiden Brüder der Mutter ebenfalls starke Trinker, von denen der eine durch Selbstmord endete und der andere als Vagabund verschollen war. Die Kr. hatte schon frühzeitige Beziehungen zum männlichen Geschlecht. Ihr Liebhaber, ein Soldat, verlangte Geld von ihr; das gab den Ablass zur Tat. Ebenso ermordeten während der Kriegsjahre zwei Mädchen im Alter von 15 und 17 Jahren, Waisenhauszöglinge, Hanni W. und Marta K., eine junge Malergehilfenfrau in ihrer Wohnung. Als der Mann abends von der Arbeit kam, lag seine Frau, nur mit einem Unterrock bekleidet, tot auf dem Fußboden. Die Leiche wies Kratzwunden im Gesicht, schwere Druckstellen am Halse, Verletzungen am linken Auge und mehrere andere Wunden auf. Die Mädchen waren am Morgen unter einem Vorwand in die Wohnung gekommen und hatten die Frau erwürgt. Die Beiden hatten das Leben im Waisenhaus satt, wollten in einem unbestimmten Abenteuerdrang, der in solcher Pubertätszeit immer sexuell gespeist ist, in die Welt und bedurften dazu einer kleinen Ausstattung. In die Hände fielen ihnen vier Mark Bargeld, eine goldene Damenuhr und verschiedene Kleidungsstücke. Man wird mit Recht annehmen, dass damals die brutalen Wirkungen des Krieges mit dazu beitrugen, die Jugend und die Weiblichkeit zu entmenschen. Diese fünfzehnjährige Hanni W. war zu ihrer Zeit die jüngste Raubmörderin der neueren deutschen Kriminalgeschichte.

Im Jahre 1918 suchte eine junge Arbeiterin, Gertrud Alma H., in Dresden eine Witwe mit einem dazu mitgebrachten Beil zu töten. Das Beil als ein in der weiblichen Hausarbeit gebräuchliches Werkzeug wird auf diesem Wege leicht zur Mordwaffe der Frau. Ursprünglich hatte die Täterin bei einer in demselben Hause wohnenden Freundin übernachten und diese töten wollen und ihrer Wäsche berauben wollen. Da aber die Freundin nicht zu Hause war, wurde die H. von jener Witwe in gutmütiger Weise über Nacht behalten und entschloss sich, als sie bei dieser Wäschevorrat entdeckte, schnell

zur Tat. Man erkennt, mit welcher erschreckenden Zufäl-
ligkeit das Opfer gewechselt und erkoren wird. Die Witwe
und die H. *schliefen in demselben Bett,* diese hatte sich das
mitgebrachte Beil zurechtgelegt, holte es plötzlich hervor und
schlug auf ihre ahnungslose Wohltäterin ein, die schwerver-
letzt noch fliehen und die Festnahme der H. herbeiführen
konnte.

Erotisch-sexueller Beweggrund zur Tat: Die H. stand vor
ihrer Verheiratung, es fehlte ihr noch die Wäsche.

Auch in der Kriegszeit – in das Jahr 1916 – reiht sich der Fall
der Friseuse Ullmann und der Arbeiterin Sonnenberg in Berlin ein, die sich zu gemeinschaftlichem Raubmord verbanden.
Allseitig ist das Milieu ein sexuelles. Die wegen Diebstahls
wiederholt vorbestrafte Ullmann will von ihrem »Bräutigam«
jahrelang auf die Straße und einmal in ein öffentliches Haus
geschickt worden sein, bis sie in der Elsässer Straße zu Berlin
einen Friseur- und Zigarrenladen aufmachten, der aber durch
Verschulden des Bräutigams nicht hochkam. Der Wirt kün-
digte den Mietvertrag, Pfändungen wurden vorgenommen.
Auch der Sonnenberg ging es schlecht, da sie außer Stellung
war. Auch das Opfer stammte aus der Sexualsphäre. Man
kannte die Fuhrwerksführerin Marta Franzke, die ebenfalls
Prostituierte gewesen war und mit der Abwäscherin Helene
Bahl ein Liebesverhältnis hatte und zusammenlebte.

Die Franzke soll in unvorsichtiger Weise ihr Geld in einem
Zigarrenetui auf der Brust getragen und damit geprahlt haben. Man habe sich vergegenwärtigt, wie die beiden das Geld
mit vollen Händen zum Fenster hinauswerfen, während sie
selbst Not litten.

Man habe sich gesagt, dass man der Franzke das Geld ruhig wegnehmen könne, da sie es doch nur gestohlen habe. Offenbar bewirkte das Sexualverhältnis, in dem das auserkorene
Opfer mit einem anderen Mädchen lebte, eine Erleichterung
des Mordentschlusses, weil man ein solches Menschenleben
gering einschätzte. Zunächst war der Plan aufgetaucht, die
Franzke zu erschießen. Die Ullmann stellte in ihrem Laden
auch Schießversuche mit einem Revolver an. Der Plan wurde aber wieder verworfen, die Schusswaffe war diesen Frauen
nicht handlich. So kam man überein, das Opfer in den Laden
zu locken, ihm, während es auf einem Stuhle saß, eine Schlinge um den Hals zu werfen und mit einem Rasiermesser die
Kehle durchzuschneiden. Mit großer Vorsicht wurden zwei

Tötungsmittel von den schmächtigen und schwächlichen Frauen verbunden. Das Rasiermesser war im Friseurladen zur Hand, die Knüpfung der Schlinge einer Leine konnte man wohl aus der häuslichen Wascharbeit [entnehmen]. Auch mit dem Werfen der Schlinge wurde eine Art Generalprobe veranstaltet. Vor der Tat kommt ein Bangen. Aber die Sonnenberg tröstet:

»Hab' doch nicht solche Angst; es kommt doch nichts raus, in acht Tagen ist die Leiche verwest.«

Die Sonnenberg soll auch bereit gewesen sein, die Tat ganz allein auszuführen, habe deshalb schon zwei Nächte vor der Tat bei der Franzke geschlafen, auch schon das Rasiermesser bei sich gehabt, aber schließlich die Tat aus Furcht vor dem in der Wohnung gehaltenen Hunde doch nicht gewagt. Abermals schleicht sich hier die Mörderin in den Schlafraum des Opfers ein. Am Tage der Tat – März 1916 – kam die Franzke zur Ullmann, wurde in das Hinterzimmer gelockt und mit einer Tasse Kaffee bedient. Als sie die Tasse an den Mund führte, warf ihr die Sonnenberg die Schlinge um den Hals, die Ullmann schnitt ihr mit dem Rasiermesser die Kehle durch. Sie war nicht sofort tot, sprang auf und warf sich auf das Sofa. Hier bekam sie einen zweiten Schnitt in den Hals. Das Messer rutschte aber ab. Um zu entkommen, sprang die sehr kräftige Franzke zur Tür und rief:

»Ihr findet ja doch kein Geld bei mir!«

Die Tür war aber verschlossen, das Opfer erhielt von der Ullmann, die auch mit einem Schlagring zuschlug, noch einige Schnitte und Stiche und war bald darauf tot. Die Sonnenberg soll gerufen haben:

»Sie bewegt sich ja noch, sie ist ja noch nicht tot, hole schnell den Revolver.«

Ausdrücke wie sie bei Mordakten beinahe konventionell sind. Der Toten wurde die Bluse geöffnet und das Zigarrenetui entnommen. Die übliche Enttäuschung: Die Beute bestand aus zwei Zwanzigmarkscheinen, die verteilt wurden. Das Mordzimmer wurde gereinigt, ein Reisekorb für 14 M. gekauft und die Leiche in ihn hineingepresst.

Ein Dienstmann wurde mit der Abholung beauftragt und ihm von der Ullmann zwar ein falscher Name des Auftraggebers, aber die richtige Wohnung als Abholungsort in sein Bestellbuch geschrieben. So sorgte die Ullmann selbst für die Spur, die zur Entdeckung führen sollte. In der Wohnung der Franzke, wo die Mörderinnen sich mit dem entwendeten Schlüsselbund einschließen, wurde das erhoffte Geld nicht gefunden, nur eine Reihe von Kleidungsstücken, die man verkaufte. Hatte sich diese entsetzliche Tat mit allen ihren Vorbereitungen überhaupt gelohnt? Bei Ausführung der Tat nichts von Schwäche. Aber in der Hauptverhandlung ein Jammern und Flehen, Ohnmachtsanfälle der Metzgerinnen. Diese Weibernerven hielten hinterher nicht stand. Vielleicht hätte sie eine fette Spinne oder eine huschelige Maus in Schrecken zu jagen vermocht. Aber das Anlocken und Abschlachten des Opfers vollzogen sie planmäßig und kaltblütig.

Man kann die Reihe der grausigen Fälle durch einige neuere andere unterbrechen, die immer noch den Nachweis erbringen, wie leicht gegenwärtig das junge Weib zu Gewaltakten neigt. Eine Verkäuferin in einem Berliner Limonadenausschank hatte ein Kind gehabt und war verlobt. Schon zeigt sich die sexuelle Einstellung. Eines Tages wurde sie entlassen und geriet in Not. Da zog sie einen Anzug ihres Wirtssohnes an, lauerte ihrer früheren Arbeitgeberin und deren Gehilfin nächtlich auf, warf ihnen Pfeffer ins Gesicht und entriss der Gehilfin die Handtasche. Die 22-jährige Angeklagte erhielt von dem Berliner Gericht die Mindeststrafe und außerdem Bewährungsfrist unter der Bedingung bewilligt, dass sie auf 3 Jahre in eine geschlossene Anstalt als Haushaltsgehilfin eintrete, die Verbindung mit ihrem bisherigen Bräutigam aufgebe und während dieser Zeit nicht heirate. Der Richter brachte damit deutlich zum Ausdruck, dass er bei der Verurteilten die Verbrechensquelle im sexuellen Moment erkannte, und machte von seinen amtlichen Füglichkeiten, so sehr seine Maßnahmen auf den ersten Blick überraschen, einen zulässigen erzieherischen Gebrauch.

Eine Blumenverkäuferin Anita W. schlug in Berlin einen angetrunkenen Viehhändler, der sie kurz vorher in einem Lokal traktiert hatte, auf der Straße mit Fäusten zu Boden, sodass er aus Kopfwunden blutete, und beraubte ihn seiner Barschaft von tausend Mark. Ein kürzlich nach Berlin zugereistes Mädchen entriss zwei blinden Frauen, die vom Straßenbahnwagen gestiegen waren und sich nach dem nahen Blindenheim begeben wollten, die Handtasche. Als wenig später die Blinden mit ihrer Anstaltsleiterin zur Polizeiwache gingen, sprach die Unbekannte sie an, erzählte, sie habe den Vorfall mit angesehen, der Täter habe die geraubten Taschen durchsucht und weggeworfen; sie habe sie aufgehoben, um sie den Verlustträgerinnen zurückzugeben. Aber die Blinden – und wohl auch die Anstaltsleiterin – erkannten mit ihrem feinen Gefühl, dass die »Zeugin« selber die Taschenräuberin war, die auch auf der Polizeiwache ein Geständnis ablegte. So wurde ihr ein weibliches Gefühl des Mitleidens und der Reue zum Verhängnis.

III.

Wenn das sexuelle Moment beim Verbrechen die oder eine entscheidende Rolle spielt, kann *das junge Weib*, das wir hier vor allem im Auge haben, sowohl als *Täterin* wie als Opfer oder auch als intellektuelle (nicht strafbare) *Urheberin*, dabei zugleich oft freilich auch als Opfer, in Betracht kommen. Die letzten Jahre zeigen eine traurige Kasuistik dieser Möglichkeiten auf und scheinen zu beweisen, wie schlecht das junge Weib schon im Elternhause und in der nächsten Öffentlichkeit sowie schließlich im sozialen Verkehr beschützt ist. Diese Fälle belegen aber auch weiter die sonst gern bestrittene Tatsache, dass in jungen Mädchen verborgene sexuelle Impulse gleichsam aufgespeichert lagern, um plötzlich aus oft geringfügigen Anlässen machtvoll, erschreckend hervorzubrechen und eine Sexualkatastrophe herbeizuführen. Sieht man näher zu, so findet man meist eine aus Vererbung hervorgegangene Veranlagung, die durch Erziehung und soziales Milieu ungünstig beeinflusst wurde und sich deshalb einlagern und ausbreiten konnte. Wir gelangen aber noch zu ganz anderen Einsichten. Die Natur gab dem Weibe, auch dem jungen aus guten Gründen einen sehr engen Zusammenhang mit den natürlichen primitiven Instinkten, wie sie zu Zwecken der Fortpflanzung das Tierreich regieren, verlieh ihm aber andererseits jene Hemmungen, die wir unter dem Namen der weiblichen Passivität, schon in der Lagerung der Geschlechtsorgane und in der Wolllustkurve erkennbar, der männlichen Aktivität gegenüberstellen. *Die neuere Zeit, zumal die Frauenbewegung selbst, möchte gern durch die sogenannte Aufklärung und Gewährung sexueller Freiheiten an jener willigen Passivität rütteln und übersieht dabei doch völlig die Gefährlichkeit eines solchen Unternehmens, die sich in den Annalen der weiblichen Kriminalität so traurig spiegelt.* Da war jene Duisburger Käthe Hagedorn, ein kleines unansehnliches Mädchen, einziges Kind eines Lebensmittelhändlers in einer Arbeiterstraße. Sie glich eher einer Vierzehnjährigen als einer Achtzehnjährigen, wurde von den Eltern wie ein Kind gehalten und durfte abends niemals allein auf die Straße. Sie schlief mit den Eltern im gleichen Raume, dabei zuweilen mit ihnen in demselben Bett, während im anstoßenden, durch keine Tür abgetrennten Zimmer ein Untermieter auf dem Sofa nächtigte. Es war an einem heißen Junitage des Jahres 1926.

Das Mädchen stand am letzten Tage ihres monatlichen Unwohlseins, das für sie immer Erregungszustände brachte. Sie wollte baden gehen und traf auf der Straße zwei Kinder, Käthe und Fritz, aus demselben Arbeiterhause, die sie sehr gern hatte. Sie ging mit ihnen nach der Rehwiese, wo die drei für den Namenstag des Vaters der sechsjährigen Käthe Blumen pflückten und sich hierbei einer Schere bedienten, welche die Hagedorn bei sich führte. In der Hauptverhandlung betonte sie in auffälliger Weise ihre weibliche Vitalität und zeigte sich in der Literatur sehr bewandert. Auf dem Wege zur Rehwiese will sie ein dumpfes Gefühl gehabt, am Tage zuvor zum ersten Male einen Orgasmus erfahren und in den letzten Tagen von Kindermorden in Breslau gehört oder gelesen haben. Plötzlich schickt sie unter einem Vorwand den kleinen Fritz in den nahen Buchenwald. Sie umklammert das kleine Mädchen, wirft es zu Boden und vergreift sich an ihm in unzüchtiger Weise. Dabei galt sie als gutmütig, ja kinderlieb. Aber ihre Neigung zu Kindern hatte eine sexuelle Unterströmung, sie fühlte sich zu kleinen Mädchen hingezogen, ohne ausgesprochen gleichgeschlechtlich veranlagt zu sein. Als die Kleine sich wehrt und schreit, stopft ihr die Hagedorn Sand und Laub in den Mund, greift nach ihrer Schere und sticht blindlings nach dem Hals des Kindes, sodass die Schlagader getroffen wird. Den Knaben Fritz, der eben zurückkommt und zum gefährlichen Zeugen zu werden droht, nimmt sie auf den Arm, trägt ihn ein Stück fort und sticht ihn ebenfalls in die Halsschlagader. Zwischen beiden Leichen läuft sie hin und her und schneidet, um Blut zu sehen, der toten Käthe mit der Schere an der Pulsader herum. Dann bedeckt sie die Leichen mit Gras und Laub, wäscht sich im nahen Bach die Hände, wechselt zu Hause schnell die blutbefleckten Kleider und stürzt sich in eine abenteuerliche Flucht bis zur holländischen Grenze, wo sie ihr Schicksal schon erreicht. Die medizinischen Gutachten gingen zwar bezüglich der Frage der Zurechnungsfähigkeit auseinander, einig waren sie sich aber darüber, dass hier unter dem Einfluss der Menstruation und vielleicht auch anderer Anlässe (Epilepsie?) ein ungeheurer sexueller Impuls sich ausgelöst hatte, dessen Wirkung einem pathologischen Sexualrausch gleiche oder doch nahe kam. Staatsanwalt und Gericht schlossen sich dem Gutachten an, der verminderte Zurechnungsfähigkeit annahm. Käthe Hagedorn wurde wegen Sittlichkeitsverbrechen, begangen an dem kleinen Mädchen, und wegen Totschlags der beiden Kinder zu acht Jahren Gefängnis verurteilt. Irgendein psychologisches Rätsel gibt dieser Fall nicht auf. Die Tat stand mit der Veranlagung des Mädchens durchaus nicht im Widerspruch. Psychopathische Phantastinnen haben mehrfach gleichartige Delikte begangen. An dem gewaltsamen Ausbruche des Sexualimpulses und an seiner Plötzlichkeit ist nichts Unnatürliches. Die Hagedorn wurde bei ihrer körperlichen Untersuchung unberührt befunden. Der Impuls war gestaut, sein Ausbruch ist immer unberechenbar.

Auch auf diesem Gebiete scheint Amerika das Land der unbegrenzten Möglichkeiten zu sein. Wenige Tage vor Weihnachten 1928 wurde in Noutham (Virgina) die 45-jährige Lehrerin Anna Prehorst in dem von ihr allein bewohnten Hause buchstäblich enthauptet, mit abgetrenntem Kopfe aufgefunden. Die Schränke waren zerbrochen, ihr Inhalt lag auf dem Fußboden umher, aber Gold und Wertsachen waren nicht geraubt. Bei den Nachforschungen fiel der Polizei besonders auf, dass die am Tatorte umherliegenden Wäschestücke Fingerabdrücke von auffallend kleinen Händen, von drei verschiedenen Personen herrührend, aufwiesen. Es ergab sich, dass die Lehrerin bei ihren 12–14-jährigen Schülerinnen nicht beliebt war und dass sie am Tage ihrer Ermordung drei Mädchen, den 13-jährigen Betsy M. und Allin R. sowie der 14 Jahre alten Eveline J. wegen *sexueller Verfehlungen* sehr umfangreiche Strafarbeiten aufgegeben hatte. Über den Anlass zu solchen Strafarbeiten hatte die Lehrerin pflichtgemäß der Schulvorsteherin schriftlich Bericht zu erstatten, den sie nach dem Unterricht in ihrer Wohnung auszufertigen pflegte. Da die Prehorst am Tage vor ihrem Tode um sechs Uhr abends noch gesehen worden war, hatte sie offenbar den Bericht schon niedergeschrieben, der aber bei der Durchsuchung ihrer Wohnung nicht gefunden wurde und auch der Vorsteherin der Schule nicht übergeben worden war. Nach strengem

Verhör gestanden die drei Schulmädchen, die den mittleren Bevölkerungsschichten angehörten, ihre Lehrerin totgeschlagen zu haben. Sie hatten gefürchtet, die Schulvorsteherin würde ihre sexuellen Verfehlungen den Eltern mitteilen, von denen sie strenge Bestrafung zu erwarten hatten. So begaben sie sich in der 7. Abendstunde gemeinsam zur Miss Prehorst, um sie zu bitten, der Vorsteherin ihre Verfehlungen nicht mitzuteilen. Die Lehrerin lehnte ihre Bitte schroff ab und soll die Mädchen noch verhöhnt haben. Da ergriff in Angst und Wut die 13-jährige Bethsy M. ein auf dem Tisch liegendes scharfes Hackmesser und schlug damit der Miss so wuchtig an den Hals, dass die Schlagader verletzt wurde und die Getroffene zu Boden stürzte. Darauf ergriff wie instinktmäßig und im Wege der psychischen Ansteckung ein Mädchen nach dem anderen das Beil und hieben damit der am Boden liegenden schließlich den Kopf glatt vom Rumpfe ab. Das hauswirtschaftliche Hackebeil ist also auch das Totschlagswerkzeug des weiblichen Kindes. Alsdann durchsuchten sie die Behältnisse, bis sie die schon angefertigten Berichte fanden, die sie verbrannten, reinigten sich vom Blute und gelangten unbemerkt wieder aus dem Hause.

Man erstaunt, wie nahe hier bei der eben geweckten Sexualität der Tötungsimpuls lauert und im Ausführungsakt schon eine sadistische Grausamkeit sich offenbart. Aber vielleicht darf auch das Opfer sexuell gewürdigt werden. Das ältliche Fräulein in den kritischen Jahren war bei den Schulmädchen unbeliebt, vielleicht verhasst. Was empfand sie selber beim Niederschreiben der Berichte über die sexuellen Verfehlungen?

Man weiß aus berühmten forensischen Beispielen, dass männliche und weibliche Erzieher in solchen Beschuldigungen gegen die ihnen anvertrauten Kinder geradezu schwelgen können. Miss Prehorst soll die bittenden Mädchen noch verhöhnt haben! So hätte vielleicht die *eigene sexuelle Sphäre des Opfers* die im Frühlingserwachen stehenden Mädel im Unbewussten beeinflusst, angewidert, zu besonderem Hass und zum Tötungsverbrechen angestachelt. Auch solche Beziehungen sind, wie wir noch weiter sehen werden, wichtig und kriminologisch zu verwerten.

Es wäre auch die traurige Geschichte von Erna Anthony zu erzählen, die im Sommer 1928 vom Schwurgericht Berlin wegen Totschlags zu fünf Jahren Gefängnis verurteilt wurde.

In Berlin geboren, besuchte sie die Gemeindeschule, danach die städtische Handelsschule; seit ihrem sechszehnten Lebensjahre begann sie sich ihren Unterhalt zu verdienen. Eine große und schlanke Blondine mit hübschen Gesichtszügen, in ihren Bewegungen flott und fesch, gehörte sie zu den vielen, die in unserer Zeit des gesellschaftlichen Ausgleichs auf der Straße den Eindruck des doch unbeliebten »gnädigen Fräuleins« erwecken möchten. Von der Kontoristin rückte sie zur Stenotypistin bei einer Berliner Firma auf und trat zu dem jüngeren ihrer Chefs in Liebesbeziehungen, hielt es aber auch noch mit anderen Freunden. Die Eltern waren, wie immer in solchen Fällen, völlig »ahnungslos«! Es ging in der elterlichen Familie, wie Erna meinte, sehr harmonisch zu, obwohl der Vater, ein pensionierter Postbeamter, vor Gericht aussagte, dass der Jähzorn in seiner Familie erblich sei. Aber die Eltern erfuhren auch davon nichts, dass sich ihre Tochter wegen Funktionsstörungen der Geschlechtsorgane bis drei Tage vor der Tat in ärztlicher Behandlung befand. Da spielt im Geschäft die Aufwartefrau Schüler die Aufpasserin und sieht und hört, wie der junge Chef und Erna sich küssen und duzen. Daraus ergeben sich Unzuträglichkeiten zwischen den Frauen. Die Schüler spielt nach Frauenart eine zwiespältige Rolle. Einmal rät sie, Erna solle nichts aus »Liebe«, sondern alles nur für Geld tun; ein andermal meint sie, sie müsse der Firma des Chefs Mitteilung von dem Vorgefallenen machen. So erhält Frau Schüler bares Geld, Kuchen und andere Kleinigkeiten als eine Art Schweigegeld. Um die Frau bei guter Laune zu erhalten, erzählt ihr Erna vertrauensselig auch von ihren anderen Liebesverhältnissen. Auch durch gemeinsame Unredlichkeiten im Geschäft hofft sie die Frau an sich zu fesseln. Da kommt der Unglückstag. Am Abend kommt es bei langwierigen Aufräumarbeiten im Geschäft zwischen den beiden zu Auseinandersetzungen, da Erna der anderen nicht mehr helfen will.

Frau Schüler wird ärgerlich, hält ihr, wie immer das Verhältnis mit dem Chef vor und bezichtigt sie sogar, auch mit dem Sohne des Chefs »etwas zu haben«. Da brach in dem jungen Mädchen der Hass gegen Frau Schüler, ihre stete Mahnerin und Peinigerin, gewaltsam aus. Sie ergreift ein bei diesen Aufräumarbeiten im Verschlage gefundenes langes und scharfes, elastisches Aufschnittmesser, das Erna zu Zwecken ihres Frühstücks hier aufbewahrt haben will. Sie ergreift das Messer und will nicht weiter sagen können, was geschah. Das Licht sei ausgelöscht, sie habe nicht gesehen, was sie tat. Aber der gerichtliche Augenschein ergab, dass die Leiche der Frau Schüler Schnittwunden am Halse aufwies, die dreizehn bis vierzehn Zentimeter lang waren. Der Sachverständige hatte in seiner Praxis von drei Jahrzehnten niemals so furchtbare Wunden gesehen, die den Hals völlig durchtrennten, sodass der Kopf nur noch durch die Wirbelknochen am Körper festsaß. Weibliches Mordinstrument auch in diesem Falle ein hauswirtschaftliches scharfes Messer, bei dessen Anschaffung die Anthony nach ihrer Aussage vor der Polizei schon mit dem Bedenken an ein Tötungsverbrechen gespielt haben will. Auch diese Totschlägerin eine Psychopathin mit Merkmalen geistiger Unausgereiftheit und starker Affektlabilität, mit Depressionszuständen und Willenseinengung zufolge der Funktionsstörungen der Sexualorgane. Aber vor allem ein Mädchen, das nur Sinnesorgane für Putz und Vergnügen, für Geld und Männer hatte.

Und *die Sexualsphäre* des Opfers? Ein larvierter kupplerischer Zug ist erkennbar. Die junge Blondine soll ihren Körper für möglichst viel Geld verkaufen, um ihr gutes Schweigegeld zu schenken; sonst droht sie erpresserisch die Sexualgeheimnisse der Jungen zu verwenden. Soll man nicht glauben, dass die kupplerische und erpresserische Neigung der Schüler den Hass der Erna Anthony gesteigert hat?

IV.

Es mögen einige Fälle aufgerollt werden, in welchen das junge Weib das bedauernswerte Opfer des Verbrechens wurde und hierbei eine mehr oder minder schwere Mitschuld trug.

Da ist die entsetzliche Geschichte der Gemma Matyas, die im November 1929 vor den Wiener Geschworenen zur Aburteilung kam. Dieses achtzehnjährige kräftige und schöne Mädchen war erst vor einigen Monaten mit ihrer Mutter aus Hartberg, wo man ein kleines Haus besaß, nach Wien gekommen, um nicht draußen auf dem Lande zu versauern, sondern das Stadtleben kennenzulernen. Sie sollte zunächst das Häusliche lernen und dann Unterricht im Maniküren nehmen. Aber nach dem Zeugnis der Logiswirtin waren Lesen und Schlafen Gemmas liebste Beschäftigung. Sie war ein schüchternes Mädchen, das nie spät nach Hause zu kommen pflegte. Mit Männern soll sie wenig gesprochen haben, da sie nur Dialekt redete und fürchtete, ausgelacht zu werden. Im Übrigen aber war sie sehr lustig und temperamentvoll. Die Logiswirtin hat ihr einmal im Scherz gesagt, wenn sie so schlimm sei, werde sie keinen Mann finden. Da habe die schöne Gemma geantwortet:

»Aber ich brauche keinen! Ich mag keinen Mann! Ich hab' gefressen von die Männer!«

Sie wollte damit an die ungünstige Ehe ihrer Schwester erinnern. Eine Zeugin bekundet sogar, dass Gemma gegen die Männer »schroff« war. In Hartberg war ihr Ruf nach Erkundigung des Gendarms nicht zweifelsfrei, aber Leichtsinn und Schlechtes konnte man ihr nicht nachsagen. Sehr charakteristisch war im Prozess die Frage des Prozessvertreters der privatbeteiligten Mutter Matyas, ob Gemma anständiger gewesen sei als der große Durchschnitt der Mädchen in Wien. Unter großer Heiterkeit des Auditoriums wies der gerichtsvorsitzende diese Frage zurück.

»Diese Frage ist eine Beleidigung der Mehrheit. Ich kann nicht zulassen, dass über die Mehrheit in diesem Tone gesprochen wird.«

Am verhängnisvollen 10. März 1929 besuchte Gemma in der 8. Abendstunde mit einer Freundin ein Automatenbüffet und trank hierbei zwei bis drei Glas Glühwein. Als Wirkung des Weines stellte sich bei ihr gegenüber sonstiger häufiger Mürrigkeit ihre gewöhnliche Lustigkeit ein. Die Mädchen trennten sich, weil die Freundin ein Rendezvous hatte, und vereinbarten für eine spätere Zeit, sich wieder zu treffen. Aber Gemma war zur bestimmten Stunde nicht zur Stelle. Sie hatte inzwischen die Bekanntschaft eines Richard Singer gemacht, der ihr zum tödlichen Verhängnis werden sollte. Man braucht seine Darstellung, dass sie ihn angelacht und gar mit der Hand in ein Kaffeehaus habe hineinziehen wollen, nicht zu glauben. Aber sie ging mit ihm und folgte seiner Einladung, in vorgerückter Abendstunde – angeblich nach zehn Uhr – seine Wohnung aufzusuchen. Vielleicht hatten sie vorher Alkohol getrunken. Das Mädchen sei ihm taumelnd vorgekommen. Er habe den Verdacht gehegt, sie sei Kokainistin. Sie hatte ihm ihren Namen und ihre Verhältnisse erzählt; er gab sich als Inhaber eines Wäschegeschäftes aus und wollte sie möglicherweise als Verkäuferin einstellen. Er hatte einen Hundertschillingschein sehen lassen, der aber in Wirklichkeit eine sogenannte Blüte war. Gemma macht es sich bei Singer gemütlich, legt ihre Kleider, wohl auch das Hemd ab, liegt – offenbar unter Nachwirkung von Alkohol – bei dem fremden Manne im Bett, will sich aber nicht hingeben. Er gerät in Wut, er ist nicht gewohnt, Frauen unverrichteter Dinge fortgehen zu lassen.

Wer ist dieser achtunddreißigjährige Richard Singer überhaupt? Sohn eines vermögenden Kaufmanns, eines Paralytikers, schon als Kind schwer erziehbar, wiederholt auf Anlass seiner Familie in Heilanstalten untergebracht, der später sich einige Kugeln in selbstmörderischer Absicht in den Kopf schoss. Zwei Ehen missrieten, eine Frau trat sogar ihm zuliebe zum Judentum über. Er konnte nicht recht von seinem angeblichen Wäschegeschäft leben, vielmehr unterstützte ihn seine Mutter und ein Bruder. Seine Gattinnen verließen ihn, nachdem er ihre Mitgift durchgebracht hatte. Er war ein Kaffeehausbummler. Er war ein Frauenjäger, der beim weiblichen Geschlecht, selbst bei hübschen und schönen Frauen, als nicht unsympathischer Mann viel Glück hatte, sie aber immer ausnützte, sie gelegentlich zur Prostitution anhielt und dann bei der Sittenpolizei denunzierte. Er war ein brutaler verkommener Schmarotzer von ausschweifender Sexualität. Die Täuschung der Frauen mit einem angeblichen 100-Schillingschein war sein ständiger Trick. In der Verhandlung gebärdete er sich sehr exzentrisch, wollte teilweise Erinnerungslosigkeit und vor allem Notwehr vorschützen, sofern ihn Gemma zuerst mit dem Messer angegriffen habe. Die Wiener Gerichtsärzte bestätigten unter Annahme geistiger Minderwertigkeit seine Zurechnungsfähigkeit.

Als die schöne Mädchengestalt der entkleideten Gemma seine Leidenschaft aufpeitschte, will er sie um jeden Preis zwingen. Er ringt mit ihr, sie wehrt seinen Ansturm kräftig ab. Er fühlt sich zu schwach, diesen unerwarteten Widerstand zu brechen, er tobt, greift in der Wut nach einem Küchenmesser – dieser Mann wählt ebenfalls ein hauswirtschaftliches Instrument – und sticht seine Gegnerin in den Hals. Sie verlassen die Kräfte, jetzt kann der Unhold seine Lust an ihr büßen. Aber sie ist nicht tot, sie stöhnt und wimmert. Er liegt dabei auf seinem Bett und raucht eine Zigarette nach der anderen. Er fesselt das nackte Mädchen an Händen und Füßen und schleift es in einen neben seiner Schlafstube befindlichen engen Raum ohne Fenster und mit steinernem Fußboden. Hier sperrt er die Blutende ein, die Tür lässt sich von innen nicht öffnen. Er eilt fort, weitere Zigaretten zu holen, geht in den Keller, um für sein Opfer ein Grab zu schaufeln. Die Hausbesitzerin hört das Wimmern unterhalb ihrer Wohnung, stellt ihn zur Rede, er will von nichts wissen. Aber er stürzt in seine Wohnung und schneidet der immer noch Lebenden mit dem Messer den Hals durch. So wird Gemma von der durch die Hausbesitzerin herbeigerufenen Polizei gefunden, während der Unhold seiner Wohnung gegenüber in einem Kaffeehaus sitzt und trinkt.

Ins Krankenhaus gebracht, kann sie nach einer vorgenommenen Operation noch drei Tagen leben und die furchtbaren Einzelheiten der Ereignisse stichwortartig erzählen oder niederschreiben. Diesen Tatbestand hielt das Gericht nach der Beweisaufnahme für erwiesen und verurteilte den bestialischen Schlächter, dessen Tat also kein echter Lustmord war, der nur stach, um das Mädchen wehrlos zu machen, wegen Meuchelmordes zu 16 Jahren schweren Kerker. Er nahm das Urteil sofort an und verzichtete auf Einlegung von Rechtsmitteln.

Einem solchen Wüstling ging die schöne Gemma ins Netz. Nein, sie war gewiss keine Straßendirne. Rührende Arglosigkeit, aber auch unverzeihlicher weiblich-sexueller Leichtsinn führten sie zu Tode. Der Mörder ist schuldig, aber auch das Opfer.

Man kann auch an die Schuhmachertochter Lisbeth Kolomak in Bremen denken, die 1924 gerade siebzehnjährig dem Tod zwar nicht von Mörderhand, aber durch Krankheit zufolge eines ausschweifenden Lebens erlitt. Ihre Mutter wurde wegen Kuppelei, verübt in Bezug auf die eigene Tochter und ein anderes Mädchen, zu acht Monaten Gefängnis verurteilt. Es ergab sich ein Stück Zeitgeschichte ausgangs der Inflation mit ihrem menschenverzehrenden Getriebe und der ungeheuren Gewissenlosigkeit der Männerwelt, deren mit Lisbeth Kolonak in Berührung gelangten Vertreter das Mädchen im Grunde nicht für schlecht hielten, aber jeder seinen Teil dazu beitrug, es zu zerbrechen.

Nach der Entlassung aus der Schule besuchte Lisbeth einen Haushaltsunterricht, arbeitete dann bei einem Landwirt, bis sie 1923 in ein Bremer Warenhaus als Lehrmädchen eintrat. Aber schon vierzehn Tage später, noch nicht 16 Jahre alt, reiste das junge Mädchen ohne Wissen der Eltern mit einer Freundin heimlich nach Berlin. Das war ein erstes stärkeres Aufleben ihres erotischen Abenteuerdranges.

In der Reichshauptstadt haben die Freundinnen die Wäscheausstattung des einen Mädchens und ihren geringen Schmuck zu Gelde gemacht, von einer Arbeiterin Darlehensbeträge erhalten und sich im Übrigen angeblich durchgehungert. Als Lisbeth schließlich aus Berlin zurückkehrte, hat sie versichert, sie habe sich dort in sittlicher Beziehung nichts zuschulden kommen lassen. Die Mutter beschäftigte ihr Kind, das wegen der Berliner Reise ins Gerede gekommen war, im eignen Haushalt. Aber der mit der sonst von ihm belobten Familie bekannte Pastor beantragte – ohne Erfolg – für Lisbeth Fürsorgeerziehung, weil nach seiner Meinung die Eltern die Gefahrenzone, in der das frühreife, hübsche Mädchen sich bewege, nicht erkannten. Es geschah vielmehr alles andere. Eine Freundin Lisbeths wird ins Haus genommen und muss selbstverständlich Miete zahlen. Die Mutter hat keinen Blick für die Dirnengestalt. Die Mädchen frönen nächtlicher Vergnügungen. Lisbeth unterhält eine ganze Reihe Herrenbekanntschaften mit intimen Beziehungen. Dieses junge Weib folgt ihrem Drange, sich sexuell auszuleben, macht eine mehrtägige Liebesreise mit einem Kaufmann nach Oldenburg, wo sie vorgeblich ihre Tante besucht, empfängt Wäsche, Blusen, Geld als Geschenke, führt bei einer »Hausfestlichkeit« einen Nackttanz auf. Der Prozess wirbelte eine Menge Schmutz, Widerlichkeiten und Gemeinheiten auf. Die Freundin wird geschlechtskrank und denunziert Lisbeth der Polizei als gleichartige Patientin, um nicht allein in die Bremer Krankenstation eingeliefert zu werden. Lisbeth wurde einer Salvarsanbehandlung unterzogen, deren Verlauf leider ein tödlicher war. Man braucht sich keiner Sentimentalität hinzugeben, um eine Ehrenrettung des Mädchens zu versuchen. Ihre innerste Veranlagung führte sie wohl auf diese abschüssige Bahn.

Aber so frühzeitig und traurig zu enden, hatte sie wohl nicht verdient. Und die wie mit Blindheit geschlagene Mutter? Von den Entwicklungsjahren an war ihr die Tochter als für einen gefährlichen Weg disponiert bezeichnet worden. Jetzt schreckte sie endlich empor und veröffentlichte 1926 unter dem Namen Margerete Monham jenes als angebliches Tagebuch der Verstorbenen bekannt gewordene Buch *Vom Leben getötet*[86], in dem sie nach den ihr gewordenen eignen Mitteilungen der Tochter und den Angaben dritter Personen zeigen wollte, wie ihr unglückliches Kind durch Menschen und

Umstände Schritt für Schritt entsittlicht, zermürbt und zu Tode gehetzt worden sei. Freilich unterschlug sie ihr schweres eignes Verschulden und wälzte alle Verantwortung auf andere und auf Behörden. Wenn gleichwohl aus dem Buche unwillkürlich ihr eigenes Gewissen sprach, so führte dieses auch die Sühne herbei. Die Behörden ließen die Vorwürfe nicht auf sich sitzen und der aufgerollte Fall brachte die kupplerische Mutter ins Gefängnis.

Furchtbarer war das Ende der 22-jährigen Wienerin Adele Schulze, die ihren Tod am 30. Mai 1925 fand. Man hatte versucht, dieses unglückliche Opfer in ein sehr schlechtes Licht zu setzen. Aber man konnte sie nur als lebenslustiges, arbeitsames Mädchen kennenlernen, freilich nicht so wohl behütet wie Töchter in einem Bürgerhause.

»Wenn heutzutage ein Mädchen selbstständig wird«, sagte der Wiener Staatsanwalt in seiner Anklagerede, »lässt es sich von den Eltern nicht mehr viel sagen. Das Schlagwort von dem *Ausleben der Jugend* wirkt beschwichtigend auf die Eltern, die Ruhe haben wollen.«

Die beiden angeklagten Mörder hatten das furchtbare Wort geäußert:

»Es ist ohnehin keine Schande um sie!«

Es konnte aber nur nachgewiesen werden, dass die Tote mit dem jüngeren der Angeklagten, mit dem 18-jährigen Kartonagenarbeiter Engelbert Baar, sich in intimen Verkehr eingelassen hatte, wenn auch der Verdacht eines Verkehrs mit anderen Männern nicht von der Hand zu weisen war und bei der Ermordung des Mädchens mit eine Rolle spielte. Dass Adele viel mit Freunden verkehrte, musste auch ihre Freundin bestätigen. Aber die 63-jährige Mutter Schulze, deren einziges Kind Adele war, äußerte vor Gericht:

»Für uns war sie immer brav. Auch an den Arbeitsplätzen ist sie überall belobt worden. Sie war sehr lustig und hat gern schöne Kleider gehabt. Keine Spur, dass sie ausschweifend gewesen wäre.«

Die übliche Ansicht solcher Mütter! Der Vater Schulze ist Kellner und schildert seine Tochter als sehr gutherzig, aber als leicht im Ausgeben von Geld. Insbesondere unterstützt sie den Bruder, als er arbeitslos war, mit Geld, das er nie zurückgab. Er soll ihr, erzählt die Freundin, gelegentlich gesagt haben, er würde mit ihr verkehren, auch wenn sie eine Prostituierte wäre. Merkwürdig war, dass Adele unmittelbar vor ihrer Firmung stand. Der Krieg, in den der Vater Schulze mit eingerückt war, hatte die Feier hinausgezögert.

»Und jetzt haben sie sich so auf die Firmung gefreut!« sagt die Mutter in der Verhandlung.

Engelbert Baar, Sohn eines Schuhmachergehilfen und das jüngste von zwölf lebenden Kindern, hat die Schulze im Februar 1925 in einem Kino kennengelernt und kam schnell mit ihr zum intimen Verkehr. Er macht sie auch mit seinem älteren Freunde, dem Mitangeklagten 23-jährigen Silberschmiedgehilfen Josef Meisinger bekannt; sie waren des Öfteren zu dreien zusammen. Meisinger macht mit der Zeit der Schulze einen Heiratsantrag, wurde aber abgewiesen. Das war sein gewöhnliches Schicksal bei den Mädchen. Er ist missgestaltet, ein normal großer Kopf sitzt auf einem zwergenhaften Körper; die Lippen sind roh aufgeworfen, seine durchdringenden Augen haben einen hämischen Ausdruck. Sein Vater und Großvater waren Trinker, eine Schädigung des Keimplasmas[87] kommt nach dem medizinischen Gutachter in Frage, da neun von zehn Geschwistern (Kinderkrankheiten mit – epileptischen? – Krampferscheinungen) gestorben sind.

Auch Josef hat einen Fraisenanfall[88] erlitten, davon aber keine bleibende Veränderung im Gehirn davongetragen. Er ist im Gegenteil gut begabt, intelligent und in jeder Richtung geistig normal entwickelt. Aber seine körperliche Missbildung gehört in das Gebiet der rachitischen Erkrankungen. Jedoch die Kapazität seines Schädels konnte sich voll entwickeln. Er ist ein kunstvoller Handwerker (wer denkt nicht an den tückischen Zwerg Mime). Die Mutter Meisinger, eine schwache, abgehärmte Frau, schildert ihren Sohn als sehr brav und aufopfernd. Für die Geschwister habe er den letzten Kreuzer hergegeben und habe die kranke Mutter ganze Nächte lang gepflegt; er kochte auch für sie.

»Er war zu brav.«

Von Liebschaften Josefs weiß sie nichts. Der Vater Meisinger, ein großer kräftiger Mann, hat dem Sohn von seinen mehrfachen Heiratsplänen stets abgeredet, weil er wusste, dass ihn die Mädchen nur zum Besten halten.

Von den Geschwistern habe er sich wie ein Hund behandeln lassen, herzlose Leute hätten sich auf der Straße oft über ihn lustig gemacht (wer denkt nicht an Richard III.?). Bis zu seinem 20. Jahre will Meisinger mit Mädchen keine Bekanntschaft und überhaupt keinen intimen Verkehr gehabt haben.

Am Pfingstsonnabend hatte Adele Schulze ihr Elternhaus verlassen, nachdem sie von ihrem Wochenlohn der Mutter 16 Schilling für ihre am Montag in Aussicht genommene Firmung ausgehändigt hatte.

Auch Baar und Meisinger waren ausgegangen, besuchten zusammen ein Gasthaus, wo sie Karten spielten und jeder von ihnen zwei Krüge Bier tranken. Auf eine halbe Stunde gingen sie nach Hause, um in der elften Abendstunde nochmals spazieren zu gehen und die Adele zu treffen, die auch tatsächlich mit einem anderen jungen Manne daherkam. Der so oft und auch von Adele verschmähte Zwerg hatte immer mehr die Summe der Enttäuschungen und des Schimpfes gezogen, der ihm vom weiblichen Geschlecht angetan worden war, sah auch zukünftige Qualen voraus, die ihm das eigene Leben unerträglich erscheinen ließen, und beschloss, alles Erlittene an dem einen unglücklichen Mädchen zu rächen. Zugleich stachelt ihn die Begierde nach ihrem Besitz. Da sie ihm nicht freiwillig gehören wollte, wollte er sich ihrer im Zustande der Wehrlosigkeit bemächtigen. Den von Adele bevorzugten, von ihm selbst wohl beneideten Baar wollte er zu seinem Werkzeug machen; er schilderte ihm seit Wochen das Mädchen als leichtfertig und untreu (wer denkt nicht an den intellektuellen Lustmörder Jago?) und es gelang ihm in den Freund, der ebenfalls von einem Alkoholiker abstammt und an Übererregbarkeit der Reflexe sowie eine Überempfindlichkeit des Gemüts (litt) und leichte Beinflussbarkeit zeigt, Misstrauen, Eifersucht und Hass zu erwecken und zur Mittäterschaft zu bestimmen. Gerade für diesen Pfingstsonnabend fasste man die Tat ins Auge. Sie lösten die Schulz von ihrem Begleiter ab und führten sie in die Nähe des Gasthauses *Elisabeth-Avenue* auf eine Wiese. Sie ließen sich zu dritt nieder, das Gespräch drehte sich um belanglose Dinge und stockte. Adele war müde und schien leicht einzuschlummern. Der Zwerg gab den Anstoß, dass diese Gelegenheit die günstigste sei.

»Bei mir bist du kein Mensch, fang an!«

Baar und die Schulze hielten sich, die Gesichter einander zugekehrt, umschlungen. Baar richtet sich auf, kniet, küsst das Mädchen und drückt, während es die Küsse erwidert, die Hände um ihren Hals legend, beide Daumen stark gegen ihren Kehlkopf und würgt sie einige Minuten hin und her, bis das Opfer nur noch röchelnde Laute von sich gab. Den ermüdenden Baar löst Meisinger ab und würgt das Mädchen, die noch lebt, weiter, während diesem Baar sein Taschentuch als Knebel in den Mund stopfte, um den Erstickungstod vollkommen zu machen. Beide haben dann die Regungslose, die vielleicht schon eine Leiche war, geschlechtlich missbraucht; dessen waren sie geständig. Der Zwerg bekannte, er sei schon während des Würgens geschlechtlich erregt worden (Sadismus). Baar legte dem Mädchen, das am anderen Morgen an Ort und Stelle tot aufgefunden wurde, die Kleider zurecht und den Hut übers Gesicht. Dann gingen die Burschen je nach Hause. Am anderen Morgen standen sie vor Adeles Haus und schickten hinauf, ob sie zu Hause sei. Nachmittags erschienen sie im Wirtshaus, wo der Vater Schulze Kellner war, und fragten, wann Adelens Firmung sei? Auf dem Heimweg weinte Baar, aber der befriedigte Zwerg war sehr lustig und sang. Schon am Pfingstsonntag saßen beide in Haft. Im November 1925 wurden sie wegen Meuchelmordes – Meisinger zu 18 Jahren und Baar zehn Jahren – schweren Kerkers verurteilt. Baar wurde wegen der Anklage der Leichenschändung freigesprochen.

V.

Sucht man nach einem Fall, in dem das junge Weib die intellektuelle Urheberin von Mord und Selbstmord, ja sogar wider ihr Wissen und Wollen und auch nicht zugleich das Opfer geworden ist, so kann man an die sogenannte Steglitzer Schülertragödie denken. Es ist dabei nicht nötig, das ganze umfangreiche Material des berühmt gewordenen Berliner Krantz-Prozesses aufzurollen, es genügt, die weibliche Hauptzeugin Hilde Scheller in ihren Beziehungen zu den drei jungen Männern zu zeigen, die in die Jugendtragödie verwickelt waren. Die sechzehnjährige Hilde war früher Schülerin der Untersekunda des Oberlyzeums in Mariendorf bei Berlin und danach im Büro ihres Vaters, eines vermögenden Kaufmanns, beschäftigt. In der Schule war ihr freundliches, anschmiegsames Wesen, ihre einnehmende äußere Erscheinung beliebt. Aber es bestand die übereinstimmende Meinung bei der Lehrerschaft, dass man ihr nicht ganz trauen könne. Sie hatte schon in jugendlichem Alter viele Jungenfreundschaften, worauf der Schulleiter das Elternhaus aufmerksam machte. Die Mutter Scheller meinte hierzu, das Kind sei immer lebenslustig und sprunghaft gewesen in seinen Empfindungen; sie habe sich immer wild und knabenhaft gezeigt und sei daher mehr mit Jungen zusammengekommen. Aber Hildes Veranlagung ging doch etwas tiefer. Vor der Polizeirätin gab sie an, dass sie beim Küssen eine sexuelle Spannung empfinde und deshalb Verkehr mit jungen Männern suche. Sowohl mit dem Primaner Krantz wie mit dem Kochlehrling Stefan und auch noch mit einem dritten habe sie in nahen geschlechtlichen Beziehungen gestanden, aber zu einer vollkommenen Vereinigung sei es nicht gekommen. Sie gehörte also, wie ein Sachverständiger einwarf, zu dem bekannten Typ der Halbjungfrauen, wurde auch von einem praktischen Arzt, der sie untersuchte, noch jungfräulich befunden. Der Bruder Hildes, der Primaner Günther Scheller, hatte auch frühe sexuelle Regungen, die sich aber auf das eigene Geschlecht zu richten schienen. Er kam gelegentlich geschminkt und mit nachgezogenen Augenbrauen in die Schule und machte mit einem älteren Herren nicht unverdächtige Autofahrten. Die Geschwister hatten sich gegenseitig in der Hand, sofern jeder Teil den anderen wegen seiner Heimlichkeiten und Lügereien bei den Eltern verraten konnte.

Der Vater Scheller verbot eines Tages dem Kochlehrling Stefan, den er mit seiner Tochter überraschte, das Haus und ermahnte sie, sich Krantz gegenüber zurückhaltend zu zeigen, den Günther in die Familie einführte. Er las auch die Gedichte von Paul Krantz, die ihm zwar gefielen, aber wegen ihrer schwülstigen Erotik nicht unverdächtig waren. Dieser Paul Krantz war der Sohn eines Kaffeehausmusikers, der in den Wilhelmshallen zum Tanz aufspielte. Der Sohn war dichterisch und mehr journalistisch begabt, ein Wichtigtuer, dem das herrschende Schulsystem ein Greul war, weshalb er ihm auch durch häufiges Schulschwänzen aus dem Wege ging. Und einige Lehrer meinten, man müsse einen so überreifen jungen Mann mit besonderer Vorsicht anfassen. In seinem Malower Landhause ließ der Vater Scheller die beiden Jungen Günther und Paul abenteuerlich hausen, sie kochten sich gar ihr Essen selbst. Übrigens war auch ein erwachsenes Dienstmädchen zur Hand. Schließlich zog Scheller mit Hilde im Sommer 1927 auch hinaus, während Frau Scheller mit einer jüngeren Tochter an der See und später in Kopenhagen weilte. Und als Scheller auf den Gedanken kam, seine Frau aus Kopenhagen abzuholen, waren die jungen Leute auf vier Tage in dem Landhause sich allein überlassen. Und gleich am ersten

Abend holte Krantz seine Freundin Hilde vom Bahnhof ab. Hilde schlief beim Dienstmädchen, Krantz oben auf dem Boden, da Günther sich schon in seiner Kammer eingeschlossen hatte. Plötzlich fiel Hilden ein, dass Paul oben keine Decke habe und sie, nur mit Nachthemd bekleidet, trug sie ihm hinauf. Sie sagte vor Gericht, geradezu ein sexueller Zwang habe sie zu Paul hinaufgetrieben. Und Krantz erklärte:

»In dieser Nacht wurde Hilde meine Freundin.«

Aber am nächsten Abend kam Hilde nicht heraus nach Mahlow, sondern begab sich mit einer Freundin in ihre winterliche Stadtwohnung, wohin schließlich Günther Scheller und Paul Krantz auch kamen. Aber Hilde brachte ihren anderen Liebhaber Hanns Stefan mit in die Wohnung und hatte sogar die Keckheit, den beschämten Verehrer Krantz zu bitten, Stefans Anwesenheit ihrem Bruder nicht zu verraten. Hilde schloss sich mit Stefan im Schlafzimmer ein, sie legten sich zusammen ins Bett, es kam aber auch nicht zu einer vollkommenen Ehe.

Es ist glaubhaft, dass der an sich mit Minderwertigkeitsgefühlen behaftete Sohn des Kaffeehausmusikers und Günther Scheller, der das Liebesabenteuer seiner Schwester in der letzten Nacht mit Krantz kannte und heute Stefans Anwesenheit bald entdeckte, über dies alles in starke Depression verfielen. In der Wein- und Zigarettenrauchatmosphäre stiegen alte Selbstmordgedanken, mit denen die moderne Jugend gern spielt, auf und beide beschlossen, ihr Leben zu beenden, aber die straffälligen Stefan und Hilde mitzunehmen. Krantz trug immer eine Pistole bei sich, legte sie auf den Tisch, man befasste sich mit ihr. Versehentlich ging sogar zum Schrecken von Hans und Hilde, die sich im Bett erfreuten, ein Schuss los. Die einzelnen Rollen wurden schriftlich verteilt. Als aber gegen Morgen Paul Krantz nüchtern wurde, bezeichnete er die Vereinbarung als »Quatsch«, während Günther an ihr festhielt und den Freund einen Feigling nannte. Als in der Morgenstunde Hilde ihren Getreuen nicht mehr durchs Fenster ungesehen ins Freie befördern konnte, bedeckte sie ihn in der Schlafstube mit einem Bettlaken und ließ die Türe offen, als sei ihr Bettgenosse längst entschlüpft. Aber Günther betrat mit der Waffe das Schlafzimmer, entdeckte das Nachtgespenst, schoss ihm zwei Kugeln in den Kopf und setzte dann die Pistole sich selbst an die Schläfe, drückte ab.

Beide Männer waren alsbald tot. Günther hatte sich an die

in der schriftlichen Vereinbarung ihm zugefallene Rolle strikt und mit festerem Ernst gehalten. Paul Krantz wurde des gemeinschaftlichen mit Günther an Stefan begangenen Mordes angeklagt, aber aus naheliegendem Mangel an Beweis im Februar 1928 vom Schwurgericht Berlin freigesprochen. Hilde blieb ihrem Charakter treu. Obwohl sie angesichts von Stefans Leiche geschrien hatte: »Hans, mein Hans! Der Einzige, den ich geliebt habe!« erschien sie beim ersten Verhör bei der Polizei liebenswürdig, lächelnd, tänzelnd, fast kokettierend. Sie unterhielt sich mit dem Beamten lachend, scherzend über fernliegende Dinge. Kein Mensch konnte ihr anmerken, dass sie vor wenigen Stunden ihren Bruder und ihren Geliebten durch den Tod verloren hatte. Dem jungen Weibe schien, wie die Mutter verzeihend meinte, das Furchtbare der Ereignisse noch gar nicht zum Bewusstsein gekommen zu sein.

VI.

Wir erwähnten, dass die Sexualsphäre, in der das Opfer lebt, den Täter geradezu zum Verbrechen anzustacheln vermag. Hierbei gehören die verschiedenen nicht wenigen Lustmorde, die in den letzten Jahrzehnten an Prostituierten verübt worden sind. Der Lustmörder, der sich an kein anderes Opfer herantraut, wendet sich an die Dirne, die ihm die Sache leichter macht. An ihr und ihrem Handwerk findet sein Sadismus eine besondere Anstachelung, deren er vielleicht noch bedarf, in der Vorstellung, wie oft sich dieser Körper verkauft, wie oft diese Scham, wo er alsbald mit seinem Messer einsetzen wird, in niedriger Gemeinheit gezuckt hat. Auch die Wertlosigkeit dieses Menschenlebens, das in die Gosse der Vernichtung zu gehören scheint, wirkt stimulierend. So lässt auch Wedekind seinen Lustmörder zur Dirne Lulu eintreten. An solchem selbst entmenschten Weibe glaubt der Lustmörder seinen ganzen Hass wider das weibliche Geschlecht auslassen zu können, das ihn nur noch unter so entsetzlichen Bedingungen zu reizen vermag.

Auch an die Sadistin Gräfin Strachwitz darf erinnert werden, die zu ihrer Zeit das größte sadistische Atelier in Berlin unterhielt. Sie war niederer Herkunft, Tochter kleiner Bauersleute, in Nachtlokalen auftretend. Sie kaufte sich einen adligen Gatten in der Gestalt eines schlesischen Grafen, der bis dahin ein kleiner Schreiber bei einem Anwalt gewesen war, und wusste sich seiner bald zu entledigen. Im Oktober 1909 wurde die Strachwitz aus Eifersucht von ihrem langjährigen Liebhaber, einem jungen Menschen namens Fr. ermordet. Nur mit Hemd und Strümpfen bekleidet lag sie blutüberströmt auf dem Treppenflur. Sie hatte einen Stich in der linken Schulter und in der Herzgegend, eine Schusswunde an der linken Halsseite und eine erhebliche Verletzung am linken Auge. Ein heftiger Kampf hatte zwischen beiden stattgefunden, auch der junge Mensch war schwer verletzt. Beide starben an demselben Tage im Krankenhause. Sadistin und Masochist standen sich im Kampfe auf Tod und Leben gegenüber.

Schließlich werden Morde und Mordversuche aus gleichgeschlechtlicher Liebeseifersucht mehrfach berichtet. Eine junge Amerikanerin, Alice M., tötete vor einer Reihe von Jahren zu Memphis in Nordamerika ihre gleichfalls den besten Familien angehörige Freundin Feda W. auf offener Straße, indem sie ihr mit einem Rasiermesser – weibliche Waffe! – mehrere tiefe Schnitte in den Hals beibrachte. Alice war erblich belastet, Onkel und mehrere Vettern geisteskrank, die Mutter psychopathisch veranlagt. Sie gab sich schon als Kind nicht mit Knaben ab und hatte auch später kein Interesse für junge Männer. Zu der mädchenhaften, zarten und gefühlvollen Freda W. gleichen Alters hegte sie schon lange eine zärtliche Neigung, die erwidert wurde.

Eine zärtliche Liebeskorrespondenz entwickelte sich. Sie küssten und umarmten sich endlos, lagen zusammen in der Hängematte. Schon einmal machte Alice einen Versuch, Freda durch Laudanum im Schlafe zu vergiften, weil die Freundin Interesse für zwei junge Männer zeigte. Schließlich machte Alice der Geliebten den Vorschlag zur Ehe, schickte ihr einen Verlobungsring. Aber der Plan einer gemeinschaftlichen Flucht wurde von Fedas Eltern verhindert. Alice, völlig gebrochen, wurde schlaflos, nahm keine Nahrung, magerte ab, fasste den Entschluss, die Freundin zu töten. Sie verwahrte ein Rasiermesser ihres Vaters sorgfältig bei sich. Alice fährt im Wagen neben Freda her, die mit ihrer Schwester geht und die Freundin keines Blickes würdigt. Da springt Alice aus dem Wagen und bringt ihr einen Schnitt am Halse bei. Von Fredas Schwester geschlagen, gerät sie in sinnlose Wut, schneidet mit dem Messer blindlings Fedas Hals mit tiefen Schnitten durch, deren einer von einem Ohre zum anderen reichte. Dann rast sie mit dem Wagen nach Hause, erzählt die entsetzliche Tat der Mutter, liebkost alle Bilder der Geliebten. In der Gerichtsverhandlung machte sie einen stumpfen Eindruck und wurde für geisteskrank erklärt.

In anderen Fällen trat Verurteilung ein. Eine gleichgeschlechtlich empfindende Schauspielerin erschoss den Liebhaber, zu dessen Gunsten ihre Geliebte, ebenfalls Schauspielerin, untreu geworden war. Eine junge Ungarin, konträrsexuell, schoss auf eine andere, in die sie verliebt war, aus Eifersucht, weil sie mit einem Kellner kokettiert hatte. Ein junges perverses Stubenmädchen war in ihre Herrin, eine Beamtenfrau so verliebt, dass sie von dieser selbst an einen wohlhabenden Mann verheiratet, diesem nach kurzer Ehe davonlief und zu ihrer Herrin zurückkehrte. Sie küsste und liebkoste sie und hasste jeden Mann, der sich ihr näherte. Als sie entdeckte, dass ihre Herrin sich mit einem Manne einließ, kaufte sie sich einen Revolver und Patronen und gab auf die Geliebte vier Schüsse ab, die ihren Tod herbeiführten. Dann stellte sie sich selbst der Polizei und erklärte:

»Ich liebte sie zu sehr und konnte ihre Untreue nicht ertragen.«

Der Gerichtshof verurteilte sie zu einem Jahr Kerker.

In einem Bordell in Graz hatte die Herrin ein Liebesverhältnis mit ihrem Stubenmädchen, das nur häusliche Dienste zu verrichten hatte und sich nicht prostituieren durfte. Sie standen in engsten geschlechtlichen Beziehungen, schliefen oft die ganze Nacht zusammen. Als einmal das Mädchen von einem Urlaub nicht rechtzeitig zurückkehrte, wurde die Herrin von Eifersucht geplagt, ob jene nicht auswärts Umgang mit Männern gepflogen habe. Nach ihrer Rückkehr schloss sich die Herrin im Schlafzimmer mit ihr ein. Nach einer Stunde stürzte, blutüberströmt und nur mit dem Hemd bekleidet, das Mädchen heraus und floh auf den Flur. Die sich wie toll gebärdende Herrin folgte ihr mit dem langen geschwungenen Küchenmesser – der weiblichen Waffe – und versetzte ihr mehrere Stiche in Brust und Bauch, bis sie zusammenbrach. Es stellte sich heraus, dass die Herrin dem Mädchen, als es sich aus ihrem Bett entfernen wollte, vor Wut die Nasenspitze abgebissen hatte, die ausgespuckt in einer Ecke des Schlafzimmers gefunden wurde.

»Es liegt zur Grausamkeit gesteigerte potentielle Wollust vor ... Unser Fall ist der ins Weibliche übersetzte Lustmord, der psychologisch nur auf homosexueller Basis denkbar und möglich ist.« *(Ein lesbischer Lustmord,* Kratter, *Gerichtsärztliche Praxis,* 1919)*[89]

Die Bordellinhaberin wurde für geisteskrank erklärt und ging in der Irrenanstalt sehr bald an Paralyse zugrunde.

VII.

Es kam uns in den bisherigen Ausführungen darauf an, an der Hand von forensisch und wissenschaftlich erklärten Fällen der neueren Kriminalgeschichte auf die erschreckende, aber nicht einmal erschöpfende Fülle der Möglichkeiten hinzuweisen, nach welchem *das junge Weib der Gegenwart* der verschiedenen Gesellschaftsschichten in schwerste Verbrechen mehr oder minder schuldhaft verstrickt werden kann.

Es ist eine Aufgabe der Sittengeschichte, auf die Mängel und Gebrechen der Welt aufmerksam zu machen, in welcher die Gebärerin des kommenden Geschlechtes mit schädlichen Anlagen geboren, erzogen wird und im speziellen Lebenskampfe heranwächst. Schon wieder hat sich in der deutschen Reichshauptstadt ein solcher Fall ereignet und ist von den Gerichten nach Möglichkeiten aufgeklärt worden, in dessen Mittelpunkt ein eben sechzehn Jahre alt gewordenes Mädchen steht, an die sich die männlichen um Jahre älteren Genossen einer schweren Tat anlehnen. Und der Vergleich lehrt, dass der neuere Fall verschiedene Umstände und Richtungslinien aufweist, die wir in den bisher gekennzeichneten Typen und Gruppen herausarbeiten konnten. So tritt einerseits das stete Einerlei, das ewig Gestrige in der Verbrechensverübung immer wieder in die Erscheinung, ohne freilich das öffentliche Gewissen allzusehr zu packen, andererseits scheint sich die unerschöpfliche Formenbildung und Gestaltungskraft der Allmutter Natur in der aus Veranlagung und Umwelt gewobenen, menschlichen Kriminalität zu wiederholen. Das wirkliche Leben spielt in kaleidoskopartigen Variationen und bringt immer einen neuen Wurf der farbigen Steine. Kein Fall, sei er nun simpel oder sensationell, gleicht dem anderen. Der deus ex machina bietet immer wieder eine neue Überraschung, sei es in einer neueren Szenerie und Dekoration oder in nuancierten, oft verblüffenden Einzelheiten. Wer, wie ich, seit vier Jahrzehnten den kriminellen Geschehnissen der Kultur- und Sittengeschichte lauscht, hält den Atem an und wird still, wenn sich solche Begebenheiten ereignen. Er registriert in den Akten jenes ungeheuren Archivs und sucht vorurteilsfrei zu verstehen, in welchen seltsamen Zungen die menschliche Seele redet. In der Analyse sucht er dann zu ergründen, welche Kräfte hinter den Geschehnissen stehen.

VIII.

Da ist im Berliner Norden eine der hellen breiten, mit dürftigen Bäumen bepflanzten Straßen, eine lebendige, laute Straße, wo sich Geschäfte, kleine Läden aneinanderreihen, in denen der solide Arbeiter lieber kauft als im Warenhause. Da gibt es Metzger und Bäcker, Butter- und Käsehandlungen, Milch- und Gemüsekeller, Feinkosthandlungen, Destillen und Schokoladengeschäfte, auch Kleider- und Schuhwarenläden, Drogisten, Radioläden, Optiker, Uhrmacher. Da hatte der alte Fritz Ulbrich, schon ein Sechziger, seinen Uhrmacherladen, hinter dem Stube, Kammer und Küche im Erdgeschoss lagen. Er war dreimal verheiratet, die erste Frau starb, von den anderen beiden wurde er geschieden. Er hatte vier Kinder. Er lebte ohne Frau und führte sich selbst die primitive Wirtschaft. Dabei hatte er wohl fast täglich Gehilfinnen, die bei ihm ein- und ausflogen. Halbwüchsige Mädel, die zu ihm kamen, die er anlockte, die ihm zugeführt wurden und wohl alle gern eine hauswirtschaftliche Handreichung leisteten. Nicht alle, die ihn kannten, wussten, dass er früher eine Agentur für Personal zur Stellung lebender Plastiken betrieben hatte, wie sie in verschiedenster Aufmachung und Ausstellung in kleinen und großen Kabaretts und Nachtlokalen der Großstädte zur Verfügung gelangen. Er vertrieb Reklamepostkarten mit der Aufschrift *Fritz Ulbrichs lebender Marmor*, Plastiken in schönster Vollendung. Aus dieser Zeit sollen auch die Perücken und phantastischen Hüte stammen, die in seinem Laden gefunden wurden und die er teilweise zu den photographischen Aufnahmen verwendete, mit denen er sich später befasste. Denn außer jenen Requisiten wurden in seinen Räumen viele hunderte von Photographien entdeckt, die junge Mädchen kostümiert oder halb- und ganznackt in allerlei anreizenden Körperstellungen zeigte. Man hat nachrechnen können und der Ermordete hat wohl selbst damit geprahlt, dass er weit über tausend Mädchen in solchem Zustande aufgenommen hat. Die Bilder vertrieb er zum großen Teile an die Angehörigen der Berliner Unterwelt in den schwülen Nachtlokalen und machte damit kein schlechtes Geschäft. Über Fritz Ulbrichs Persönlichkeit, Psyche und sadistisch-fetischistische Triebabweichung wird sich mein Mitautor in größter Ausführlichkeit verbreiten. Ich habe es hier mit der Psyche der jungen Weiblichkeit zu tun, die sich so zur Schau stellt.

Die kriminalistische Erfahrung lehrt, dass das weibliche Geschlecht wegen exhibitionistischer Handlungen selten straffällig wird, weil ihm Mode und Sitte im Dekolleté der Büste, im fußfreien Rock, im Badekostüm, das die nackten Oberschenkel bis zur äußersten Linie zeigt, im Sonnenbad und in der sogenannten Nacktkultur hinreichend Gelegenheit bietet, seine exhibitionistischen Gefühle, die ihm durchaus nicht fehlen, in einer – auch dem Manne! – wohlgefälligen Form abzureagieren. Gerade weil andrerseits Kultur und Sitte vom Weibe eine gewisse Zurückhaltung und Schamhaftigkeit – wenigstens zum Scheine – fordern, muss bei ihm auch der natürliche Demonstrationstrieb im erotischen und sexuellen Exhibitionismus sich Geltung verschaffen. Im Maleratelier, beim Arzt, selbst beim Rechtsanwalt bieten sich noch andere Gelegenheiten für den Exhibitionismus der Frau. Zuhause ist es der große Spiegel, vor dem sie sich unbelauscht ihre eigene Nacktheit darbieten kann; hier wird sie zugleich in narzisstischer Verliebtheit zur Voyeurin ihrer eignen Reize. Die Nackttänzerin huldigt einem starken Exhibitionismus, der nach wissenschaftlicher Bestätigung zum Orgasmus gelangen kann. In vergangenen Jahrhunderten pflegten schönste Bürgermädchen völlig nackt einem einziehenden Herrscher (Kaiser Karl V. in Antwerpen) entgegenzuziehen. In den Theatern der Renaissancezeit traten nackte Schauspielerinnen und Sängerinnen, ja selbst Damen der Aristokratie auf. Unsre moderne Revue kann dagegen dezent genannt werden. Und ähnlichen Zwecken kann die Photographie dienen, wenn die stumme, lichtempfindliche Platte das Dekolleté der Büste, die rockfreien Beine im Seidenstrumpf, die diskrete Unterkleidung oder den völlig entkleideten Körper aufnimmt. Während des Weltkrieges schickten liebende Frauen aller Nationen solche reizvolle Bilder ihren Männern oder Geliebten ins Feld, um ihnen eine liebenswürdige Erinnerung an die heimischen Freuden zu bieten. Weibliche Gefallsucht und Koketterie, schon beim Schulmädchen deutlich erkennbar, führen ohne weiteres zu einer Neigung, sich fotografieren zu lassen, hin.

Wir verstehen also jetzt, dass Hunderte und vielleicht Tausende von Mädchen sich von Fritz Ulbrich ohne Kostüm fotografieren lassen konnten. Natürlich hatte er keine Modelle der gut behüteten Bürgertöchter, die dergleichen vereinzelt, nur in anderen Kreisen auftauchen. Zu ihm kamen Mädchen seiner Straße und ihrer Umgebung, wohl meist Proletarierinnen, die eine Kleinigkeit für Kinobesuch und Konditorei verdienen wollten, denn Fritz Ulbrich zahlte vielfach, nicht immer, auch nicht viel, zehn Pfennig bis eine Mark. War man arbeitslos, hatte man einen Zeitvertreib und eine Einnahme zugleich. Das photographische Atelier hatte einzelne Zugaben. Man hörte auf dem Grammophon die neuen Schallplatten und Schlager (»Erika, brauchst du keinen Freund?«). Ulbrich konnte auch persönliche Zärtlichkeiten zeigen, das Blut pulsierte in dem Sechziger noch warm. Er nahm gern ein Mädchen in den Arm und ins Bett. Auch hierfür gab es gelegentliche Abfindungen, eine kleine Reparatur wurde umsonst geleistet, ganz abgesehen davon, dass man als leidenschaftliche Natur sexuell auf seine Kosten kam. Auch wohl nicht unbelohnte Kupplerdienste konnten geleistet werden, wenn ein mit Ulbrich vertrautes älteres Mädchen ihm eine jüngere als »neue Wahre« zuführte.

Das Kupplerische liegt so sehr im weiblichen Wesen, dass es ihm selber sexuelles Gefallen erweckt. Sah man sich dann in phantastischer Gewandung fotografiert, so freute man sich des Bildes, von dem man ja wohl einen Abzug erhielt; man freute sich unentgeltlich, ja vielleicht mit einer kleinen baren Zugabe fotografiert worden zu sein. Sah man sich auf dem Bilde nackt, so staunte das junge unerfahrene Ding, dass sie sich auch so auf einer Photographie zeigen könne. Sie glaubte erst ihren Augen nicht zu trauen, dass sie so nett aussehe. Nicht jede wird ein solches Bild auch für sich begehrt haben, weil sie es zu Hause und sonst niemanden sehen lassen möchte. Aber das gab wohl Anlass, gelegentlich wieder zu Ulbrich zu gehen und sich noch einmal zu »bewundern«. Dass Ulbrich gewerbsmäßig die Bilder vertrieb, erfuhren wohl nur die wenigsten. Er erzählte wohl, dass er die Bilder nur zu seiner eignen »Lust und Wonne« anfertigte. Wer schon etwas dreister war, nahm die nicht fernliegende Möglichkeit, dass die Bilder in andere Hände kamen, mit in Kauf. Man tröstete sich damit, dass man in jenen Käuferkreisen hoffentlich unbekannt war und dass man auch nicht so leicht wiedererkannt wurde, wenn ein Käufer des Nacktbildes dem bekleideten Modell zufällig begegnen sollte. Sinnliche Naturen haben nichts dagegen, dass ihr Körper aufreizend wirke, ja sie konnten eine geheime Lust empfinden, ganz ohne ihre persönliche Gegenwart, schon durch ihre bloße Abbildung auf die Sexualität der männlichen Beschauer derart zu wirken, dass diese irgendwie sich Abhilfe schaffen mussten. Dass Ulbrichs Praktiken so sehr im Großen erfolgreich waren, wird niemanden Wunder nehmen, der mit den Geschäften der geheim erotischen Photographie näher bekannt ist. Trotz aller gesetzlichen Verbote und polizeilichen Maßnahmen besteht im Geheimen ein Überangebot von weiblichen Modellen für den Handel. Groß ist das Angebot von den neuerdings immer mehr begehrten Modellen halbwüchsiger und kleiner Mädchen. Um geringe Bezahlung bieten Mütter ihre Töchter, Schwestern, ihre jüngeren Geschwister an. Schon der Ansichtspostkartenhandel wirft solche Bilder heutzutage auf den Markt. Wir sind nunmehr also völlig im Klaren, wie und weshalb das junge Weib der Gegenwart seine nackten Reize der Kamera preisgibt.

Luise Neumann ist im August 1914, also in ereignisschwerer Zeit, geboren, in den Jahren der deutschen Nahrungsschwierigkeiten aufgezogen worden und in der gefährlichen Nachkriegszeit zum jungen Mädchen herangewachsen. Ihr Vater zeigte, wie der medizinische Sachverständige begutachtete, seit dem Kriege hysterische Züge, die Mutter ist eine verschlossene und geistig zurückgebliebene Natur, die Schwester Erna ist Photographin. Auch zufolge der engen Wohnungsverhältnisse entwickelt sich zu Hause ein ungünstiges Familienleben. In Stube und Küche mussten sechs Personen zusammenwohnen und schlafen. Man kennt den schlechten Einfluss auf die sexuelle Entwicklung solcher eingepferchter Kinder. Lieschen – so wurde sie in der Hauptverhandlung schlechtweg genannt – kam nur bis zur dritten Volksschulklasse. Eine mit ihr von Sachverständigen vorgenommene Intelligenzprüfung fiel sehr ungünstig aus. Nach ihrer Ansicht schrieb Schiller Lesebücher und Goethe war der Autor von *Biene Maja*. Sie war immer ein schwieriges Kind. Sie war reizbar und bockig, aber andrerseits

anlehnungsbedürftig und zärtlich. Man kennt diese Widersprüche, die doch so gern nahe beieinander wohnen. Gelernt
hat sie nach Verlassen der Schule nichts. Kurze Zeit ging sie
in die Fabrik. Dann aber lief sie von zu Hause weg und dient
als Hausmädchen in verschiedenen Gastwirtschaften. Diese
freieren Stellungen sind bei gewissen Mädchen sehr beliebt.
Man höre den Vater, dem nichts nachzusagen ist, in seinem
letzten Appell an das Schwurgericht sprechen. Seine Tochter
sei zwar immer schwer erziehbar gewesen, die Eltern hätten
aber immer noch die Herrschaft über sie gehabt. Erst als sie
ihre Stellung als Hausmädchen verlor und das Tagesheim
aufsuchte, hätten allerhand Leute Einfluss auf sie gewonnen.
Vergeblich habe er sich deshalb an das Jugendamt gewandt,
aber nichts sei geschehen, obwohl ihm das Jugendamt Pan-
kow einmal schrieb, es wolle sich seiner Tochter annehmen
und sie beaufsichtigen.

»Einen gemeinen Charakter hat unser Kind nicht gehabt.
Aber je strenger wir Eltern wurden, desto dickköpfiger zeigte
sich das Mädel. Was sollte ich machen? Totschlagen konnte
ich sie nicht und anbinden auch nicht. Für uns ist es undenk-
bar und unerklärlich, dass sie trotz allem bei dieser Tat der
beeinflussende Teil gewesen sein soll. Wir stehen vor einem
Rätsel.«

Schwer erziehbare Töchter sind bekanntlich keine Selten-
heit. Leben sie in gutem Bürgerhaus, so lässt sich manches
ausgleichen und verhüten. Die Proletarierin dagegen geht auf
die Straße, wo tausend Gefahren lauern.

Als Lieschen Neumann 14 Jahre alt war, lernte sie den
Mitangeklagten, den damals 20-jährigen Kutscher Richard
Stolpe kennen, der Mitglied eines Fußballklubs war, dessen
Spiel sie jeden Sonntag zuschaute. Auch die Bekanntschaft
des dritten Angeklagten, des damals 19 Jahre alten Schlossers
Erich Benziger, machte sie in demselben Klub. Mit Stolpe
kam es bald zu einem intimen Liebesverhältnis, sie nennt ihn
den einzigen, den sie wahrhaft geliebt habe. Im September
1930 zog sie ganz zu ihm, da sie sich mit Mutter und Schwester
überworfen hatte. Es fiel wohl im Hause, wo Stolpe wohnte,
nicht auf, da die Neumann, eine nicht große Blondine, ältere
Gesichtszüge hatte, als ihre große Jugend vermuten ließ. Aber
auch mit Stolpe gab es nicht immer ein gutes Auskommen,
weil er eine lockere Hand hatte, ihr gelegentlich Ohrfeigen
versetzte und sie schlug, wenn sie widersprach. Da sie aber

nicht nach Hause zurückkehren wollte, geriet sie immer mehr in die Hand ihres Geliebten. Als sie vorübergehend arbeiten war, sei er jeden Abend gekommen, ihr das Trinkgeld abnehmen; deshalb habe sie die Stellung auch wieder aufgegeben.

Bis in die letzten Tage vor der Tat hatte Stolpe noch Beschäftigung. Da erklärte er auf einmal, er habe keine Lust mehr zu arbeiten, und strolchte in üblen Gegenden herum. Da will sie zu ihm gesagt haben:

»Ich werde noch ein schönes Theater mit dir erleben!«

Stolpe scheint Anlass gehabt zu haben, mit Lieschen nicht immer zufrieden zu sein; sie hielt ihm keine Treue. Sie gab sich mit verschiedenen Händlern, auch Verheirateten, ab. Auf dem Markte nannte man sie wohl die »Rummelbraut«. Stolpe, der sie gelegentlich »Nutte« nannte, will sie wiederholt aufgefordert haben, anderen Männern fernzubleiben. Einmal habe sie sich in Plötzensee mit einem Manne im Wasser abgegeben. Auf diesen Vorwurf Stolpes in der Schwurgerichtsverhandlung erklärte sie:

»Da war ich doch noch gar nicht schwanger, da konnte ich machen, was ich wollte!« und setzte sich mit einer trotzigen Bewegung nieder.

Diese Auffassung Lieschens ist für sie charakteristisch. Zur Zeit der Gerichtsverhandlung war sie von Stolpe im vierten Monat schwanger. In ihrem Wesen legte sie immer eine gewisse Offenheit an den Tag und versuchte sich nicht zu verstellen. So traten ihre widerspruchsvollen Charaktereigenschaften – soweit man hiervon bei ihren ungewöhnlich geringen Ansätzen zur Charakterbildung überhaupt sprechen kann – gleich deutlich hervor.

Eindruck zu machen, lag ihr nicht, das zeigte sich sowohl in der Haft wie in der Gerichtsverhandlung. Das eine Mal sah ihre gute kindliche Natur hervor, das andere Mal benahm sie sich raffiniert und dirnenhaft. Ihre Doppelnatur regte sich ziemlich unverhüllt. Sie las viele Kriminalromane und äußerte so ihren Hang zur Phantasterei und reiner Äußerlichkeit. Das einzige Beständige ihres Charakters, meint ein Sachverständiger, sei letzten Endes ihre Unbeständigkeit. Was Schlagfertigkeit und Mutterwitz anlangt, leistet sie das Ihrige und gab auch vor Gericht davon Proben. Handelt es sich aber um ein ernsteres Gespräch, so versagt sie. Sie hatte kein Lebensziel vor Augen, sie war eigensinnig, aber nicht energisch, sprunghaft im Denken und noch mehr im Affekt.

Als Luise Neumann 15 Jahre alt war, kam sie zum Uhrmacher Fritz Ulbrich. Mit einer Freundin ging sie an seinem Laden vorüber, der Alte stand, während in seinen Räumen ein Grammophon spielte, in der Türe und rief ihrer Begleiterin zu:

»Na, Friedel, bringst du mir eine neue Freundin?«

Da es kalt war, schlug die andere vor, sich im Geschäft etwas zu erwärmen. Drinnen zeigte ihr Ulbrich ein Album mit Fotografien und antwortete auf ihre Frage, sie seien alle seine Freundinnen. Er schlug ihr vor, sich auch am nächsten Sonntag in solchem Kostüm aufnehmen zu lassen. So geschah es auch, er machte die Aufnahmen im hinteren Teile des Ladens. Als sie nach einigen Tagen wiederkam, zeigte er ihr Bilder von nackten Frauen und schlug ihr vor, sie auch so aufzunehmen, da sie eine sehr gute Figur habe, er sei bereit dafür zu zahlen. Sie erklärte sich einverstanden. Als aber Ulbrich meinte, er müsse vorher den Laden zusperren, sagte sie:

»Du, Fritz, ich habe heute nicht viel Zeit.«

Er erwiderte ihr: »Wenn du keine Zeit hast, brauchst du nicht zu mir zu kommen. Bei mir musst du immer viel Zeit haben.«

Ulbrich machte dann an einem der nächsten Tage von ihr eine Nacktaufnahme, wofür er ihr fünf Mark gab. Bei dieser einen Aufnahme blieb es nicht, sie wurden gegen ähnliche Bezahlung wiederholt. Lieschen scheint dem Alten auch einige andere Mädchen zugeführt zu haben. Stolpes Zuhältertum offenbarte sich auch jetzt. Er erhielt irgendwie, er sagt, durch Lieschens Schwester Erna, von diesen Aufnahmen Kenntnis und nutzte diesen Umstand zu Erpressungen an Ulbrich aus. Lieschen meinte, dass er etwa 100 M. von ihm erhalten haben dürfte. Der Alte habe sich wiederholt bei ihr darüber beklagt, dass ihn die jungen Leute gehörig »gepiesackt« hätten.

Dieser Stolpe zeigte sich in der Verhandlung als großer Schweiger. Bis zum 15. Lebensjahre war er bei den Eltern, kam zu einem Bäcker in die Lehre, der er aber entlief, weil er nicht weiter lernen wollte. Vom Jugendamt in einer Lehrstelle außerhalb Berlins untergebracht, brannte er abermals durch, weil ihm die Gesellschaft der Berliner Jungen und Mädchen fehlte. Er war Kutscher bei einer Firma, die in einer Berliner Markthalle ihren Vertrieb hatte, und kam in Stellung bei einer Kohlenfirma. Nicht weniger als 46 Textilhändler, für die Stolpe Fuhren leistete, gaben ihm in einer schriftlichen Erklärung das Zeugnis eines fleißigen und zuverlässigen jungen Mannes. Wegen Tierquälerei (Schlagen eines Pferdes) ist er mit Geldstrafe vorbestraft. Der Sachverständige bezeichnete ihn als grob und reizbar. Bei der Intelligenzprüfung kam auf die Frage, wer Mussolini sei, die Antwort:

»Einer der oberen Zehntausend in Moskau.«

Man fragte Stolpe auch nach dem Sinne des Sprichwortes:

»Lange Haare, kurzer Verstand.«

Diese in der Zeit des Bubikopfes wenig zweckmäßige Frage entlockte ihm die Antwort:

»Ich lache mir tot.«

Der ganze Gerichtssaal brach über diese Mitteilung des Sachverständigen in große Heiterkeit aus. Auch Lieschen Neumann lachte hell auf und schlug sich dabei auf die Schenkel. Es war überhaupt bezeichnend für dieses überaus trostlose Berliner Sittenbild, bei dem es um Kopf und Kragen der Angeklagten ging, dass auch sonst viel gelacht wurde. Abschließend nannte der Gerichtsarzt Stolpe einen Psychopathen voll innerer Konflikte. Auch seine Kindheit und Jugend fallen in die Kriegs- und Nachkriegszeit. Über Luise Neumanns Liebesleben gab es einige Aufschlüsse. Einerseits komme in ihrer Unreife eine große Kindlichkeit zum Ausdruck, aber sonst führe sie das Leben eines Erwachsenen, sowohl in erotischer als in allen anderen Beziehungen. Mit überschwänglicher Liebe hing sie nicht an Stolpe, war aber, ebenso wie er, sehr eifersüchtig. Doch blieben alle Affekte bei ihr an der Oberfläche, in die Tiefe drang nichts. In sexueller Beziehung wurde sie als eine kühle Person ohne Leidenschaftlichkeit befunden; eine sexuelle Hörigkeit nach irgendwelcher Richtung kommt nicht in Frage. In zahllosen Fällen weist das halbwüchsige Mädchen, namentlich in Proletarierkreisen, wo sich auch der erste Eintritt der Menstruation zu verzögern pflegt, nur ein schwaches sexuelles Empfinden auf. Man muss sich durch die äußere Lebensführung nicht täuschen lassen. Diese Hingabe an Stolpe und eine Reihe anderer Männer brachte ihr wenig sexuellen Genuss. Es war ein traumhaftes gedankenloses Willfahren und Drängen der Männer, deren Geilheit sie gar nicht begreifen vermochte. Sie tat, was begehrt wurde, hatte dabei Unterhaltung, einige Verdienst, bei Stolpe eine Zeitlang Unterkommen, fühlte sich in ihrer leichten Gefallsucht und Eitelkeit geschmeichelt. Gerade weil bei solchen Mädchen – wie bei vielen Prostituierten – das wirkliche sexuelle Empfinden nur schwach entwickelt ist, fehlt ihnen für das Verwerfliche ihrer Preisgabe der richtige Maßstab. Sie spielen, unterhalten, vergnügen sich und wollen verdienen. Die Jugend, das Leben verspielt um wenig, um nichts! Ähnlich lassen sich leider nicht wenige halbwüchsige Schulmädchen von Burschen und Männern zu Entblößung und Betastung verleiten, ja bieten sich selber dazu an und führen auch Freundinnen zu, weil ihnen die Bedeutung ihres Verhaltens noch gar nicht aufgegangen ist. Auch sie treibt sexuelle Neugierde, Lüsternheit, Gefallsucht, Gewinnsucht. Dass die Neumann ihren Körper dem Ulbrich nicht nur zum Fotografieren geboten hat, ist zweifellos, wenn auch vielleicht ein wirklicher Geschlechtsverkehr nicht stattfand. Fritz Ulbrich ergötzte sich an anderem. Lieschen war sicher in sexuellem Getändel mit ihm ganz unbedenklich. Wie hätte sie, was Hunderte andere, deren Bilder sie sah, gewährten, ihm verweigern sollen? Diese Bildergalerie wirkte ansteckend, eine Massenpsychose ging von den Abgebildeten aus. Dazu Klänge sentimentaler Lieder, Schlager, Jazztänze. Und als Zugabe gelegentlich auch Kaffee, Kuchen und Süßigkeiten.

Auch von Abtreibung war im Prozess die Rede, ohne dass näher darauf eingegangen wurde. Stolpe soll sich Benziger gegenüber gerühmt haben, dass er schon mit 15 Jahren »gekippt habe«. Lieschen habe schon im vorigen Jahre »gekippt«, deshalb könne es dieses Mal nicht gleich wieder geschehen.

Der Bericht der Jugendfürsorge, die in diesem Falle zu spät eingegriffen hatte, betonte, dass sich Lieschen zwar kein Blatt vor den Mund zu nehmen pflege und auch vor dem ordinärsten Ausdruck nicht zurückscheue. Davon gab sie übrigens auch Proben in der Schwurgerichtsverhandlung. Als der eine Verteidiger davon sprach, dass Stolpe die Tat zweier schöner Augen wegen getan habe, die Lieschen Neumann gehörten, rief sie, ein sehr natürliches Kind der Straße, von der Anklagebank dazwischen:

»Einen schönen Hintern habe ich auch!«

Vom Vorsitzenden scharf gerügt und ermahnt, sich zu mäßigen, saß sie dann wieder, wie fast die ganze Zeit hindurch, hinter der Anklagebank verborgen. Schließlich musste sie auf Anordnung des Vorsitzenden an einem besonderen Tisch vor dem Gerichtshof Platz nehmen, weil sie sich in der Anklagebank so versteckte, dass sie für den Gerichtshof nicht zu sehen war.

Die Jugendfürsorgerin bezeichnete das Mädchen weiter einerseits als gerissen, andererseits als unerfahren. Dieses Zwielicht – der übrigens im Sinne der Psychologie keiner ist – sei für ihr ganzes Wesen ausschlaggebend. Rohheit und Feingefühl wohnen in ihr innig nebeneinander. Sie ist trotz allem eine liebesbedürftige kindliche Person, ein Wesen, das sich unter fremden Einflüssen zu Handlungen hinreißen lässt, die es sonst nicht begehen könnte. Nicht ohne Rührung sieht man diese Reste einer kindhaften Natürlichkeit, auf die eine großstädtische Verderbtheit aufgepfropft ist.

Es wurden noch Einzelzüge erwähnt. Als die Fürsorgerin sie fragte, ob sie sich nicht geschämt habe, gesegneten Leibes noch mit anderen Männern zu verkehren, antwortete sie:

»Das habe ich gar nicht getan, so tief kann kein Mensch sinken.«

Vielleicht war das nur eine Redensart. Als Lieschen nach ihrer Verhaftung in auffälliger Weise immerfort lachte, fragte sie ihre Fürsorgerin, weshalb sie so gut aufgelegt sei?

»Das bin ich gar nicht, mir ist gar nicht zum Lachen zu Mute, aber ich lache viel, man kann doch nicht immer heulen, ich heule auch so genug.«

Das war ihre kindhafte Natur, die ihr das Lachen schenkte und damit vielleicht über das Entsetzliche etwas hinweghelfen wollte. Sie wurde auch gefragt, ob ihr die Tat nicht leid tue?

»Es tut mir furchtbar leid, es wäre mir lieber, ich hätte dagelegen.«

Echte und unechte Gefühle stürzen durcheinander, wie es solche Fragen herausfordern. Im Endergebnis ist auch Luise Neumann eine Psychopathin, eine intellektuell sehr dürftige Erscheinung, kein führendes Element.

Dann ist noch ein Dritter im Bunde, Erich Benziger, der gutmütige Schwächling, der Durchsichtigste aller drei Angeklagten. Er ist der Sohn eines Eisenbahnarbeiters, der Vater war ein kränklicher Mann, die Mutter litt in ihrer Jugend an einer Blutkrankheit. Zuletzt war Benziger arbeitslos, früher wurde er als Hilfsarbeiter beschäftigt. Mehrere Zeugen nennen ihn einen im Allgemeinen gut erzogenen netten Jungen, der jedermann gern gefällig war. Er war nie bemüht, die Tat als einfache Sache hinzustellen. Er sagt es auf Befragen, dass er »einen Mord« begangen habe. Deshalb zeigte er sich auch so bedrückt und jammerte um seine verlorene Jugend. Seine große Kindlichkeit offenbarte sich auch darin, dass er besonders bedauerte, bei der ganzen Sache seinen schönen Anzug hingegeben zu haben, und drückte dem Sachverständigen wiederholt seine Befriedigung darüber aus, dass er den Anzug wieder zurückerhalten hatte. Seine Intelligenz ist gering. Obwohl er Protestant ist, weiß er nicht einmal, wer Luther war. Die Berliner Volksschulen kommen mit ihren Erfolgen in diesem Kriminalprozess überhaupt schlecht weg. Das Unwissen dieser drei jungen Menschen ist erschreckend. Natürlich ist auch Benziger ein Kriegs- und Nachkriegskind. Er weiß auch nicht, wo Christus geboren wurde, er glaubt in Jericho. Er weiß ferner nicht, wie der letzte deutsche Kaiser hieß. Nach dem Gutachten steht Benziger an der Grenze schwachsinniger Menschen.

Wie kam es zu der Tat? Wer war der Urheber des Mordplanes? In Ulbrichs Lebenskreis war zuerst Luise Neumann, allein, ohne Stolpe, eingetreten. Sie atmete hier die sexuell geschwängerte Atmosphäre, sah die vielen Bilder, die vielen Uhren und Schmucksachen, wähnte, dass der Uhrmacher »viel Geld« haben müsse, da er fünfzig Freundinnen und mehr hatte. »Wer das Geld hat, hat auch Mädel!« war ihre Schlussfolgerung. Dann trat Stolpe dem Alten näher, als er von den Nacktfotos seiner Liebsten erfuhr und aus dem lüsternen Photographen ein Sümmchen erpresste. Lieschen soll ihm gestanden haben, dass der Alte mit ihr auch weiter gegangen sei. Am fernsten stand diesen Verhältnissen um Ulbrich der junge Benziger, dem sich Stolpe erst anvertraute.

Weil der Arbeitslose kein Geld mehr hatte, forderte er sein Mädchen auf, wieder einmal zu Ulbrich zu gehen. Sie lehnte ab, weil sie sich wegen ihres starken Leibes nicht mehr nackt aufnehmen lassen könne und der Alte im Übrigen mit ihr nichts Gutes vorhabe. Stolpe meinte zwar, einmal wolle er ihr das noch erlauben, was sie da schon getan habe, fügte aber hinzu, möglicherweise müsse man es anders machen, er werde mit Benziger reden; wenn man nichts anderes erreiche, werde man den Uhrmacher totschlagen. Stolpe hatte ihr schon einmal vorgeschlagen, Ulbrich zu bestehlen, davon habe sie aber nichts wissen wollen. So drängte ihr Liebhaber immer mehr zu dem Mordplane und die Halbwüchsige willigte ein, ihre Rolle dabei zu übernehmen. Er habe ihr auch gedroht, sie bei der Polizei anzuzeigen, weil sie einmal einer Frau die Geldbörse gestohlen hatte. Allerhand kriminelles Milieu entwickelt sich.

Nach Stolpes Darstellung freilich soll sein Mädchen nicht so widerwillig gewesen sein; vor der Tat habe sie selber geäußert:

»Wenn ihr's nicht tut, dann bringe ich ihn um.«

Benziger erzählt, dass ihm Stolpe Ende Oktober 1930 von einem Uhrmacher Ulbrich gesprochen habe, den die Neumann kenne. Er besitze viel Geld, man könne ihn im Schlafe beseitigen, erwürgen. Als Benziger mit der Polizei nichts zu tun haben wollte, kam die Sechzehnjährige selbst dazu und sagte:

»Du hast Angst? Ich hab' schon andere Sachen gemacht. Es kann uns gar nichts geschehen. Wir sind unsrer drei, und der Ulbrich hat mit fünfzig Mädchen ein Verhältnis, da wird sich niemand auskennen.«

Man darf Benziger glauben, dass ihn der Vorschlag sehr aufregte. Die beiden zeigten ihm dann im Vorübergehen den Laden und erzählten, Ulbrich sei schwächlich und nicht groß. Die Einzelheiten des Planes wurden noch nicht genau besprochen; abends zehn Uhr sollten die Männer vor dem Laden sein. Zu Hause sagte Lieschen noch zu Benziger:

»Wenn du nicht kommst, haue ich dir mit einem Beile vor den Kopf!«

Zwischen Stolpe und Lieschen wurde aber deren Rolle bestimmt. Sie sollte zum Uhrmacher gehen und bei ihm bleiben, um den Männern die Ladentüre offen zu halten, jenen auch zum Einschlafen zu bringen. Unerschrocken begibt sich Lieschen zu dem Alten, der erstaunt fragt, was sie bei ihm wolle.

»Ich will einmal bei dir bleiben«, heuchelt sie.

»Es passt heute nicht. Ich habe heute Abend vier Mädel bestellt. Aber morgen Abend ½ 8 Uhr darfst du kommen.«

Also eine Gnaden- und Überlegungsfrist für die Beteiligten! Und unverrichteter Sache zieht sie ab, um ihre Genossen von dem unerwarteten Aufschub zu unterrichten und am nächsten Abend tatsächlich pünktlich wieder bei dem Uhrmacher einzutreten. Vorher halfen sie und Stolpe dem Benziger noch beim Austragen von Zeitungen, damit er vor dem Mordgeschäft seine Pflichten gut erledigt habe.

Die Männer brachten das Mädchen bis vors Haus, sie allein geht hinein. Ob klopfenden Herzens? Ulbrich empfing sie sehr freundlich, er hatte sogar Weintrauben eingekauft und ließ das Grammophon spielen. Gegen 10 Uhr zogen sie sich aus und legten sich zusammen ins Bett. Der Alte wurde zärtlich, aber was er verlangte, ist angeblich nicht geschehen. Aber ihr ging etwas nicht nach Wunsch. Sie wollte im Bett hinten an der Wand liegen, aber diesen Platz beanspruchte der müde Ulbrich für sich und schlief bald ein; das Mädchen lag im Bett nach vorn. Lag so volle zwei Stunden, eh die Genossen kamen, war mit dem Todesopfer die letzten vier Stunden zusammen, erwies ihm zum Mindesten Zärtlichkeiten und gestattete ihm Vertraulichkeiten, weil ja sonst ihr Besuch zwecklos, ja dem Greis verdächtig erscheinen musste. Zwei Stunden atmeten sie dicht nebeneinander. Sie führt ihre Rolle folgerichtig durch. Reue und Angst hätten sie ja packen, vom Lager aufscheuchen und von der Stätte des geplanten Verbrechens verjagen können. Nichts von alledem. Im Gegenteil, vor dem Schlafengehen holte sie noch zum Scheine eine Schallplatte (»Erika, brauchst du keinen Freund?«[90]) aus dem Laden und schob hierbei verabredungsgemäß den Riegel an der Türe zurück, um den Männern den Eintritt in den Laden zu ermöglichen. Die 16-Jährige hatte den genauen Anblick des Ortes, wo die Tat geschehen sollte, vor Augen. Zwei Stunden lang hatte sie Zeit, jede Minute daran zu denken, an das Beschlossene, an das Kommen der Genossen, an das, was geschehen sollte, an die Folgen. Sie hat nichts davon erzählt, dass es ihr hierbei Angst und Bange geworden sei. Man kann schon glauben, dass dieses halbe Kind seiner Tat gewachsen war und die Genossen eher angestachelt als entmutigt habe. Sie schlief nicht ein, sondern hielt sich wach, um den Eintritt der anderen sofort zu hören. Vergleiche haben immer etwas Unstimmiges. Aber man kann kaum vermeiden, an Judith und Holofernes zu denken, obwohl statt des Heldenmäßigem nur etwas Proletarierhaftes vor sich ging. Das halbe Kind fasste das entsetzliche Vorhaben kindhaft auf. So lag es in ihrer Natur, deshalb konnte sie ihre Rolle durchführen und stundenlang neben dem Opfer ruhen. Die wahre furchtbare Bedeutung ihres Vorhabens ging ihr nicht auf.

Nicht so leicht hatte es draußen Benziger, der mit Stolpe in der Nähe spazieren ging. Nach der Verabredung sollten sie um 10 Uhr eintreten. Aber Benziger bangte, weshalb sie ihre nächtliche Wanderung fortsetzten und erst kurz vor 12 Uhr zurückkehrten. Stolpe öffnete die Tür, trat als erster ein und zog den Genossen rasch an der Hand nach. Innen war es ganz dunkel. Plötzlich schlugen um Mitternacht alle Uhren im Laden, man kann das Grauen der Geisterstunde, das über Benziger kam, begreifen. Da er in der Wohnung kein Bescheid wusste, stieß er zuerst an ein Grammophon und dann, als ihn der ältere immer weiter zog, an eine Vase.

Lieschen lag noch im Bett und flüsterte:

»Ich habe euch schon gehört.«

Über das Geräusch erwachte unvermutet plötzlich Ulbrich, erhob sich und wollte nach der Lampe greifen. Dabei stieß er an Benzigers Kopf und schrie auf. Benziger stieß ihn weg. Jetzt sprang Stolpe auf das Opfer los und begann es zu würgen; dem Genossen rief er zu, es an den Füßen festzuhalten, was auch geschah. Stolpe würgte den Alten mit den bloßen Händen mehrere Minuten lang, dann ließen sie ihn los. Aber Lieschen rief, er sei noch nicht tot! Diese Nuance wiederholt sich bei so vielen Mordfällen, an denen mehrere sich beteiligen. Benziger machte den Versuch, von der Tat zurückzutreten und rief Stolpe (zu), von dem Alten abzulassen, er sei ja schon grün und blau. Da sagte Lieschen, während sie sich ankleidete, ihrem eignen Geständnis nach:

»Wenn er sich jetzt noch rührt, schlage ich mit dem Beil hin.«

Das Beil will sie sich aber nicht zurechtgestellt haben, es sei immer zur Hand gewesen. Das häusliche Mordwerkzeug! Wenn es versöhnlich stimmen könnte, dass die Burschen dem Mädchen keinen Gewaltakt an dem Opfer zumuten, so scheinen sie doch im Notfalle auf ihr Eingreifen gerechnet zu haben. Zu Benziger soll sie sogar vorher gesagt haben, sie werde sich das Beil zurechtlegen und den Alten damit erschlagen, wenn die Burschen nicht kommen würden. Dem Polizeibeamten erklärte sie beim Verhör über den Vorgang des Würgens:

»Er hat nicht lange gezappelt.«

Die Leiche legten die Männer ins Bett und deckten sie zu. Dann ging es mit der Taschenlaterne an das Suchen des Geldes, während Lieschen Schmiere stand. Gefunden wurden ganze 28 Mark, dazu nahmen (sie) gegen 10 Uhren mit. Von dem Bargeld erhielt Benziger 7 Mark, auch einige Uhren. In einem Taxameter fuhren sie nächtlich heim, um am nächsten Tage in einer Wirtschaft zu zechen und ein Kino zu besuchen. Also eine furchtbare Tat zu dreien, schließlich um Geringfügigkeiten, um eine Lappalie, die Beute schnell vertan. Eigentlich ein törichtes Kinderspiel, wenn es nicht so entsetzlich wäre.

Und wie schnell kam die Entdeckung! Die Polizei fand die vielen Bilder, sie befragte eine Reihe der Mädchen, darunter Lieschen und Erna, die sich in Widersprüche verwickelten. Lieschen leugnete irgendetwas zu wissen. Aber sie verständigte die Burschen, die sich aus dem Staube machten und unter dürftig zusammengerafftem Reisegeld nach Stettin fuhren, um zu bekannten Bauern, wo sie einmal gearbeitet hatten, zu wandern. Wie ein Kinderspiel erfolgt ihre Festnahme. Auf der Landstraße gegen Rendel begegnet ihnen der Gendarm. Er fasst sie scharf ins Auge und fragt bloß:

»Seid ihr am Ende die zwei Gauner, die den Uhrmacher in Berlin umgebracht haben?«

Und die kindhaften Mörder sagten einfach »Ja«.

Da sie nichts zu essen hatten, hatte Benziger schon unterwegs vorgeschlagen, sich selbst der Polizei zu stellen.

Noch kindhafter zeigte sich Lieschen. Sie legte wohl in ihrer Angst und Vereinsamung seit der Abreise der Burschen der Mutter das Geständnis ab:

»Die zwei Jungens Stolpe und Benziger und ich haben den Ulbrich totgemacht.«

Die entwichene Tochter kehrte nach der Tat ins Elternhaus, offenbar Schutz suchend, zurück. Es stimmt versöhnlich, dass die verfolgte und gequälte Mörderin sich der Mutter anvertraute. In deren Schoß lag sie geborgen vor der Geburt, sie flüchtete zu ihm zurück. Die Mutter unterrichtete natürlich in ihrer Angst den Vater. Der eilt in seiner Bestürzung und Geradheit aufs Polizeipräsidium, wo die Tochter gerade verhört wird.

»Ist es wahr, was du der Mutter gesagt hast, dass die Jungens und du den Uhrmacher umgebracht haben?«

Und Lieschen, die bisher hartnäckig geleugnet hat, beginnt zu weinen, zu schluchzen und sagt ebenfalls:

»Ja.«

Dann legt sie ein umfassendes Geständnis ab. Die Proletariereltern liefern ihr Kind der Gerechtigkeit aus. Die Sachverständigen bestätigen für alle drei Angeklagten zwar einerseits die geistige Minderwertigkeit, zugleich aber auch die Zurechnungsfähigkeit für die Tat. Wenn die Frage nach der treibenden Persönlichkeit im Mordplane zweifelhaft blieb, so wurde doch die Gemeinschaftlichkeit der Tatausübung einwandfrei festgestellt. Damit, dass bei Benziger nur eine Affekthandlung beim Totschlag vorliege, konnte sein Verteidiger nicht durchdringen. Alle drei haben mit der vom Gesetz geforderten »Überlegung« gehandelt. Verurteilt wurden im Februar 1931 Stolpe zum Tode, die Neumann zu 8 Jahren 2 Monaten Gefängnis und Benziger zu 6 Jahren 3 Monaten Zuchthaus.

Der Vorsitzende gab sich alle Mühe, in der Tiefe der Beweggründe der Tat zu schürfen. Er fragte die Sachverständigen insbesondere, ob Lieschen etwa von geschlechtlichem Hass zur Tat getrieben worden sei? Schon Benziger hatte aus ihrem Munde nichts von solchem Hasse gehört. Der Gutachter erklärte, so wenig Luise Neumann für Ulbrich geschlechtliche Liebe gezeigt habe, so wenig ergebe sich ein Anhaltspunkt für geschlechtlichen Hass gegen ihn. Auch wider Stolpe sei sie nicht hasserfüllt, sondern nur zornig und verärgert, dass er sie jetzt so schwer belaste. Das treibende Motiv sei bei allen dreien die Begierde nach Geld gewesen.

Der Staatsanwalt verwertete zugunsten der Neumann noch, dass der Ermordete auch »ein gerüttelt Maß von Schuld« an seinem Tode trage.

»Das muss gesagt werden, aber lassen wir die Toten ruhen.«

Es muss wohl aber zugunsten aller drei Täter, vor allem des Mädchens erklärt werden, dass die eigenartige Sexualsphäre, in welcher der Uhrmacher geradezu schwelgte und in die das halbe Kind hineingezogen wurde, den Mördern das erkorene Opfer wenig bedauernswert, vielmehr unsympathisch, widerlich, ja verdächtig und sein Leben und Dasein wertlos, ja gemeingefährlich und deshalb vernichtenswert erscheinen lassen konnte, was ihnen ihre Untat erleichterte.

So möchte ich meine Betrachtungen mit den Worten schließen, die Goethe anlässlich der Ermordung des Dichters Kotzebue durch den Studenten Sand am 28. März 1819 zu dem Weimarschen Justizkanzler von Müller äußerte:

»Sein Tod sei als eine gewisse notwendige Folge einer höheren Weltordnung erkennbar; wo man die Grenzen der Individualität herausgreife, frevelnd, störend, unwahr, da verhänge die Nemesis früh oder spät angemessene Strafe!«

Kriminalpsychologie im Mordprozess Hau

Der Mordprozess Hau mit seinen Aufregungen liegt – wenigstens vorläufig – hinter uns. Zahlreich haben sich die Stimmen zu seiner Beurteilung erhoben. Sie boten aber alle in der Schnelligkeit des Augenblicks aufgrund eines einzelnen Zeitungsberichtes erwachsene Urteile. Ein solcher einzelner Bericht gibt kein genaues Bild vom Inhalte der Verhandlungen. Erst die sorgfältigste Zusammenstellung mehrerer solcher aus verschiedenen Quellen geflossener Berichte und die genaueste Vergleichung aller Einzelheiten kann, abgesehen von dem persönlichen Eindrucke des Angeklagten, der Zeugen und der Sachverständigen, eine annähernde Anschauung, wie sie die Geschworenen im Gerichtssaale gehabt haben, hervorrufen. Da im Schwurgerichtsverfahren die Verhandlungsergebnisse weder im Protokolle noch im Urteile niedergelegt werden, so bietet, vom Aktenstudium abgesehen, das aber im vorliegenden Falle ebenfalls nicht das volle Material gewährt, eine solche Zusammenstellung und Vergleichung überhaupt das einzige Material, aufgrund dessen die Mitwelt sich ein Urteil bilden kann.

Dieses Verfahren gestattet auch – das ist der Zweck meiner Arbeit – die Anwendung der für die Beurteilung der Schuldfrage notwendigen kriminalpsychologischen Analyse. Ein Verbrecher, der überführt werden soll, muss in seiner gesamten Persönlichkeit und Individualität und in seiner seelischen und geistigen krankhaften Phantasie. Schon als Knabe war er nervös. Bei der Phantasietätigkeit eines Menschen überwiegen in seinem Denkprozess die passiven Assoziationen, welche sich dem Individuum wider seinen Willen und mit Übermacht aufdrängen, so dass die logische Auswahl und Bildung von aktiven Assoziationen gehemmt wird. Diese große Einschränkung muss bei der Anerkennung von Haus hoher Intelligenz gemacht werden. Sie offenbart aber zugleich – hierin liegt ihre physio-psychologische Basis – eine Schwäche des Willens. Nur von dieser Grundlage aus kann Hau richtig gewürdigt werden. Die aus einer bei ihm wahrscheinlich organischen Schwäche des Willens hervorgehende, in das Krankhafte spielende Phantasietätigkeit, die auf eine Hemmung der Intelligenz hinausläuft, löst nun ihrerseits den Trieb zum Absonderlichen, zum Aufschneiden, zur Unwahrscheinlichkeit, zur

Großmannssucht aus, den wir sehr bald bei ihm finden. Seine Phantasie zauberte ihm fortgesetzt solche Bilder vor, wie er sie in seinen Erzählungen dann wiedergab. Zunächst begnügte er sich seinen äußeren Verhältnissen entsprechend noch mit bloßem Erzählen. Im Übrigen weist er sympathische Züge auf. Er gilt als liebenswürdig, freundlich und kameradschaftlich, er hält sich von Gemeinem fern. Von anderer Seite wird er freilich als verschlossen und düster geschildert. Er lernt spielend, ohne viel zu arbeiten, seine Zeugnisse sind sehr gut. Das religiöse Problem – auch dies ist bei Verbrechern in der Jugend häufig der Fall – beschäftigt ihn mit seinen mystischen Reizen. Der Gedanke, Priester zu werden, wird erwogen. Er zeigte zum Mindesten eine äußerliche Frömmigkeit. Andere hielten ihn für einen Freidenker. Im Gefängnisse hat Hau gebeichtet und die Kommunion erhalten. Mit dem Mitgefangenen Lenck hat Hau religiöse Gespräche in der Untersuchungshaft geführt. Seine geistigen Fähigkeiten treiben ihn zu frühzeitiger anspruchsvoller Lektüre. Mit den Jahren schreitet die Entwicklung aller seiner psychischen Eigenheiten vorwärts. Der Geschlechtstrieb zeigt sich als übermäßiger. Nacht und Tag bringt er im Bordell zu. Die Phantasie bestrebt sich in die Tat umzusetzen: Das Abenteuerliche zieht ihn an, er tritt selbstbewusst auf, in seiner Frühphase erscheint er als eine Art Übermensch, er markiert den jungen Nietzsche, es drängt ihn, als solcher im Leben zu handeln.

Da erleidet seine Gesundheit in Berlin, wo er studierte, die verhängnisvolle Niederlage in Gestalt mehrerer Blutsturzanfälle. Selbstmordgedanken sollen ihm gekommen sein. Auf ärztliche Anordnung geht er zuerst an die Riviera, dann nach Korsika. Er reist im Alter von 19 Jahren ohne jeden Begleiter in das Ausland, ohne Kontrolle, ob er seiner Gesundheit lebt – sein Vater hatte sich vor fünf Jahren wiederverheiratet –, aber ausgestattet mit genügendem verführerischen Gelde. Korsika bietet in seiner Geschichte, in Land und Leuten der jugendlichen Phantasie reichste Nahrung. Der Nietzschesche Übermensch Napoleon Bonaparte nahm von hier aus seinen Siegeszug. Wie auf Korsika Haus Phantasie wahrhafte Orgien gefeiert haben mag – schon das Alleinsein musste ihn dazu treiben – geht aus den Erzählungen romantischer Abenteuer hervor, die er gerade in diese Zeit verlegt. Die Geliebte eines Fürsten will er entführt und mit ihr in Marseille gelebt, einen Seesturm will er in einem kleinen Nachen bestanden haben usw. Fast hört man den pathologischen Manolescu reden. Als psychopathisch wird Hau allerseits bezeichnet. Die Psychiater nennen ihn eine Abweichung vom normalen Typus des Durchschnittsmenschen, einen ungleichmäßigen Menschen, der allerlei Stimmungen unterworfen ist und sich leicht in Gedanken hineinversetzen kann. Er ist sensitiv und neigt zur Weichlichkeit. Auch ein wirkliches verhängnisvolles Abenteuer begegnete ihm. Er lernte die Schwestern Lina und Olga Molitor kennen, erstere 6 Jahre älter wie er, letztere mit ihm gleichaltrig, beide hübsch interessant, vom nüchternen Durchschnitte der Haustochter sich abhebend, beide vermögend, begehrenswert. Es entsprach seinem phantastischen Wesen, sich an beiden Mädchen zu erfreuen. Olga war ihm wohl geistig noch nicht gewachsen, die ältere Lina fesselte ihn deshalb mehr. Und Lina Molitor fasste zu dem jungen Menschen eine tiefe Zuneigung, die sie nicht zu überwinden vermochte. Der Neunzehnjährige hat ernstliche Heiratsgedanken, aber der Vater Hau lehnt ab. Lina Molitor versucht, sich mit einem anderen Mann abzufinden, es gelingt ihr nicht. Der Traum von der Entführung auf Korsika wird Wahrheit. Lina hebt 2000 Mk. Sparkassengelder ab und entflieht mit Hau in die Schweiz. Aber die Wirklichkeit wird ernster als das Abenteuer in der Phantasie. Das Paar beschließt in seiner Hoffnungslosigkeit, gemeinsam zu sterben. Hau bringt der Geliebten einen Schuss bei, der aber das Herz verfehlt. Diese Darstellung muss man aufgrund der mehrfachen Geständnisse der Frau Hau ihren Geschwistern gegenüber für erwiesen halten. Hier also der erste Konflikt mit dem Strafgesetze. Auch hier handelte es sich um ein Menschenleben. Wie so häufig in solchen Fällen, kühlt das fließende Blut den Todesmut des Helden ab; er ist nicht im Stande, noch einen Schuss gegen seine Braut und dann die Waffe gegen sich selbst zu richten. Auch hier – das ist bedeutungsvoll – eine Willensschwäche gerade im ernsteren Konflikte des Lebens!

Die unvernünftigste Ehe wird geschlossen. Hau hat später einmal in gedrückter Stimmung gesagt:

»Ich bin geheiratet worden.«

Einer tiefen Liebe wird man ihn nicht für fähig halten können. Seine Sehnsucht nahmen andere Dinge ein. Das blutige Zeugnis der Liebe stimmt Vater und Verwandte um. Der noch nicht Einundzwanzigjährige, der Student am Anfange seiner Studien, heiratet das bald siebenundzwanzigjährige überspannte, sehr selbstbewusste und verwöhnte Mädchen. Wer durfte sich von diesem Ehebund etwas Gutes versprechen? Anstatt in der Nüchternheit einer praktischen Frau einen Ausgleich gegen seine eigenen psychischen Anomalien zu finden, setzt er sich noch den Wirkungen fremder Abnormität aus. Was kommen musste, kam. Deutschland und Europa bieten diesem gleichgestimmten Paare keinen reizvollen Boden. Vielleicht trieb sie auch die Vorgeschichte ihrer Ehe mit hinaus. Aber das Land der Freiheit und des Dollars winkte verlockend. Wir werden sehen, wie außerordentlich Haus Psyche auf amerikanische Verhältnisse gestimmt war. Ziellos fuhren die jungen Leute über den Ozean; erst unterwegs kommt ihnen der Gedanke, Washington als Domizil zu wählen. Hau studierte Jurisprudenz und machte glänzende Examina. Für wissenschaftliche und mnemotechnische Fertigkeiten war seine Intelligenz außerordentlich befähigt, auf diesen theoretischen Gebieten störte ihn seine verhängnisvolle Phantasietätigkeit nicht, wie sie dies im praktischen Leben tat. Man darf diese Unterscheidung niemals vergessen, wenn man von Haus geistiger Befähigung spricht. Man muss nicht von seiner wissenschaftlichen Intelligenz ohne weiteres auf seine geistige Befähigung zum Widerstande gegen psychische Impulse schließen, das ist ganz falsch.

Aber die wissenschaftliche Tätigkeit vermag, wie nicht anders zu erwarten war, Hau auf die Dauer nicht zu befriedigen. Auch entsprachen die Einnahmen nicht seinen verwöhnten Ansprüchen, da die Gelder aus der Heimat nicht reichlich flossen. Da winken andere Pläne, die in ihrer Großartigkeit und Lukrativität Haus Seele schmeicheln. Er hatte die leitenden Männer der neuen Welt kennengelernt. Die Großzügigkeit ihrer Gedanken, Pläne und Handlungen entsprach wie eine Offenbarung seinem immer mehr gesteigerten Glauben an sich selbst. Seine Frau unterstützte ihn hierin. Sie glaubte an ihn, auch wenn er wichtige geheime Missionen fingierte. Es trat – das wird allseitig bestätigt – ein völliger Umschwung in seiner Geistesrichtung ein, oder er streifte vielmehr die letzten Hüllen seiner zur vollsten Entwicklung gelangenden Eigenart ab. Er wurde das Werkzeug kommerziell-politischer Unternehmungen. Internationales Privatrecht, also Jurisprudenz mit einem Beigeschmack von Politik war an und für sich seine Spezialität. Aber der wahrhaft und groß wirkende Mensch kann sich mit wissenschaftlichen Erfolgen nicht zufrieden geben, er muss handeln, selbst eingreifen in die Geschichte der Nationen. Ihm fiel die Aufgabe zu, die Türkei als Terrain für künftige amerikanische kommerzielle Aktionen zu sondieren und wichtige Verbindungen anzuknüpfen. Welchen Nimbus konnte er bei einer solchen, nicht jedermann klaren Tätigkeit um sich verbreiten. Einer Verwandten Frau Dr. Müller gegenüber erzählte er, er müsse für Amerika an der Haager Friedenskonferenz teilnehmen. Hier werden seine Wünsche und Ideale deutlich erkennbar. Zukunftspläne stiegen in ihm auf, immer eine Folge der von uns geschilderten psychologischen Phantasietätigkeit, die sein ganzes Denken und Fühlen überwucherten. Einer andern Zeugin erzählte er, er sei zu Kaiser Wilhelm zum Vortrag über amerikanische Verhältnisse berufen. Er wurde – das reizte ihn natürlich – auf seiner Reise mit reichlichen Geldern ausgestattet; gleichwohl nahm er wider Wissen seiner Frau deren von der Heimat herübergesandte Aussteuer mit nach Konstantinopel. Er durfte und musste auftreten wie ein Grandseigneur. Eisenbahnfahrten nur erster Klasse, Toilette nach der neuesten Mode, erste Hotels. Dabei war er in seinem Elemente. Der Orient mit seinem weichlichen Luxus nahm seine Sinne mächtig gefangen. Er kam mit den ersten Beamten des ottomanischen Reiches in Berührung. Aber hier zeigten sich wohl die Grenzen seiner Befähigung, vielleicht in Verbindung mit ungünstigen Umständen. Von Erfolg waren seine Bemühungen nicht gekrönt. In verschwenderischem Leben hat er aus seinen eigenen Mitteln und dem Vermögen seiner Frau wohl 100.000 Mk. in der Türkei gelassen. 20.000 Mk. hatte er sich außerdem von der Frau seines Kompagnons in Washington geliehen. Ein von Geburt des Töchterchens Olga herrührendes Leiden seiner Frau und sein starker Geschlechtstrieb führten ihn erneut zu sexuellen Ausschweifungen. Als Fremder im fremden Lande hatte er vollauf Gelegenheit, seiner Großmannssucht und Selbstverherrlichung Genüge zu tun. Seine Frau wird zum Spross eines aristokratischen Hauses, seine Einnahmen aus seiner Mission und seiner Rechtsanwaltschaft belaufen sich auf Hunderttausende, er ist von politischen Spionen umgeben, er hat ein Souper für 1600 Fr. veranstaltet, in seinem Zimmer zu Konstantinopel hat eine halbe Million gelegen, ein maskierter Räuber ist erschienen, das Geld zu rauben, er hat ihn aber mit einem Revolver bis zur Festnahme durch das Hotelpersonal im Schach gehalten. Wer denkt nicht auch bei diesen Phantasien an Manolescu? Er hat einen fast krankhaften Trieb, Edelsteine zu kaufen, man hat ihn Edelsteinmanie genannt. Von jeder Reise bringt er seiner Frau Juwelen mit. Wieder Manolescu. Er schickte seiner Frau nach Baden-Baden einen ihr angeblich verliehenen Orden, fast einen Viertelmeter lang mit Steinen, freilich mit minderwertigen, über und über besetzt. Über die Verleihung des Ordens ist, wie bei Manolescus Lebensrettungsmedaille, nichts zu ermitteln. Mehreren Verwandten verspricht er ähnliche Orden zu verschaffen. Seiner Schwiegermutter und ihrer Familie spiegelte er vor, er habe glänzende Einnahmen. Ein Schwager wittert aber in ihm einen Hochstapler. Alles Manolescu!

Auf der Reise von Konstantinopel nach Baden-Baden – Mitte Oktober 1906 –, wo seine Frau mit dem dreijährigen Töchterchen Olga und einer Gesellschafterin bei ihrer Mutter wohnte, hebt Hau in Wien unter der unwahren Angabe, er wohne daselbst im Hotel Bristol, während er in Wahrheit einen Aufenthalt des Expresszuges benutzte, auf einen Kreditbrief 9000 Kronen ab, da er mit seinem Gelde ziemlich zu Ende ist. Von Baden-Baden schreibt er der Bank, sein Kreditbrief sei ihm verloren gegangen. Als die Bank antwortete, auf den Kreditbrief seien 9000 Kr. abgehoben, erklärte er, seine Unterschrift müsse gefälscht sein. Die Bank ist nur bereit, den Kreditbrief zu sperren und ihm einen neuen, aber auf seine Rechnung, auszustellen. Hau will das gewusst haben und bestreitet deshalb, einen Betrug geplant zu haben. Er will die Abholung des Geldes, das er plötzlich nicht mehr unter seinen Effekten gefunden, vergessen bzw. sich über die Tatsache der Abholung in einem Irrtum befunden haben. Haus Verhalten ist äußerst auffällig und verdächtig. Die Psychiater haben nicht daran geglaubt, dass ihm diese Abholung einer immerhin erheblichen Summe entfallen sein könne. Für solche pathologische Bewusstseinstrübungen bietet seine psychische Diagnose keinen Anhalt. Man bedenke, er hebt das Geld während eines kurzen Aufenthalts in Wien ab! Andererseits bestätigt die Zeugin Strahl, dass er in ihrer Gegenwart in Frankfurt zu seiner Verwunderung auf dem Boden seines Koffers am 5. November, also vierzehn Tage später, etwa 5000 Mk. gefunden habe. Hau meint, dieses Geld habe von der Zahlung in Wien hergerührt; nun habe er sich ihrer erinnert, zur Avisierung an die Wiener Bank sei es wegen seiner alsbaldigen Verhaftung nicht gekommen. Vielleicht haben wir es hier mit einer äußerst geschickten Benutzung eines Zufalles seitens

Haus zum Zwecke seiner Verteidigung, wie wir sie noch wiederholt zu betonen haben werden, zu tun. Das menschliche Gedächtnis hat freilich manchmal wundervolle Einfälle. Hau war wohl immer zerstreut, von seinen Reisen strapaziert, in Geldangelegenheiten nachlässig. Da in den Reserven der Bank tatsächlich enthalten ist, dass sie für verlorene Kreditbriefe nicht aufkommt, und dem Hau nicht nachzuweisen ist, dass er diese Bestimmung nicht gekannt hat – vielleicht erfuhr er sie erst durch die Antwort der Bank –, so ist der Fall nicht zur Anklage gezogen worden. Eine Verurteilung wäre wohl ausgeschlossen. Eines Betruges fähig dürfen wir aber Hau halten. Das Motiv der Geldnot liegt außerordentlich nahe. Hält man ihn für den Mörder aus Geldnot, so spricht für den Betrugsversuch die größte Wahrscheinlichkeit. So sehen wir Hau wahrscheinlich zum zweiten Male gegen das Strafgesetz verstoßen. Der Schritt zu dem Betrugsversuche war nicht so weit wie zum Morde. Es entwickelt sich alles folgerichtig aus seinem innersten Zustande. Die Vorstufe zum Kapitalverbrechen ist psychologisch völlig glaubhaft.

Die Ereignisse drängen sich zeitlich zusammen. In die letzte Oktoberwoche 1906, nach Haus kurzem Aufenthalt in Baden-Baden, fällt die gemeinschaftliche Pariser Reise. Dass Hau in Paris seiner Schwägerin den Hof gemacht hat, dass zum Mindesten seine Frau diese Ansicht hatte, steht außer Zweifel. Ein Kellner und die Gesellschafterin haben bestätigt, dass es deswegen zu einem Streite zwischen den sonst gut miteinander lebenden Eheleuten gekommen ist. Auch Olga hat hiervon nachträglich gehört. Inwieweit sie Haus Verhalten verschuldet hat, spielt hier keine Rolle. Frau Hau, die ihren Mann unendlich liebte, war an und für sich auf ihre rötlich-blonde Schwester Olga wegen ihrer Jugend, ihrer hübschen Erscheinung und ihrer geistigen Interessen sehr eifersüchtig. Von mancher Seite wurde erzählt, Olga habe sich mit Hau am liebsten selbst verheiraten wollen. Sie ist lyrische Dichterin, soll einen verderbten Geschmack und die ganze Familie mit pikanter Lektüre versorgt haben. Auch Olga scheint nicht normal zu sein. Sie hat sich wegen nervöser Überreizung in ärztliche Behandlung begeben müssen. Lina drängte die Mutter auf Olgas Verheiratung. Frau Hau hat tatsächlich in Paris die Entfernung Olgas gewünscht, wie die Gesellschafterin bestätigt. Es wäre an sich nicht so unglaubhaft, dass Hau gefühlt hätte, das Pariser Zusammensein müsse ein Ende nehmen, und daher aus diesem

Grunde an Frau Molitor die Depesche aufgegeben hätte. Ist er der Täter und liegt in dem Telegramm eine Vorbereitungshandlung zu einem Morde, so wäre jedenfalls seine Verteidigung in Hervorhebung dieses Punktes sehr geschickt, doppelt vielleicht, nachdem er zunächst Olga so lange kavaliermäßig geschont hatte. Allerdings ist die Fassung des Testaments, Olga sei krank, auffällig. Ebenso dass Hau gewissermaßen zur Vorbereitung wieder eine telefonische Anfrage der Frau Molitor, wie es ihnen in Paris gehe, fingiert und seiner Frau erzählt hat, er habe geantwortet, sie befänden sich alle wohl.

Dieses Wohlsein kontrastierte ja mit der depeschierten Krankheit Olgas sehr! Vielleicht brauchte man zwingend nicht anzunehmen, dass Hau sich über die Depesche viel Gedanken gemacht hat. Er war doch immer ein junger Mensch. Mit seiner Intelligenz hätte das gar nichts zu tun, besonders wenn er wirklich für Olga fühlte. Dass die Unterschrift unter dem Telegramm nicht Lina Hau, sondern Lina Molitor lautete, könnte auf eine auch mit diesem Gefühle zusammenhängende damalige innere Befangenheit Haus, vielleicht aber auch darauf deuten, dass er absichtlich zum Ausdruck bringen wollte, nicht er, sondern Lina persönlich habe die wichtige Depesche aufgegeben. Die Anweisung, mit dem »nächsten« Zuge zu kommen, könnte als nicht deutlich genug bezeichnet werden, um das Eintreffen der Schwiegermutter in Paris mitten in der Nacht mit Bestimmtheit zu veranlassen. Der Oberleutnant Molitor hat angegeben, seine Mutter sei so herzleidend gewesen, dass schon der bloße Schreck über das Eintreffen der Depesche sie habe töten können.

Auch in diesem Sinne könnte Hau operiert haben. Haus Absichten mit der Pariser Depesche lassen sich sonach noch weniger aufklären als die Affäre mit dem Kreditbriefe. Wir können nur sagen, die Absicht, Frau Molitor nach Paris zu locken und nächtlicherweile zu töten, müssen wir Hau zutrauen; durch die so schnell nachfolgenden Ereignisse wird sie vielleicht sehr wahrscheinlich, aber immer noch nicht gewiss. Ist die Depesche eine Vorbereitungshandlung zum Mord, so erkennen wir, wie sich das Verbrecherische in Hau entwickelte. Ein Mann, wie er seinem phantastischen, abenteuerlichen Wesen völlig entsprach! Ein romanhaft geheimnisvoller nächtlicher Überfall auf eine eben in Paris angelangte deutsche alte Dame in der Nähe des Bahnhofs. So hätte es dann in den Zeitungen gestanden. Mystifikation durch Telefon und Telegraf, diese unentbehrlichen Verkehrsmittel der Grandseigneure!

Wir kommen zur Katastrophe vom 6. November 1906. Nachdem das Pariser Zusammensein etwas verstimmt geendet hat, will die Familie Hau über London nach Amerika zurückreisen. In London gibt Hau – darin zeigt er einige Fertigkeit – schleunigst eine falsche Depesche an sich selbst auf, um vor seiner Frau einen Vorwand zu haben, nochmals nach dem Kontinent zu reisen. Sie soll aber gegen jedermann darüber schweigen. Es folgt die Londoner Maskerade mit Perücke und Bart. Er hat ein markantes bartloses Gesicht. Man könnte Erklärungen finden. Schon als Gymnasiast, allerdings zur Faschingszeit im Rheinlande, liebte er die Maskerade, ging bald in Damenkleidern, bald im falschen Barte auf die Straße. Er liebte das Eigenartige, das Abenteuerliche. Weshalb nicht einmal inkognito reisen? Er gibt nachträglich selbst zu, dass das alles gar nicht vernünftig war. Wer handelt immer vernünftig? Es kam ihm nicht darauf an, von London unerkannt abzureisen, sondern er wollte in Baden-Baden unerkannt eintreffen. Um sich keinem deutschen Friseur anzuvertrauen, legte er die für Baden-Baden bestimmte Vermummung schon in London an. Weshalb aber überhaupt Maskerade, für Olga? Damit ihn die Bekannten in dem kleinen Baden-Baden nicht erkennen sollten. Er fürchtete, dann bloßgestellt zu werden. Weil die Londoner Ware nichts taugte und schon in den Kanal geworfen worden war, wurde von einem Friseur in Frankfurt a.M. das Beste gekauft. Wieder lässt er sich den Bart gleich ankleben, lässt sich unterrichten, wie er wieder entfernt werden kann, und gibt als Erklärung an, er wolle Verwandte überraschen, die er fünf Jahre nicht gesehen habe. Fürchtete er, der Friseur werde an ein Rendezvous nicht glauben? Er kauft sich auch einen neuen grauen Mantel, den er ebenso wie den weichen schwarzen Filzhut auf der Rückfahrt zwischen Calais und Dover über Bord wirft. Aber wurde die Maskerade nicht paralysiert? Er hatte seiner Frau ausdrücklich erlaubt, nach Hause zu schreiben, dass er nochmals nach dem Kontinent gereist sei. Sie tat das auch. Er verwischte auch sonst nicht seine Spuren. In Frankfurt lebte er unter seinem richtigen Namen im Hotel. Er depeschierte seiner Frau, dass er in Frankfurt sei, dass sie aber verschwiegen sein sollte. Gleichwohl ließ er die Depesche durch den Portier, der sie las, zum Telegrafenamt tragen. Er besuchte in Frankfurt

Bekannte und Verwandte. Damit waren für seine Anwesenheit in der Nähe von Baden-Baden Zeugen geschaffen. Das war unvorsichtig, wenn er den Mord vorhatte. Oder war es besondere Raffiniertheit? Gab er gerade mit anscheinender Harmlosigkeit seinen Aufenthalt zu erkennen, so konnte ihm niemand ohne weiteres eine böse Absicht unterschieben, er konnte ja vielleicht zufällig gesehen werden. Freilich lag der Besuch der Frankfurter Bekannten nicht im ursprünglichen Plane. In der Londoner Maskerade konnte er sich vor ihnen unmöglich sehen lassen. Erst als der Londoner Bart sich als untauglich erwies, ergab sich die Notwendigkeit, ihn in Frankfurt zu ersetzen, und die Möglichkeit, sich Freunden zu zeigen. Es handelt sich also um eine Improvisation, deshalb vielleicht ihre nicht ganz gelungene Inszenierung. Die Amerikaner, mit denen er in Frankfurt konferiert haben will, hat er nicht genannt; sie sind auch polizeilich nicht auszumitteln gewesen. Weitere Merkwürdigkeiten. Den Frankfurter Zeugen fällt er durch seine jämmerlichen, verzweiflungsvollen Blicke auf. Man sagt ihm auf den Kopf zu, er sehe aus wie einer, der einen umbringen könne. Er protestiert, er habe ja Frau und Kind. Am anderen Tage erwähnt er – absichtlich, um die Bemerkung vom vorigen Tage auszugleichen? – er sei von Spionen umgeben, sie sollten sich nicht wundern, wenn er einmal erschossen aufgefunden würde; er sei am Ende seiner Kräfte. Durch diese Wahrnehmungen der Frankfurter Zeugen konnte er stark kompromittiert werden. Sollte ihm der Abschied von Olga so schwer werden? Fühlte er Gewissensbisse? Fand ein letzter Verzweiflungskampf der Motive in seinem Innern statt? *Dann hätten wir den Beweis, wie die siegreiche Intelligenz den Verbrecher verlässt, wie die Selbstverherrlichung gerade in den wichtigsten Momenten versagt, wie lebhaft ein besseres Gefühl noch in Hau sprach.* Andererseits machte er mit der Schwester seiner Stiefmutter einen Ausflug an den Rhein. Er fragt den Hotelportier, wo man sich mit Weibern – sie durften nie fehlen – amüsiert, und kommt eine Nacht nicht nach Hause. Obwohl ihn die Neigung zu Olga nach Baden-Baden zog? Obwohl er ein so schweres Verbrechen vorhatte? Zynismus oder Bestreben, das böse Gewissen zu betäuben? Vielleicht beides?

Zu Mittag am 6. November 1906 kommt Hau in Baden-Baden in Bart und Perücke an. Sein Gepäck hat er unterwegs in Karlsruhe gelassen. Weshalb? Es sieht aus, als bereite er sich auf eine schleunige Abfahrt aus Baden-Baden vor, bei der er durch Gepäckstücke nicht behindert sein wollte. Seine Verkleidung fällt in dem kleinen Orte, wo im Winter jeder Fremde gemustert wird, auf. Er erreichte also eigentlich das Gegenteil von seiner Absicht. Ein Schutzmann umkreist ihn. Aber er wollte ja nur nicht erkannt sein, besonders nicht, wenn etwa Frau Molitor ihn träfe. Er erweckt in der Vermummung denselben unheimlichen Eindruck wie in Frankfurt ohne sie. Man hält ihn für einen Hochstapler, einen Einbrecher, einen Selbstmörder. Anderen erscheint er als der dem Satan verfallene »Fliegende Holländer«. Weshalb ein solches Bangen vor dem Wiedersehen mit Olga? Er sagt, er habe sehr wohl bemerkt, dass man ihn beobachte, das habe ihn in noch stärkere innere Erregung versetzt.

Hau will vergeblich darauf gewartet haben, dass Olga die Villa Molitor, die er immer beobachtete, verließ; dass sie tatsächlich in eine Nachbarvilla zum Tee ging, will ihm entgangen sein. Deshalb habe er beschlossen, Frau Molitor aus der Wohnung zu entfernen. Als sicheres Mittel habe er den telefonischen Anruf gewählt. Wiederum dieses Verkehrsmittel! Frau Molitor solle nach dem Postamt kommen und dort eine wichtige Mitteilung wegen der Pariser Depesche entgegennehmen. Als Frau Molitor sich mit Unwohlsein entschuldigte, machte er die Aufforderung dringlich. Frau Molitor ließ ihre Tochter aus der Nachbarvilla holen und begab sich mit ihr nach dem Postamte. Dies war gegen 6 Uhr abends. Als Hau erkannt haben will, dass Olga mit ihrer Mutter gehe, dass er sie also nicht sprechen könne, dass sich aber auf dem Postamte die Mystifikation herausstellen und so Verdacht laut werden könne, habe er seinen Plan scheitern sehen, sei davongestürzt und in einer Droschke zum Bahnhof gefahren, um 20 Minuten später nach Karlsruhe zu reisen, hier sein Gepäck in Empfang zu nehmen und über Frankfurt und Brüssel nach London heimzukehren. Unterwegs telegrafierte er an seine Frau, er habe seine Angelegenheiten »zur Zufriedenheit« erledigt. Zynismus?

Die Frage der Täterschaft. Die Zeugin Frau von Reitzenstein begegnete auf der Kaiser-Wilhelmstraße etwa ¾6 Uhr einem Herrn mit Bart, den sie als den Angeklagten wieder erkennen will. Nachdem sie einen Brief in den Briefkasten gesteckt hat und zurückgeht, trifft sie die beiden Damen Molitor, hinter ihnen einen älteren Herrn mit Vollbart, der aber mit dem ersten Herrn nicht identisch ist, ihr bekannt vorkommt, jedoch von ihr nicht erkannt wird. Olga Molitor erzählt von Schritten, die sie und ihre Mutter hinter sich hörten, und von einem Manne, der hinter ihnen geht. An der dunkelsten Stelle der Promenade fällt der Schuss. Olga glaubt nicht, dass ihn der Mann hinter ihnen abgegeben habe könne; in der Ferne sieht sie einen Mann im wehenden Mantel entfliehen. Der Waffensachverständige meint, der Schuss, der Lunge und Herz von hinten durchbohrt hat, müsse aus der Entfernung von 10–20 cm abgegeben sein, da der Mantel der Erschossenen angesengt worden sei.

Hau will von dem Schusse überhaupt nichts gehört haben. Beide zwar ungenaue Zeugenvernehmungen lassen sich mit Haus Täterschaft sehr wohl vereinigen. Olgas Angabe ist nur eine Mutmaßung, eine Schlussfolgerung, die ohne weiteres falsch sein kann. Frau v. Reitzenstein könnte zufolge anderer Beleuchtung oder einer anderen Störung oder Ablenkung ihrer Aufmerksamkeit in dem zweiten hinter den Damen Molitor hergehenden Mann Hau nicht wieder erkannt haben. Solche unvollkommene Wahrnehmungen kommen oft vor. *Die Aussage der Frau v. Reitzenstein ist jedenfalls zum Kapitel Zeugenwahrnehmung von Interesse.* Ist Hau der Täter, so kann wohl aus zwei verschiedenen Gründen eine zweite Mannsperson nicht in Frage kommen. Hau hätte erstens in dessen Gegenwart nicht schießen können, der zweite Mann hätte mindestens als Zeuge in der Nähe sein und sich später als Zeuge wohl melden müssen. Das ist nicht geschehen. *Unbedingt außerhalb jeder Unmöglichkeit liegt es nach logischem Urteil natürlich nicht, dass ein zweiter Mann da war, der also auch geschossen haben könnte.* Dies muss zugestanden werden. Aber irgendwelche tatsächlichen Unterlagen haben sich für diese, also fern, sehr fernliegende Möglichkeit nicht ergeben. Ein Racheakt? Seiten wessen? Aus welchen Gründen? Seiten eines Dienstboten? Die Zufallstat irgend eines Mordlustigen, der auf das erste Opfer schoss? Ein Verehrer Olgas, der die Mutter als Hindernis einer Verbindung beseitigen wollte? Und alle diese fernliegenden Möglichkeiten gerade im Zusammentreffen mit Haus mysteriöser Anwesenheit? Olga selbst eine – Muttermörderin? Sie, die eben erst von ihrer Mutter zum Gange nach der Post abgeholt worden und schnell den Revolver zu sich gesteckt hätte? Weshalb? Um mit dem davoneilenden Hau Beziehungen zu unterhalten? Um ihm mit Geld auzuhelfen? Im Unmute über die Erfolglosigkeit, ihre Gedichte an einen Verleger zu bringen, weswegen sie die Mutter bereits »unter aller Kanone« behandelt haben soll? Olga und Hau als Mittäter? Olga die Täterin, Hau ihr Gehilfe? Hau der Täter, aber Olga die Anstifterin? Aus allen diesen Gründen Haus Schweigen vor Gericht? Hau selbst lehnt alle diese Möglichkeiten ab. Nicht der geringste Fingerzweig hat sich nach einer dieser Richtungen ergeben. In dem kleinen Orte wäre gar nichts zu ermitteln gewesen?

Ganz anders liegt die Motivierung bei Haus Täterschaft. Er befand sich in keiner günstigen finanziellen Lage. Kehrte er nach Washington zurück, so hatte er Verbindlichkeiten zu erfüllen. Das geliehene Kapital und das Vermögen seiner Frau, die nichts davon wusste, waren verloren. Geld, viel Geld brauchte er vor allen Dingen zum Leben. Sonst bot es ihm keinen Genuss. Frau Dr. Müller und Bankier Meierburg hätten ihm zwar auf Verlangen größere Kapitalien geliehen. Aber davon konnte er keinen Gebrauch machen. Die Großartigkeit seines Auftretens hätte ja in ihren Augen sofort verlieren müssen. So etwas suchte gerade er am meisten zu vermeiden. Seine Frau hatte von der Mutter noch 70 000 Mk. zu erwarten. Trotz des Erbverzichtes hätte er sie natürlich leicht dazu bestimmt, ihm das Geld in die Hände zu geben. Als seine Frau die Lage übersah, hat sie an seine Schuld geglaubt. Geldnot ist sein Motiv gewesen! An der Unmöglichkeit, mir Geschenke zu versagen, ist er zugrunde gegangen! So ruft sie aus. Der Verteidiger hat ihr die Sache ihres Mannes nicht für aussichtsvoll hingestellt und sie auf das Gutachten des Sachverständigen vertröstet. Aus Verzweiflung über die entsetzliche Ungewissheit, ob sie ihren Mann für den Mörder ihrer Mutter halten müsse, ist sie aus dem Leben gegangen. Sie fühlte wohl eine leise Mitschuld an allem. Obwohl sie sich hätte für ihr Kind erhalten sollen, hebt sich doch ihr Todesmut von Haus Weichlichkeit vorteilhaft ab. Er weiß, dass sie Gift bereit hat und sterben will, sie bietet ihm selbst solches an zum gemeinsamen Tode. Zum zweiten Male lässt er sie diesen Schritt allein gehen. Er hängt am Leben. Sein Vorhaben, im Gefängnisse sein Dasein zu enden, hat er nicht verwirklicht.

So kommt man zu dem *fast zwingenden* Schlusse – einen völlig zwingenden Indizienbeweis gibt es überhaupt nicht –, dass Hau die Tat verübt hat. Ist er der Täter, so liegt seine Psychologie klar vor uns. Seine maßlosen Geldausgaben steigerten seine Ansprüche und schwächten sein moralisches Gefühl, das unter dem Amerikanismus schon gelitten hatte. Das unstete Leben auf Reisen in alle Herren Länder – an Manolescus Vagabondage erinnernd – hatte sein Nervensystem erschüttert. »Die Reisen und Gedanken bringen mich ganz herunter«, sagte er zu einer Verwandten in Frankfurt am Tage vor der Tat. Große Ziele lagen vor ihm, nur augenblicklich fehlte das Geld. Phantasien, Großmannssucht, beeinträchtigtes Rechtsgefühl ließen den Entschluss zur Tat reifen. Dass er sich zugleich Mittel für seine Genusssucht verschafft, steht bei ihm keineswegs an erster Stelle. Der Verbrecher Friedrich Nietzsches wandelt in ihm vor uns. Was galt gegenüber seinen Plänen das Leben einer alten Dame? Große Ziele machen den Menschen zum Helden oder zum Verbrecher. Es ist Zufall, welche Wahl sich vollzieht. Es ist dieselbe starke Kraft, die zur Heldentat oder zum Verbrechen führt. Deshalb ist das Verbrechen als Werkzeug zu großen Zielen nicht verächtlich. Hundert Jahre vor Nietzsche hat Friedrich Schiller dasselbe gesagt: Bei jedem großen Verbrechen ist eine große Kraft in Bewegung. An diesen Sätzen Schillers und Nietzsches ist ganz bestimmt etwas Wahres. Dem Phantasten, dem Großmannssüchtigen müssen solche Lehren verführerisch erscheinen, sie müssen seine Sinne *vor* der Tat einwiegen, er sieht die Tat *vorher* anders. In solchem Lichte müssen wir auch den Angeklagten Hau sehen. Und phantastisch wie wir auch den Angeklagten Hau sehen. Und phantastisch wie das Motiv zur Tat, so auch ihre Verübung. Daher die Maskerade und die mysteriösen Reisen, das seltsame Umhertreiben in Baden-Baden. Und bei den Vorbereitungen und der Ausführung eine seltsame Mischung von Äußerungen einer bald starken, bald geschwächten Intelligenz. Simulation von Geistesgestörtheit unter Erklärung, ein Sohn des türkischen Sultans zu sein. Manolescu – Fürst Lahovary? Wie bei allen solchen Verbrechern eine Mischung von raffinierter Verderbtheit und unwillkürlicher Planlosigkeit. Das Zugeständnis an seine Frau, den Angehörigen in Baden-Baden seinen nochmaligen Aufenthalt auf dem Kontinent mitzuteilen, sein Vorsprechen bei Verwandten und Bekannten in Frankfurt, *vielleicht alles eine feine Planmäßigkeit zur Irreführung!* Diese ihm nahestehenden Personen würden wohl keinen Verdacht auf ihn haben. Und er hatte immer für sich, dass er seinen Aufenthalt nicht ganz geheim gehalten hatte! Andererseits seine Unüberlegtheiten, Mangel an Selbstbeherrschung, die Torheiten in der Maskerade! Nicht nur als Verliebte, auch als Verbrecher werden Rechtsanwälte zu Eseln!

Nun wird auch sein Verhalten während des Strafverfahrens, besonders in der Hauptverhandlung, verständlich. Auch hier keine Einheitlichkeit, keine Widerspruchslosigkeit. In London, unter dem Eindrucke der Verhaftung, Ableugnung des Aufenthalts in Baden-Baden, das später zugestanden wird. Im weiteren Verlaufe der Voruntersuchung Einräumen der Pariser Depesche und des Telefongesprächs in Baden-Baden. Spätere Rücknahme dieser Erklärungen. In der Hauptverhandlung Wiederholung des früheren Geständnisses erst vor Aufruf des Schreibsachverständigen und Rekognition durch verschiedene Zeugen aus Baden-Baden. Im Übrigen eine souveräne Verweigerung der Aussage über wichtige Punkte mit anscheinend großer innerer Ruhe. Der menschlich empfundene Appell, dass er sich durch solches Verhalten unglücklich machen könne, scheint an seiner Kaltblütigkeit zu scheitern. Gelassene Erklärungen: Er sei sich der Tragweite seines Verhaltens sehr wohl bewusst. Der Verteidiger solle seine Verteidigung ruhig so einrichten, als sei er schuldig. Als Schlussausführung einer achttägigen Verhandlung nur die Erklärung: Ich habe nichts zu sagen! Keine abgeschmackte sentimentale Versicherung: So wahr ein Gott im Himmel lebt, ich bin der Täter nicht! Oder anders aufgefasst: Er war einer Beteuerung der Unschuld aus tiefstem Herzen aus naheliegenden Gründen unfähig? Die Geschworenen werden das gefühlt haben. Stimmt dieses Verhalten nicht wieder außerordentlich zu seinem Charakter? Zum Schlusse, in der Hauptverhandlung, nochmals eine interessante Vermummung! Eine Rolle, die das In- und Ausland in Erstaunen setzt! Hat er nicht ganz richtig gerechnet? Hat er nicht viele Sinne verwirrt? Feierte nicht seine Großmannssucht, seine Eitelkeit, sein Übermenschentum einen Augenblick einen großen Triumph? Bot dies nicht seinem Nervensystem einen Reiz besonderer Art? So vor aller Welt mit Leben und Tod zu spielen? Als Held, als Kavalier zu erscheinen, sodass einem sogar die Psychiater die Hände herzlich zum Abschied drücken? Dass Professor Aschaffenburg ihm brieflich seine »Hochachtung« für seine »Tapferkeit« ausdrücken lässt! Den wackeren Zeugen Lenck, der aus seinen Gesprächen mit Hau in der Untersuchungszelle etwas kolossal Wichtiges mitteilen kann, aber dem Leidensgefährten die Treue hält, vor Gericht nicht aussagt und Hau für unschuldig am Morde erklärt – diesen wertvollen Zeugen mit vornehmer Gelassenheit Lügen zu strafen: Er wisse nichts! Er habe ihm nichts gesagt! Die halbe gebildete Welt in einer Schlussapotheose an der Nase herumzuführen und vielleicht auch die Richter, die ja nur Laien sind? Dem Gericht und dem Publikum eine tüchtige Nuss zu knacken zu geben, wie vor Jahren der ebenfalls durch die amerikanische Schule gegangene Georges Manolescu in seinem Strafprozesse und in seinen Memoiren? Erst als im Verlaufe der Hauptverhandlung seine Beziehungen zu Olga immer mehr beleuchtet werden, tritt er mit der Erklärung hervor, er habe sie nochmals sehen – aber sie vor der Öffentlichkeit nicht kompromittieren – wollen. Er hätte also unter der Maske der Teilnahmslosigkeit sehr scharf beobachtet und einen richtigen Kalkül angestellt! Einer verborgenen Leidenschaft zu Olga könnte man Hau für fähig halten. Ebenso einer weitgehenden Rücksichtnahme auf ihren Ruf. Es ist nichts bekannt geworden, dass er gegen Damen unkavaliermäßig gehandelt hätte. Dass er die eheliche Treue nicht hielt, gehört nicht in dieses Kapitel. Die Bezugnahme auf dies alles konnte also irreführen – sie hat es auch teilweise getan. Dabei niemals Belastung fremder Personen! Auf keinen Vorhalt geht er ein. Er kann niemand des Mordes beschuldigen. Sonst geben die Angeklagten, die ihre Unschuld beteuern, immer Fingerzeige auf Dritte. Nicht so er. Nicht der Diener Wieland, kein Dienstbote, kein Dritter wird angeschwärzt. Hatte er nicht richtig gerechnet, dass so etwas frappiert und Sympathie verschafft? Alles dies Berechnung voller Feinheit, voller Raffinement? Aber nicht nur Äußerungen der Intelligenz, auch solche des Gefühls. Unsympathisch berühren ihn die Enthüllungen peinlicher Familienangelegenheiten; er ist ärgerlich auf seinen Verteidiger. Das Geständnis des Gefühls für Olga im Tone einer wahren Empfindung. Einmal Tränen im Auge. Verzicht auf weitere Beweisanträge und nur der sehnliche Wunsch, die Verhandlung zu Ende zu führen. Vergeblich wäre es, zu entwirren, was von diesen Gefühlsäußerungen echt, was unecht ist. Der Phantast kann sich in solche Gedanken und Gefühle so hineinleben, als wären sie wirkliche. Man kann nicht einmal von Komödie sprechen. Er glaubt im Augenblicke selber an alles. Deshalb täuscht er so ausgezeichnet. *Nach* der Tat sah er seine Handlungsweise vielleicht doch nicht mehr als bloßes Mittel zur Großtat. Ein anderes Antlitz zeigt die vollbrachte Tat! Vielleicht sah er doch, dass sie einem gemeinen Raubmorde aus feigem Hinterhalte ähnelte. Der Übermensch schämte sich, ein solches Geständnis abzulegen. Der Scham dürfen wir ihn nicht für verlustig gegangen erachten. Dieses Schamgefühl verlieh ihm zwar nicht die Kraft zur Reue – nur wenige Verbrecher fühlen echte Reue –, wohl aber eine gewisse innere Emfindungstätigkeit, die ihm gut anstand.

Nach alledem ist es mit großer Wahrscheinlichkeit richtig, was in der Presse gesagt worden ist, dass in Karlsruhe der Schwarzwälder Bauernverstand dem amerikanischen Übermenschentum eine Niederlage bereitet hat.

Es ist nämlich auch behauptet worden, in Amerika könnte ein Angeklagter nicht verurteilt werden, wenn er nicht Rede stehe. Vielleicht hatte Hau bei seiner Verteidigung auch diese Maxime mit im Auge.

Der Verteidiger hat leider seiner allerdings schweren Aufgabe nicht genügend entsprochen. Wie sehr ihn, ebenso wie den Vorsitzenden und den Staatsanwalt, die Eigenart in der Verteidigung des Angeklagten nervös machen musste, so trifft ihn doch die Schuld, dass eine solche Leidenschaftlichkeit in die Verhandlung getragen wurde. Damit hat er auch die Leidenschaftlichkeit in der Öffentlichkeit mitverschuldet, wennschon wir den bekannten erregbaren Charakter der Badener ebenso sehr mit in Rechnung ziehen müssen. Aber wenn der Verteidiger im Gerichtssaale den Staatsanwalt fordert, *wenn er also mit seinem eigenen Leben gewissermaßen für seinen Klienten eintritt*, da muss ja das Volk, das vom gefährlichen Indizienbeweise sowieso nichts wissen will, der Meinung werden, dass im Gerichtssaale ein Unschuldiger vergewaltigt werden soll. Und auch für den schuldigen Verbrecher hat das Volk eine gewisse Teilnahme, ja Sympathie, die auf die instinktive Ahnung dessen zurückgeht, dass er ein Produkt seiner Veranlagung, Erziehung und Lebensschicksale ist. Auch vom Verbrecher Nietzsches hat das Volk einen dunklen Begriff. Es brauchen deshalb nur noch einige Schreier und Johler hinzuzukommen, die für die Sache selbst gar kein Interesse oder Verständnis zu haben brauchen, und der Landfriedensbruch ist fertig. Wie sehr die Öffentlichkeit zum Mitspielen geneigt war, ersah ja der Verteidiger aus den vielen Briefen von Schelmen und Schadenfrohen, die die Justiz, wie nicht selten in derartigen Sensationsprozessen, zu narren oder irre zu führen versuchten. Wie heftig das Publikum im Verhandlungssaale in Mitleidenschaft gezogen worden ist, ergeben die Kundgebungen gegen die Staatsanwaltschaft und die Bravorufe auf die Antwort des Zeugen Lenck – des freigesprochenen Sittlichkeitsdelinquenten – dem Vorsitzenden gegenüber:

»Eine ganz genau präzise Antwort würde einen falschen Eindruck erwecken.«

Zur Erfüllung solcher Aufgaben wie im Prozess Hau gehören vor allen Dingen Ruhe und Besonnenheit. Sie müssen vor allem auch den Geschworenen gewahrt werden. Der Verteidiger hat alles getan, um ihnen das Verständnis und die Stimmung für die Feinheit der im Fall Hau gelegenen psychologischen Fragen zu nehmen. Der Verteidiger ging, wie sein Klient, »auf das Ganze«, wie man zu sagen pflegt. Er hätte sich aber dem wuchtigen Indizienbeweise, der ganz sicher nicht nur ein Kartenhaus ist, nicht verschließen sollen. In seiner Ansicht scheint er sich durch Aschaffenburgs Brief, den er auch im Plädoyer ausgespielt hat, bestärkt gefühlt zu haben. Aschaffenburg ist vom ersten Besuche bei Hau der Überzeugung gewesen, dass er am Morde keine Schuld hat! Die Behörden arbeiten also monatelang, die Geschworenen eine Woche lang an der Erforschung der Wahrheit, der Psychiater aber weiß sie schon nach zwei Stunden? Die Frage nach Zusammentreffen von versuchter vorsätzlicher Tötung der Tochter und vollendeter fahrlässiger Tötung der Mutter zufolge verfehlten Zieles konnten der Verteidiger noch Haus Geständnisse wohl mit Recht nicht mehr aufnehmen.

Aber die Frage, ob vorsätzliche Tötung mit oder ohne Überlegung, ob Mord oder Totschlag vorliegt, bot zum Eindringen in die von uns entwickelte Psychologie Haus sehr wohl Anlass. Wenn Hau bei Verübung der Tat auch nicht, wie die Psychiater bestätigten, von einer sein Bewusstsein ausschließenden Gemütserregung ergriffen war, so fragt sich doch, wie hoch man den Grad seines Affektes einschätzen will. Dass er starker Affekte überhaupt fähig ist, hat die Verhandlung zur Genüge ergeben. Die Psychiater haben ihn in tiefen Gemütserschütterungen getroffen, dasselbe behauptet der Zeuge Lenck, der mit ihm in einer Zelle zusammensaß. Haus verzweifelter Eindruck auf die Zeugen in Frankfurt und Baden-Baden vor der Tat, seine eigene Angabe, er habe sich in größter Erregung befunden, geben weiteren Anhalt. Nimmt man hinzu, dass er nervös, entnervt, abgespannt, von inneren Zweifeln gequält, Phantast, ein aus dem Gleichgewichte ge brachter Charakter und psychopathisch, ein vermindert zurechnungsfähiger Mensch ist, so ließe sich eine Verneinung der »Überlegung«, dieses unbestimmten dehnbaren Begriffs, schon rechtfertigen, zum Mindesten könnte man verschiedener Meinung sein. Denn dafür, dass Hau sich ohne weiteres und sehr leicht zur Tötung entschlossen habe, liegen gar keine Anhaltspunkte vor. Die Verurteilung wegen Totschlags hätte schon um deswillen etwas für sich gehabt, weil das Strafgesetzbuch für den Mord keine mildernden Umstände und nur die absolute Todesstrafe, aber keine alternative Freiheitsstrafe kennt. Es ist aber immer noch etwas anderes, ob z.B. ein Bursche eine Trödlerin im Laden erschlägt, um vom Raube ein arbeitsscheues und genusssüchtiges Dasein zu fristen, oder ob Hau sich die Mittel zur Ausführung großer Projekte verschaffen will. Denn die Genusssucht steht bei ihm erst in zweiter Linie. Man wird aus diesem Grunde und damit rechnen können, dass die Todesstrafe, wenn es urteilsmäßig bei ihr verbleibt, an Hau nicht vollzogen, sondern in lebenslängliche Freiheitsstrafe umgewandelt werden wird.

Möchte es der kriminalpsychologischen Betrachtung gelungen sein, Haus rätselhaftes Verbrechertum als etwas psychologisch und historisch Gewordenes menschlich begreiflich zu enthüllen!

Der Serienmörder Peter Kürten

Dass die Sittengeschichte sich der zeitlichen Folge der Sexual-
prozesse Steigerungen unbegrenzter Möglichkeiten vorbehalten habe, scheint der Fall des Düsseldorfer Massenverbrechers
zu beweisen.

Peter Kürten ist am 26. März 1883 in Köln-Mülheim geboren. Sein noch lebender Vater ist der Former Peter Kürten,
seine verstorbene Mutter stammte vom Lande; insgesamt waren die Kinder 10 Geschwister. Peter ging zuerst in Mülheim
zur Schule, später in Düsseldorf. Seine Jugend war eine uner-
freuliche, der Vater stark dem Trunke ergeben, die Erziehung
mangelhaft. Der kleine Peter lief gelegentlich davon, blieb
drei Wochen außer Hause, schlief in Möbelwagen, wo er allerhand ungünstiges sah, oder in Wäldern, will von Diebstählen gelebt haben, bis die Polizei ihn aufgriff. Mit knapper Not
kam er an der Erziehungsanstalt vorüber; selbstverständlich
setzte es viele Prügel. In der Schule kam der Junge ganz gut
mit fort und wurde regelmäßig versetzt. Auch in der Schule
will er aber stark zu leiden gehabt haben und wegen seines
Vaters geächtet gewesen sein. Ebenso ist es ihm als Lehrling
ergangen, nachdem er in dieselbe Fabrik, wo der Vater arbeitete, aufgenommen worden war. Auch der Vater konnte selbst
nach einer Bestrafung wegen Blutschande, an seiner Tochter
begangen, an die alte Arbeitsstelle zurückkehren, wo der Junge noch lernte.

Es scheint psychologisch ziemlich einwandfrei erklärlich
zu sein, in welcher Weise Kürten zu seinem unheilvollen sadistischen Trieb gekommen ist. Durch die Trunksucht und das
starke sexuelle Triebleben des Vaters, der auch wegen Not-
zucht bestraft wurde und an Großmannssucht litt, war er erblich belastet. Dass harte, grausame Behandlung im Kinde die
sadistische Veranlagung zu wecken vermag, ist eine alte Erfahrung. Er bekam Gelegenheit, beim Schlachten von Hunden
– sein Onkel war Hundefänger – zuzusehen und zuzugreifen;
das Quälen und Verwunden von Tieren mit seinem Taschenmesser hat ihm angenehme Erregungen und Entspannung
gewährt. Er will auch Kindern beim Baden Schnittwunden
beigebracht haben. So wird es glaubhaft, was auch der Staatsanwalt bei seinen Nachforschungen bestätigen konnte, dass
K. schon als noch nicht zehn Jahre alter Knabe zwei, ja drei

gleichaltrige Spielkameraden tötete, sofern er den einen von einem Floß in den Rhein stieß und einen anderen, der zufällig ins Wasser gefallen war, tiefer hineinstieß, sodass auch er ertrank. Im Laufe der Verhandlung gestand K. ebenfalls freiwillig noch zwei weitere derartige Fälle. Solche Handlungen sind von belasteten Kindern auch sonst wiederholt bekannt worden. Sie gehen von einer schadenfrohen Neugierde aus, wie der so in seinem Leben Gefährdete sich wohl verhalten werde; der Kampf des Ertrinkenden erweckt in dem Zuschauenden eine Nervensensation, die, einmal genossen, auf Wiederholung drängt. Später will K. auch die Geschichte von jenem Londoner Jack the Ripper gelesen haben. Mit 16 Jahren hatte er seine erste Liebschaft. Eine Zeugin äußerte, K. sei schon mit 16 Jahren das gewesen, was er jetzt ist; er richtete an ihre Familie eine Anzahl Drohbriefe, in deren einem ein von einem Dolch durchbohrtes Herz gezeichnet war. An die Wohnungstür der Familie schrieb er mit Kreide:

»Weiche, weiche, sonst bist du eine Leiche.«

Er besuchte mit Vorliebe das Panoptikum und betrachtete besonders die in den Wachsfiguren ausgestellten Raubmörder.

»So etwas Verrücktes werde ich auch einmal«, sagte er bei Gelegenheit.

1899 unterschlug K. einen Geldbetrag und wurde zu zwei Monaten Gefängnis verurteilt. Er erzählte in diesem Zusammenhang eine Geschichte, danach er, aus dem Gefängnis entlassen, auf einer Bank genächtigt und von einem Schutzmann an einer Kette, als sei er ein Mörder, durch die Stadt geführt worden sei; dieser brutale Vorfall habe jede menschliche Empfindung in ihm getötet. Im Laufe der nächsten Jahre erfolgten weitere Verurteilungen wegen Diebstahls und Betrügereien; 1901 eine Gefängnisstrafe von zwei Jahren, 1913 wegen Diebstahls eine Zuchthausstrafe von 6 Jahren, die, da er in der Anstalt eine Meuterei anstiftete, bis 1921 verlängert wurde; aber auch danach erlitt er neue Bestrafungen. In den 22 Jahren seines Anstaltslebens will K. nicht weniger als 40 Mal disziplinarisch betraft worden sein und aus der brutalen Behandlung des veralteten Strafvollzugs immer neuen, wachsenden Hass gegen Staat und menschliche Gesellschaft, sowie Anlässe und Motive zu seinen weiteren Straftaten gezogen haben. Nach Annahme des Staatsanwalts schwelgte er zur Kitzelung seiner Nerven gelegentlich in Undiszipliniertheit und zog sich die

Strafen absichtlich zu, um aus dieser masochistischen Einstellung nach bekannter wissenschaftlicher Erfahrung zur Aufpeitschung seiner sadistischen Triebe zu gelangen. Da er in den vielen Jahren der Freiheitsentziehung auf Selbstbefriedigung angewiesen war, musste sich bei seiner Veranlagung auch sonst seine Phantasie der bekannten sexuellen Vorstellungsmotive bemächtigen, die in Gewalttätigkeiten und Tötungshandlungen variieren. Er will im Gefängnis und Zuchthaus grausame Vergeltungsgedanken ausgebrütet, will sich vorgestellt haben, wie er dem oder jenem seiner Peiniger den Bauch aufschnitt.

Auch diese Vergeltungsgedanken sind uns nicht unbekannt, sie finden sich bei Schillers *Verbrecher aus verlorener Ehre*[91] und dem großen Karl Moor. Nach seiner eigenen Darstellung ist er schon 1899 zum Bewusstsein seiner sadistischen Gefühlsauslösung gekommen, als er ein kleines Mädchen im Grafenberger Wald würgte. Diese Würghandlungen pflegen bei Sadisten die Übergänge zu den späteren blutigen Angriffen zu bilden, in dem die Betastung, Befühlung, Vergewaltigung der Weichteile des Halses der Opfer zur Ejakulation führt.

Es folgte in Kürze die Reihenfolge seiner Untaten; die Anklage legte ihm neun Morde und sieben Mordversuche sowie eine Reihe Sittlichkeitsverbrechen zur Last.

Im Mai 1913 beging K. die erste zur Anklage stehende Mordtat an der 11-jährigen *Christine Klein*. Er drang in Köln-Mülheim durch einen Nebeneingang in die Wirtschaft Kleins ein, um zu stehlen, und fand in einem Zimmer, das er mit der Taschenlampe ableuchtete, das Kind im Bett liegend. Er vergaß sofort seine Diebstahlsabsicht, vergriff sich unzüchtig an dem Mädchen, würgte es und brachte ihm mit seinem Taschenmesser Schnittwunden, insbesondere einen großen von der rechten Halsseite über den Mittelhals nach links geführten, viermal unterbrochenen Schnitt bei; der Tod soll aber schon vorher durch Erwürgen eingetreten sein. Nach der Tat wusch er sich an einer Pferdetränke die Hände und fuhr nach Düsseldorf zurück. Aber an einem der nächsten Tage kam er nochmals nach Mülheim, setzte sich gegenüber dem Mordhause in ein Wirtshaus und las »mit Vergnügen« die Zeitungsberichte und hörte die Erzählungen der Gäste über den Mord an. Auch dieses Verhalten, die Wiederkehr des Mörders, ist nicht neu, wenn auch kaum je in so unverhüllter Ausprägung zugestanden worden. Die sadistische Befriedigung über den Taterfolg bedeutet fast Tatwiederholung.

Als zweiten Fall schilderte K. die Ermordung der kleinen *Rosa Ohliger* Ende Februar 1929. Er traf das weinende Kind abends auf der Straße, ging in noch unbestimmter Absicht mit ihm bis zu einem Bauplatz bei der Vincenzkirche, wo er es in plötzlicher sexueller Aufwallung zunächst, wie alle Opfer, mit der Hand würgte, wobei stets sein Trieb angestachelt wurde, und dann mit der Schere, die er bei sich hatte, erstach und niedermachte. Er hat, wie auch in anderen Fällen, vom Blut der Kleinen getrunken. Nach der Tat ist er ins Kino gegangen. Die Leiche des Kindes wies 10 Stiche auf. Er ließ die Leiche auf dem Bauplatz liegen und übergoss sie am frühen Morgen mit Petroleum, das er anzündete. Sowohl bei der Ermordung, wie bei dem Aufflammen des Petroleums will er sexuelle Entspannung gehabt haben.

Der sexuelle Grundton der Feuerlust ist bekannt. K. hat im Einzelnen zugestanden, dass er vielfach Heuschober, Scheunen und Gebäude angezündet habe, weil der Anblick von Feuerschein in ihm sexuelle Erregung auslöse. Insbesondere will er nach Verübung von Gewalttakten im Walde auf dem Heimwege Brand gestiftet haben; schon 1904 habe er dergleichen Brände gelegt. Viele dieser Brandstiftungsfälle hat der Staatsanwalt von der Anklage ausgeschieden.

Die Tötung des 52-jährigen Invaliden *Rudolf Scheer*, des ersten männlichen Opfers, Mitte Februar 1929, schilderte K. in der Weise, dass in der Karnevalsnacht der betrunkene Scheer ihn angerempelt, und, da dieses Herumstoßen seine Mordlust weckte, er ihn im Wechselstreite mit der Schere niederstach. Im wahrhaften Blutrausch hat K. dem Betrunkenen im Ganzen 18 Stiche versetzt; die Leiche schleifte er von der Mitte des Weges bis zum Straßengraben, wo sie unter Brombeersträuchern zu liegen kam.

Im August 1929 lernte K. eines Abends auf einer Promenadenbank das Dienstmädchen *Maria Hahn*, ein lebens- und tanzlustiges, gegen Männer nicht sehr zurückhaltendes Mädchen kennen, und verabredete mit ihr ein Stelldichein für den nächsten Sonntag. Man ging gemeinsam nach einem bekannten Ausflugsort, auf dem Heimweg durch den Wald würgte er sie am Halse, sodass sie halb ohnmächtig in die Knie sank, dann brachte er ihr mit der Schere etwa 20 Stiche in Hals, Schläfe und Brust bei, das Herz war zweimal getroffen. Die Schere als so vielfältiges Mordinstrument ist in der Kriminalgeschichte neu. In der übernächsten Nacht kehrte er mit einer Schaufel an die Mordstelle zurück und grub mitternachts auf dem Felde das Grab für die Leiche. Er legte den Körper des Mädchens in die Grube und sich selber daneben.

»Die Kirchenuhr schlug und ein Uhu schrie. Alles das hat zusammengewirkt, um bei mir eine große Erregung hervorzurufen.«

Er zog die Leiche nach und nach aus (Leichenfetischismus). Er hatte die Hahn so tief ins Feld vergraben, dass der Gutspächter selbst mehrere Male mit dem Pflug über die Stelle hinweggegangen war, ohne die Leiche bloßzulegen. Schließlich nahm er ihr noch ihre Uhr ab, um damit ein anderes Opfer zu ködern. Er will später noch gegen dreißig Mal an der Grabstelle gewesen sein und sich die Bilder der Tat, in ihrem Vorgang schwelgend, in sein Gedächtnis zurückgerufen haben.

Da die Leichen vorerst nicht gefunden wurden, begann K. Briefe an die Polizei und an Zeitungsredaktionen zu schreiben.

»Das tat ich, um in der Bevölkerung Aufregung hervorzurufen, die Verwirrung machte mir Freude.«

Auch diese Gefühlserregung reiht sich glaubhaft und folgerichtig in das Gesamtbild, in die sadistische Persönlichkeit ein. Es gehört aber zu den Seltenheiten, dass ein Mörder den Tatort so genau schildert und skizziert, wie K. z.B. das Grab der Hahn. Drei Briefe stammen von K.'s eigener Hand und sind mit verstellter Schrift, wahrscheinlich auf einem Postamte geschrieben. Alle übrigen gegen 150 bei der Polizei eingegangenen »Mörderbriefe« erwiesen sich als unecht. Er ist an die Zeitungskioske herangetreten und hat sich wollüstig unter die Leute gemischt, die sich über das Verbrechen unterhielten. Er mischte sich sogar unter die Polizisten und beobachtete sogar den Kriminalrat, den Leiter der Düsseldorfer Mordkommission.

Um neue Schrecken in die Bevölkerung zu jagen, verübte er am Abend des 21. August 1929 Mordversuche an der 30-jährigen *Olga Mantel* mit einem Stich in die Schulter, an der 20-jährigen *Anne Goldhausen* durch einen Stich in den Magen und an dem Kaufmann *Kornblum*, der ihm auf seiner Flucht in den Schrebergarten entgegentrat, mit drei Messerstichen. Diese drei Opfer kamen mit dem Leben davon, weil sie laut um Hilfe riefen. Die Schere hatte Kürten damals zum Schleifen gegeben und sich ein Stilett gekauft, mit dem er diese Überfälle ausführte.

Die Untaten überstürzten sich zeitlich. Am 24. August 1929 lockte K. während eines Schützenfackelzuges in Flehe die 14-jährige *Luise Lenzen* und die 6-jährige *Gertrud Hamacher* auf einen schmalen unbeleuchteten Feldweg und von hier ins freie Feld. Er schickte das ältere Kind in eine Wirtschaft zurück, um Zigaretten zu holen, und würgte inzwischen das jüngere, bis er ihm mit dem Stilett die Kehle durchschnitt. Als das andere Kind mit den Zigaretten zurückkam, widerfuhr ihr dasselbe. Der Hamacher war die Luftröhre durchgeschnitten, der Lenzen durch Stiche in den Rücken die inneren Organe zerrissen und die Lunge durchbohrt. K. hat zugegeben, dass er an diesem Abend darauf ausgegangen sei, ein neues Opfer zu suchen.

»Durch die Menschenmenge, das Feuerwerk und die Musik ist in mir eine starke Erregung ausgelöst worden.«

Gleich am nächsten Tag folgt der Mordversuch auf die 25-jährige *Gertrud Schulte*, der gegenüber er sich als Postbeamter ausgab und sie auf dem Rückweg von einer Kirmes in eine ihr unbekannte Gegend an den Rhein führte. Als sie auf seine Zudringlichkeiten um Hilfe rief, sagte er höhnisch:

»Hier kannst du ruhig schreien, hier hört dich doch keiner, hier kannst du ruhig sterben!«

Die ärztliche Untersuchung ergab, dass sie über der Mitte des Halses eine klaffende Wunde und zum Teil sehr schwere Stichverletzungen am Hinterkopf, an der Brust und im Rücken erhalten hatte. Bei der Röntgenaufnahme wurde im zweiten Lendenwirbel eine abgebrochene Messerspitze gefunden. Die Schulte kam aber mit dem Leben davon und K. war ganz erstaunt, als er sie wiedersah. Er scheint dann Mitleid mit ihr empfunden zu haben und wollte ihr – ähnlich wie in einem anderen Falle – die Belohnung, die für einen weit zurückliegenden von ihm gar nicht begangenen Mord ausgesetzt war, zuwenden.

Am 30. September 1929 ermordete K. in der Höhe des Rheinuferkanals das Dienstmädchen *Ida Reuter*, mit der er verschiedene Tanzlokale besucht hatte. Er verwendete in diesem Falle als Mordinstrument zum ersten Male einen Hammer, um, wie er angab, durch den Wechsel des Werkzeugs den Verdacht auf einen zweiten Täter zu lenken, dessen Auftreten, wie er hoffte, in neue und größere Erregung versetzen sollte. Nach Feststellungen des Sachverständigen hat zwischen beiden ein furchtbarer Kampf stattgefunden, der Schädel des Mädchens zeigte acht schwere Verletzungen. Der Toten zog er noch einen Ring ab. Merkwürdigerweise hat ein hundert Schritt vom Tatort im Freien nächtigender Obdachloser vom Vorgang nichts bemerkt. K. wollte die Leiche in den Rhein werfen und sich selbst angeblich mit ertränken, wovon er durch eine hinzukommende Person abgehalten worden sei.

In der Nacht zum 12. Oktober 1929 erfolgte der Mord an der 26-jährigen Prostituierten *Elisabeth Dörrier* in ähnlicher Weise durch Würgen und Hammerschläge.

Als letzte vollendete Mordtat kommt die Tötung der 5-jährigen *Gerda Albermann* Ende November 1929 nach Vornahme unzüchtiger Handlung in Betracht. Er sprach das Kind auf der Straße an, führte es hinter eine Fabrikmauer und tötete es durch Würgen und Stiche mit der neu geschliffenen Schere. Die Leiche wies nicht weniger als 34 mit großer Wucht geführte Stiche auf.

Eine Reihe weiterer nicht zur Vollendung gekommener Überfälle betreffen die 36-jährige Frau *Frisch*, gesch. Wenders (im Hofgarten in der Nähe des Stadttheaters) sowie noch eine ganze Reihe weiblicher Personen. Von Interesse ist noch der Fall der 19-jährigen Hausangestellten *Marie Budlis*. Sie hatte sich mit einer Freundin besprochen, um bei ihr zu nächtigen, wurde aber von ihr im Stich gelassen. K. sprach sie an und bot ihr seine Wohnung an. Sie ging auch mit, drohte aber, als er zudringlich wurde, um Hilfe zu rufen. Er versprach ihr, sie in ein Mädchenheim zu führen, lockte sie aber in den Grafenberger Wald, wo er sie zu vergewaltigen und erstechen suchte. Auf ihr Flehen ließ er aber von ihr ab und so konnte es geschehen, dass die Budlis K.'s Wohnung der Polizei auskundschaften konnte.

Als K. 1921 aus dem Zuchthaus entlassen wurde, lernte er in Altenburg seine nunmehr von ihm geschiedene Frau, eine geborene Scharf, kennen, die ein wechselvolles Leben hinter sich hatte, und ein Schokoladengeschäft betrieb, schließlich aber mit K. in derselben Fabrik arbeitete. Sie hatte anfangs eine Abneigung gegen ihn, ließ sich aber schließlich bereden ihn zu heiraten. Im Anfang der Ehe ist er mitunter heftig gewesen und hat sie geschlagen, später aber haben die Eheleute gut zusammen gelebt. Er ging nach Möglichkeit der Arbeit nach, trank sogar kein Bier, kleidete sich gut, benutzte Brillantine und Puder und schminkte sich gelegentlich. Bei seiner Verhaftung trug er Damenstrümpfe eines seiner Opfer. Er unterhielt aber zahlreiche Mädchenbekanntschaften, die ihm seine Frau, deren gütige Natur er selber lobte, immer nachsah, sodass sie vorübergehend in den Verdacht kam, von seinen Taten gewusst zu haben. Die als Mordinstrument dienende Schere hatte er seiner Frau aus ihrem Scherenvorrat weggenommen. Als Frau Kürten von der Polizei ins Verhör genommen wurde, drang sie auf einem Spaziergang in den Hofgarten in ihn, was das zu bedeuten habe. Hierbei bekannte er ihr, was das zu bedeuten habe. Hierbei bekannte er ihr in einer offenbaren Gemütsanwandlung, dass er der gefürchtete Massenmörder sei und auch die verschiedenen Kinder ermordet habe. Er scheint diese Geständnisse alsbald bereit zu haben und drohte ihr, dass er sie kalt machen werde, wenn sie ihn verrate. Da er wusste, dass die Budlis ihm auf der Fährte war, ahnte er wohl, was ihm bevorstand und wollte wohl seine Frau nicht unwissend zurücklassen. Seine erneut von der Polizei ins Verhör genommene Frau enthüllte schließlich seine ihr gemachten Zugeständnisse und wirkte bei seiner Verhaftung insofern mit, als sich die Eheleute, da K. seine bisherige Wohnung verlassen hatte, am Portale der Rochuskirche verabredet hatten.

Vor der Polizei legte K. alsbald ein umfassendes Geständnis ab und wies dessen Richtigkeit durch die Bezeichnung verschiedener Tat- und Fundorte versteckter, von seinen Opfern herrührender Gegenstände nach. Eine Reihe überlebender Zeugen erkannten ihn wieder, seine Handschrift wurde in den echten Mörderbriefen identifiziert. Er erweiterte die Liste seiner Geständnisse sogar wider die Wahrheit, offenbar um sich den Schutz von § 51 d. Strafgesetzbuchs zu sichern. Vor dem Untersuchungsrichter änderte er zunächst seine Taktik und widerrief seine Geständnisse, bis er sich zu ihnen nach einigen Monaten erneut bequemte. In der Hauptverhandlung blieb er bei ihnen stehen und fügte Enthüllungen über jene schon erwähnten jugendlichen Tötungen von Spielkameraden hinzu, um offenbar abermals auf eine Unzurechenbarkeit hinzuweisen und sich durch seinen Wahrheitsfanatismus und seine Glaubwürdigkeit, die er in einer Ansprache an das Gericht besonders betonte, die Sympathien der Zuhörer sowie der Zeitungsleser zu gewinnen. In der Verhandlung zeigte er kaum Ermüdung und keinerlei Erregung. Auf alle Fragen antwortete er sachlich und genau, die auftretenden Zeugen beobachtete er gespannt. Auf eine Frage des Vorsitzenden gab er die Versicherung ab, dass er die Morde, besonders an den Kindern, jetzt wirklich verabscheue.

»Ich bin heute vollständig ernüchtert und spüre nichts mehr von den Zuständen, in denen ich mich damals befunden habe.«

Man erkennt, wie hierbei K. um seinen Kopf kämpfte. Bei der Polizei hatte er anders gedacht und dem Oberregierungsrat erklärt:

»Die Herren Sachverständige brauchen sich mit mir keine Mühe zu geben. Die freie Willensbestimmung ist bei mir so gut wie sonst bei keinem anderen vorhanden. Herr Rat, Sie werden hören, dass ich bei der Vollstreckung der Todesstrafe mit keiner Wimper gezuckt habe.«

Aus seiner Schlussansprache, die er vorher in der Zelle formuliert hatte, sind noch einige Sätze bemerkenswert. Er meinte, er stehe doch zu den Stuttgarter Ärzten, die ein halbes Tausend Menschenleben durch Abtreibung vernichtet hätten, in einem günstigen Vergleich. Mit den Geständnissen an seine Frau habe er dieser einen letzten Dienst erweisen wollen. Dass er vor dem Untersuchungsrichter vorübergehend widerrufen habe, hänge mit der Tatsache zusammen, dass bei jedem Verbrecher einmal der Zeitpunkt komme, wo er nicht weiterkomme. Dann machte er den Pressevertretern eine Verbeugung und lobte sie, wie sie so zurückhaltend berichtet hätten, und sagte dann wörtlich:

»Ich habe schon einmal angedeutet, dass durch die Sensationsberichte gewisser Revolverblätter ich zu dem geworden bin, der heute vor ihnen steht.«

Schließlich bat er in wohlberechtigter Absicht die Angehörigen seiner Opfer um Verzeihung und versicherte, diese hätten nicht viel zu leiden gehabt, da sie meist schon nach 30 Sekunden bewusstlos gewesen wären.

In der Begutachtung von K.'s Persönlichkeit hat die Beurteilung seiner »erstaunlichen Intelligenz« eine gewisse Übertreibung erfahren. Seine Bildung lag nur wenig über dem Durchschnitt eines Maurers und Fabrikarbeiters. Seine »phänomenale Gedächtniskraft« erklärt sich durch seine von den Sachverständigen bekundete »besonders lebhafte und bildhafte Phantasie«, die sich im Übrigen nach bekannter Erfahrung auf die Gebiete seiner Triebabweichung und Verbrechen zu beschränken scheint. Dabei besitzt er auch eine gesteigerte

Darstellungsfähigkeit für sein verbrecherisches Tun, weil er darin lusterfüllt lebt.

Dass eine starke verbrecherische Energie auch den Intellekt einseitig für das kriminelle Gebiet steigert, ist eine alte Erfahrung. Dabei ist er aber wiederholt in der Wahl der Tatorte recht unvorsichtig gewesen und musste mit Überraschung und Festnahme rechnen; der Zufall und seine verbrecherische Dreistigkeit haben es anders gefügt. Auch seine zahlreichen Vorstrafen wegen Diebstahls belegen, dass seine Intelligenz keine besondere war und ihn nicht in den Stand setzte, ein solides Leben zu führen.

Eine organische Gehirn- oder Geisteskrankheit ließ sich nicht feststellen, ebenso keine unerklärlichen Gemütsbewegungen, auch kein störendes Denken. Die erbliche Belastung erscheint zweifellos, nach einer vom Gutachter dem Gericht vorgelegten Ahnentafel befinden sich unter K.'s Vorfahren keine Geisteskranken, wohl aber notorische Trinker und Personen mit kriminellem Einschlag. Den in ihm veranlagten Sadismus hat K. durch seine Lebens- und Handlungsweise nach und nach zu dem gesteigert, was er schließlich geworden ist. Die von ihm vorgetragene sogenannte Sühneidee, dass er sich für erlittene Unbill an der Menschheit habe rächen wollen, stellt sich als keine Wahnidee, sondern als Ausfluss seiner Phantasie dar. Er handelte vorsätzlich ganz ähnlich wie Fritz Haarmann zumindest mit dem sogenannten unbestimmten Täterdolus. Er handelte auch mit Überlegung; Überfall und Rückzug wurden erwogen; seine an sich kalte Natur gab auch in der Erregung der Möglichkeit Raum, Gründe und Gegengründe seines Handelns abzuwägen. Sein sadistischer Trieb war keineswegs hemmungslos, Zwangshandlungen kommen nicht in Frage. Der sadistische Gefühlsverlauf ist nicht von Anfang an ein überheftiger, sondern klettert spiralartig empor. Der Sadist arbeitet vor allem mit entsprechenden Vorstellungen, in denen allein sich viele Sadisten erschöpfen und nur zu einer schwachen, ja spielerischen Betätigung des Vorgestellten (so manche Flagellanten[92]) oder zu gar keiner Realisierung gelangen. Zustände von krankhafter Bewusstlosigkeit kommen nicht in Frage, auch nicht die Annahme eines sogenannten psychiatrischen Grenzfalls.

K. wurde in neun Fällen des Mordes – im April 1931 von dem Schwurgericht zu Düsseldorf – je zum Tode, wegen des Mordversuchs, Not- und Unzuchtsverbrechen und unzüchtigen Handlungen zu einer Gesamtstrafe von 15 Jahren Zuchthaus verurteilt. Er verzichtete sofort nach Urteilsverkündung auf Rechtsmittel.

Es gibt nichts in K.'s Verirrungen, die sich in Sadismus, Masochismus und Fetischismus ergehen, was die Psychiatrie – so auch sein Trinken von Blut, seinen Blutrausch – nicht zu erklären vermöchte. Sein Größenwahn soll auf neue Sensationen gesonnen haben, sofern er öffentliche Gebäude in Brand stecken, Brücken- und Polizeikasernen in die Luft sprengen und zur Stillung seines Reizhungers Massenpaniken sehen wollte, um der größte Verbrecher aller Zeiten zu werden. Auch hier kennt die Psychiatrie schon Vorbilder. Es verbleibt, dass ein so gearteter Massenverbrecher zwar Defekte in seinem Gefühls- und Vorstellungslebens, aber keine organische Gehirnerkrankungen oder sonstige pathologische Zustände, auf denen sie beruhen, aufweist; auch das formale Denken zeigte sich nicht gestört. Diese Feststellung hat vielleicht psychiatrisch überrascht; aber die Psychologie war von solcher Möglichkeit schon länger überzeugt. Von einer Beeinflussung seines Trieblebens durch den Weltkrieg, während dessen er im Zuchthaus saß, hat K. nichts geäußert. Seine sadistischen Anfänge fallen ja in sein Knabenalter und auch der erste Mord (Christine Klein) liegt 1913 vor dem Kriege, aber doch schon in einer kriegsgeschwängerten Zeit, da die großen Verbrecher (Pariser Apachen[93], Degerlocher Massenmörder Wagner[94]) schon kriegsmäßig ausgerüstet waren und sich belagern ließen. Ich glaube kaum, dass ein so reizhungriges Empfindungsleben wie Kürtens von dem kriegerischen Blutrausch der Nationen unberührt geblieben ist.

Essays von Persönlichkeiten

Mein Umweg über die Dichter

Wer von der Warte des siebzigsten Lebensjahres auf die Vergangenheit zurückblickt, dem will sich in den oft verschlungenen Pfaden, die er gewandelt ist, eine Leitlinie offenbaren, deren Einheitlichkeit und Folgerichtigkeit die junge Wissenschaft der Individualpsychologie als eine das individuelle Streben kennzeichnende Lebenstendenz und Lebenslinie betont und aufsucht. Und weil von uns Juristen die leitenden Entwicklungslinien seltener bekannt werden und ihrer doch manche der heranwachsenden Generation vielleicht lehrreiches Interesse bieten, so sei es vergönnt, von meiner Lebens- und Leitlinie einiges zu plaudern.

Wiederholte und langwierige Krankheiten, die den Knaben Jahr und Tag an das Bett fesselten, mussten ihn ernst stimmen und seinen Blick nach innen lenken. So befasste er sich zeitiger und eindringlicher als meine Mitschüler mit der Lektüre der klassischen Dichter, zunächst mit Schiller, dann mit Lessing und Shakespeare, schließlich mit Goethe, fühlte und lebte sich in diese Welten ein und war mit den markanten Gestalten und Charakteren eng vertraut. Später breiteten ein reger Besuch des Schauspiels und eigene dichterische Versuche – darunter ein Band lyrischer Gedichte, den er unter Pseudonym als Primaner veröffentlichte – diese Gefühlswelt immer mehr in ihm aus. Als ich aber Literatur zu studieren wünschte und die akademische Laufbahn zu nehmen gedachte, riet mein praktischer Vater mir ab und stellte mir die juristische Beamtenlaufbahn als aussichtsreich vor.

So stand der Student vor der Kathedrale der Konstruktionsjurisprudenz und des formalistischen Denkens und konnte sich selbst von den großen Rechtslehrern Windscheid, Binding, Wach und Sohm in Leipzig, bei denen er hörte, nicht überzeugen lassen, dass er in dieser aufgetanen Welt sich wohlfühlen werde. Er flüchtete erneut in dichterische Versuche, ja wagte sogar nach fachlicher Ausbildung einen Ausflug in die Schauspielkunst, der er – als junger doctor utriusque juris – am Stadttheater zu Stralsund als Mortimer, Lionel, Brackenburg usw. huldigte und hier auch in seinem Lustspiel *Tasso in Darmstadt*[95] selber die Rolle des jungen Dr. Goethe kreierte.

Nach der Staatsprüfung brachte die Referendarzeit ob der nüchternen und oft formlosen Verhandlungen in den Gerichtssälen – meine ersten Amtsrichter fanden die Schriftsprache meiner Urteile zu blühend, nicht nüchtern genug – zunächst erneute Enttäuschungen, bis sich schließlich gegenüber dem bürgerlichen Recht wenigstens eine Neigung zum Kriminalfach entwickelte. Als Assessor trat der junge Jurist schon lebhafter mit der Entscheidung für den Beruf eines Staatsanwalts hervor. In dem Aufbau eines Strafverfahrens sah er etwas Dramatisches, das in der Person und dem Schicksal des Schuldigen sich zum Tragischen zu steigern vermochte, und auch die Rolle des öffentlichen Anklägers erinnerte an die Szene sowie an den Dichter, der das Schicksal seines Helden ethisch wertet. Aber auch noch der junge Staatsanwalt pendelte zwischen Poetik – er schrieb einige Dramen und Lustspiele – und Kriminaljustiz hin und her. Das Goethejahr 1899 brachte zahlreiche Aufführungen von *Tasso in Darmstadt* an den Stadttheatern in Hamburg, Danzig, Chemnitz, Giessen, Wetzlar usw. Da sollte ein Ereignis eine entscheidende Wendung bringen. Die Deutsche Landesgruppe der damals noch jungen Internationalen kriminalistischen Vereinigung hielt Anfang Juni 1903 in Dresden ihre neunte Landesversammlung ab. Der damalige Dresdner Amtsgerichtsrat, später Oberlandesgerichtsrat Dr. Weingart, selbst kriminalistischer Schriftsteller, legte mir nahe, in einer Reihe von Aufsätzen in der Dresdner Presse für die noch wenig bekannte Vereinigung und ihre Ziele bei Juristen und Laien zu werben. Ich entsinne mich noch lebhaft, wie ich lange schwankte, ob ich diese Arbeit, die ein umfassendes Studium der von der Vereinigung und ihren Führern veröffentlichten Literatur erforderte, übernehmen und meine freie Zeit den dichterischen Arbeiten entziehen sollte. Schließlich fasste ich den Entschluss und veröffentlichte im Mai und Juni 1903 in der Wissenschaftlichen Beilage vom Dresdner Anzeiger eine Reihe Aufsätze, deren einer insbesondere über die gesamten Bestrebungen der Kriminalistischen Vereinigung ausführlichen Bericht erstattete und in Abzügen an alle Versammlungsteilnehmer zur

Aushändigung gelangte. Diese Vorarbeiten für die Dresdner Landesversammlung erschlossen mir den Blick in eine innig gesuchte und auch geahnte Welt der Kriminalistik. Da wurde ja von der Wissenschaft, was ich in der Praxis so schmerzlich vermisst hatte, so sehr betont, dass es im Strafverfahren nicht nur darauf ankomme, die Handlung des Rechtsbrechers als Tatbestand unter das Gesetz zu subsumieren, sondern ebenso sehr darauf, den Täter in seiner ureigenen Persönlichkeit aus seiner Veranlagung, Erziehung und aus seinen Lebensschicksalen heraus zu erfassen, zu verstehen und entsprechend bei der Urteilsfindung und im Strafvollzug zu behandeln. Jetzt sah ich, dass im Strafverfahren sehr wohl gefordert werden konnte, Innenleben und Charakter, Verbrechensmotive und Umwelt des Täters klarzulegen, darzustellen und zu verwerten, und fand, dass die großen Dichter in ihren mir so bekannten tragischen Verbrechergestalten – Wallenstein, Karl und Franz Moor, Maria Stuart, Richard Gloster, Macbeth und die Lady, Jago u. a. – dem Staatsanwalt geradezu Schulbeispiele der kriminalpsychologischen Analyse boten. Während in der nüchternen forensischen Alltagspraxis das Herz gar nicht mitzusprechen schien, sollte es in dieser neuen Kriminalistik aus psychologischen, sozialen und allgemein menschlichen Gründen doch mit auch auf das Herz ankommen, sodass der damalige sächsische Justizminister Dr. (später: von) Otto in seiner Begrüßungsansprache an die Versammlung sagen konnte: »Ihre Bestrebungen sind die edelsten, die besten, die es geben kann ... Es ist in Wahrheit eine Herzenssache, für die Sie arbeiten!«

So wurde ich selbst für die Gedanken und Ziele der jungen kriminalistischen Bewegung, deren Führer von Liszt, Aschrott, von Mayr, Aschaffenburg, Heimberg, Felisch u. a. erschienen waren und mir persönlich bekannt wurden, gewonnen, trat in die Reihe der Befürworter der neuen Theorien ein und vertrat sie in Schrift und Wort mit begeisterter Überzeugung, die auch die Stimmen der damaligen Gegner – jetzt sind diese Gedanken alle Errungenschaften auch der praktischen Justiz – nicht abzuschwächen vermochten.

Meiner Leitlinie über die Dichter blieb ich treu, indem ich zunächst literarisch-forensische Charaktere analysierte, über *Ibsens Nora vor dem Strafrichter*[96] und *Kriminalpsychologie in Schillers Räubern*[97], über das Kriminelle in Gerhart Hauptmanns Dramen und Shakespeares große Verbrecher, schließlich über die seelischen Untergründe der Dichter selber – Schiller, Hebbel, Goethe, Nietzsche, Oskar Wilde, Wedekind u.a. – schrieb und, mit solchem psychologischen Rüstzeug versehen, an die Abfassung spezieller Arbeiten über die Psychologie des Verbrechers, über das kriminelle Kind und über Kriminalpsychologie heranging. Auch insofern verfolgte ich meine Lebenslinie weiter, als ich erkannte, dass die großen Dichter mit ihrer genialen Intuition in die Tiefen und Abgründe der menschlichen Seele so sicher hinabtauchten, dass deren enthüllte Geheimnisse von der Wissenschaft ihre Bestätigung findet. Ob ich nun als Staatsanwalt gegen den hinreichend Verdächtigen die öffentliche Anklage erhob, ob ich als Vorsitzender der Strafkammer oder des Schwurgerichts die Tat eines Schuldigen zu werten hatte oder schließlich als Leiter der Gnadenabteilung im sächsischen Justizministerium eine letzte Nachprüfung der Schuldfrage vollzog, immer ließ ich im Sinne der großen Dichter meinen psychologischen Blick in die Tiefe der veranlagten Charaktere hinabtauchen, immer ließ ich bei Festsetzung der Strafe oder der Gnadenentscheidung das Herz mit sprechen. So steht meine Lebens- und Leitlinie, mein Umweg, auf dem ich über die Dichter zum Kriminalisten kam, deutlich vor mir. Dass meine Veranlagung mir ermöglichte, sie einzuhalten, erfüllte mich immer mit innerem Glück und ganz besonders heute mit Dankbarkeit.

Der Läuterungsgedanke bei Karl May

Wie sehr der Krieg und die Revolution eine Wandlung in der Auffassung der Geister im Gefolge gehabt haben, kann man ermessen, wenn man von der Warte der Gegenwart aus einmal ehrlich zu der Frage einer Kritik der Karl-May-Hetze, wie sie etwa vor zehn Jahren auf ihrem Höhepunkt stand, Stellung nimmt. Es handelte sich tatsächlich nicht um eine schärfste Kritik seiner schriftstellerischen Arbeiten, nicht um berechtigte oder unberechtigte noch so heftige Angriffe auf sein Werk oder sein Leben, sondern um nichts anderes als eine Menschenhetze schlimmster Art, auf die Vernichtung von Karl Mays Menschentum gerichtet. Der Fanatismus Einzelner hatte sich in die Presse ergossen und nach bekannten psychologischen Gesetzen eine Massensuggestion ausgewirkt, wie wir sie im Kampf mit Deutschlands Feinden zur Genüge wiederholt kennengelernt haben. Diese Massensuggestion bemächtigte sich der Presse, vor allem der bürgerlichen Presse, während die sozialistische sich zurückhielt; sie bemächtigte sich der Gebildeten, deren nur wenige ihrem Einfluss sich entziehen konnten, sie bemächtigte sich schließlich auch der Kreise der Ungebildeten. Alle, fast alle hatten in der Frage Karl May ihr vernünftiges Urteil verloren. Man galt für unverständig oder wurde belächelt, wenn man der allgemeinen Verurteilung nicht zustimmte. Es gab kaum jemand, der imstande war, Mays Bücher vorurteilsfrei zu lesen.

Und heute, nach zehn Jahren fragen wir: Wie war alles das möglich? Wir fassen uns an die Stirn und begreifen nicht mehr, dass im gebildeten Deutschland eine solche Grausamkeit aufkommen und sich ausbreiten konnte, deren sadistische Grundlage viel weniger zweifelhaft bleibt, als man sie dem Erzähler von Faustschlägen, Fußtritten, Knebelungen usw. unterzuschieben versuchte. Die öffentliche Meinung, die von Zeit zu Zeit ihr Opfer haben will, glaubte in Karl May den Sündenbock gefunden zu haben, auf dem sie wieder einmal – es war vor dem Krieg! – ihren Übermut, ihre Anmaßung, ihren Dünkel, ihren Hass, ihre Verachtung in die Wüste zu treiben wünschte. Der Angriff ging zunächst von einzelnen Wenigen aus, aber die Presse, die bürgerliche Presse durfte sich niemals in solcher Weise, wie es geschehen ist, zu ihrem Sprachrohr machen. Die Frage Karl May bildet kein Ruhmesblatt der deutschen Presse. Das kann man heute ganz offen aussprechen, niemand wird es bestreiten, alle sind sich darüber einig. Und deshalb soll es auch gesagt sein. Niemals ist gegen einen deutschen Schriftsteller, niemals gegen einen Schriftsteller der Weltliteratur überhaupt so grausam verfahren worden wie gegen Karl May. Das Beispiel dieses Verfahrens ist einzigartig in der Kulturgeschichte, und die Deutschen haben es geleistet!

War das dieselbe Presse, die den Menschen Karl May zu Tode hetzte, die sonst lange vorher und zu derselben Zeit sich mit Recht dafür einsetzte, dass einem Menschen seine Jugendsünden nicht Zeit seines Lebens vorgehalten werden dürften, sondern nach einer Reihe von Jahren gelöscht, getilgt werden müssten?

Hat dieselbe Presse es nicht mit Recht für unter ihrer Würde gehalten, bei Besprechung des recht mittelmäßigen Lustspiels *Zweimal zwei ist fünf* des Dänen Gustav Wied[98] eine Bemerkung über sein Vorleben zu machen? Hat sie bei kritischen Besprechungen von Oskar Wildes Werken, deren wir doch auch manche sehr mittelmäßige kennen, sich nicht gleichermaßen verhalten? Waren diese beiden ausländischen Schriftsteller nicht unangetastet hoftheaterfähig? Und doch die Hetze auf den deutschen Schriftsteller und Menschen Karl May? Und doch? Einmal, im jüngeren Fall Georg Kaiser[99], schien es, als wollte die Presse ähnlich verfahren. Der Psychologe horchte auf und war auf das Ergebnis begierig. Der Bericht über die Münchner Gerichtsverhandlung wurde durch die ganze Presse gezogen und Herrn Kaiser mit kräftigen Glossen die Wahrheit gründlich gesagt.

Dabei hatte dieselbe Presse einige Jahre vorher sich nicht Genüge tun können, diesen Schriftsteller, der gar kein Dramatiker ist, als den Sendboten einer neuen Bühnenliteratur zu feiern. Es schien, als hätte die Presse diese Beurteilung bereut, sich ihrer geschämt. Es scheint überhaupt, dass die Männer von der Presse über einen Gestrauchelten der Feder ein besonderes Scherbengericht lieben.

Was aber bei der moralischen Würdigung der Bücher Karl Mays durch die deutsche Presse am meisten auffiel, war die mir völlig unbegreifliche Nichtberücksichtigung des Läuterungsgedankens bei Karl May, der sich so sehr durch fast alle seine Werke schlingt, dass er bei deren sittlichen Wägung ohne Weiteres in die Wagschale fallen musste, und dem deshalb einige kurze Betrachtungen gewidmet sein sollen.

Schon wenn man die zu Mays Erstlingswerken zählenden Novellen, die um 1876 in verschiedenen Zeitschriften erschienen und dann 1903 zu einem Buche *Erzgebirgische Dorfgeschichten*[100] zusammengefasst wurden (neu herausgegeben unter den Titeln *Aus dunklem Tann*[101] und *Der Waldschwarze*[102] 1921), ohne Voreingenommenheit betrachtet, fällt einem die strenge, sittliche Gerechtigkeit auf, mit der menschliche Schuld schließlich entdeckt und bestraft, die Unschuld aber gerechtfertigt wird. Es kann keine Rede davon sein, dass die kriminellen Vorgänge, die in allen diesen Erzählungen vorkommen, um ihrer selbst willen geschildert würden. Wenn sie sich gleichwohl etwas aufzudrängen scheinen, so möchte ich diese Dorfgeschichten in ihrer einfachen und anmutigen Darstellung mit dem Volksmärchen zum Vergleich stellen, das mit ähnlichen Mitteln immer wieder den Kampf zwischen dem Guten und Bösen, der auch Mays Hauptthema fast in allen seinen Büchern bildet, und den endgültigen Sieg des Guten über das Böse mit unerbittlicher Gerechtigkeit schildert. Auch darin ähneln sie dem Volksmärchen, dass sie in ihrer Einfachheit und Anmut eine reizende und rührende Naivität und Poesie der Darstellung bringen, die an einzelnen Stellen an die besten Dorfgeschichten der deutschen Literatur heranreicht. Die Naturschilderungen und die Darstellung der einfachen Menschen muten so ursprünglich an, dass man hier einen bisher wohl übersehenen Schlüssel zu Mays Darstellungsweise überhaupt, auch in seinen späteren Reisewerken finden kann: die Naivität in seiner Darstellungsweise, die eben auch das Unmögliche möglich werden lässt.

Wer dem Schriftsteller Karl May gerecht werden will, darf an diesen Dorfgeschichten, die er doch gleichwohl in einer Zeit wirtschaftlicher Bedrängnis schrieb, nicht vorübergehen. In einzelnen kräftigeren Charakterzeichnungen der Naturmenschen erinnern sie an den späteren Gerhart Hauptmann, der ja ebenfalls einfache Menschen auf der ländlichen Scholle schildert. Wäre May als Schriftsteller diesen Weg weiter gewandelt, hätte er die kriminellen Begebenheiten etwas mehr in den Hintergrund gerückt und die stärkere Entwicklung der Charaktere gepflegt, so wäre er zweifellos ein Rosegger geworden. In der anmutigen Erzählung *Die Rose von Ernstthal*[103] wird sogar ein recht beachtlicher Anlauf zur historischen Novelle unternommen. Alles in allem betone ich nochmals grundlegend die einfache, strenge und durchaus ungesuchte sittliche Gerechtigkeit in diesen Erzählungen.

Der reine Läuterungsgedanke findet sich in Karl Mays Reiseerzählungen so durchgehend offenbart, dass man, ohne die ganze Reihe seiner Bücher zu besprechen, nach Belieben einzelne zum Beweis herausgreifen darf.

Zunächst ist Karl Mays ganzes Schrifttum überhaupt eine Hülle für seine eigene innere Läuterung; dessen wird man deutlich gewahr, wenn man es nicht in Einzelheiten zerpflückt, sondern in seiner Gesamtheit würdigt. Von diesem Standpunkt aus werden sofort die stärksten Missverständnisse, die ihm nachteilig geworden sind, aufgeklärt. Wird es nicht verständlich, dass er, der in der europäischen Kultur – »im kalten selbstsüchtigen Abendland« – als junger Mensch Schiffbruch litt, sein geistiges Leben zu den Naturvölkern Amerikas und des Orients flüchtet? Dass er hier ein besonderes, eigenartiges Dasein lebt: Ist diese Hülle der inneren Läuterung nicht so deutlich und psychologisch folgerichtig, dass sie nie hätte verkannt werden dürfen? Und dann Einzelheiten. Er lässt sich in diesen Reiseerzählungen so oft nachrühmen und rühmt sich ebenso oft selbst nach, dass er immer, auch dem Gegner gegenüber, die reine Wahrheit spricht und die Lüge meidet. »Kara Ben Nemsi spricht nie die Unwahrheit.«

Die Lüge wird als der Untergrund aller menschlichen Untreue und Verwerflichkeit gekennzeichnet. Und gerade weil dies in so naiver Häufigkeit und Betonung geschieht: Wer hörte nicht des Schriftstellers eignen Läuterungsschrei nach Wahrheit, nach unbedingter Wahrhaftigkeit heraus? Hier lebt er seine starke Sehnsucht nach Wahrheit aus, die er in den engen und unglücklichen Verhältnissen seiner Jugend unterdrückt, ja erstickt sah. Deshalb nun diese Freude an der Wahrheit, dieser Triumph der Wahrheit! Man lese mit dem von uns in den *Erzgebirgischen Dorfgeschichten* gefundenen Schlüssel der Naivität seines Schrifttums die wunderlichen Reiseberichte, und alles scheinbar Dunkle wird klar. Jetzt versteht man, weshalb dieser Mann, der in seiner traurigen Jugend so gar nichts gelten durfte, auf dem Boden der Begebenheiten seiner Erzählungen starke, wertvolle, edle Handlungen vollführt und als ein Führer gefeiert wird. Dabei betrachte man wieder die Naivität in der übertriebenen Darstellung, die so auffällig ist, dass sie auch dem Schriftsteller selbst nicht entgehen konnte und deshalb unbedingt nur vom Standpunkt des naiven Schrifttums aus richtig verstanden und gewürdigt wird. An diesen Heldentaten, auf dem Boden der

Begebenheiten seiner Erzählungen geleistet, reckte sich der innere Mensch Karl May, sich immer läuternd, empor.

Deshalb, man muss es begreifen, wurde er in seinen Schilderungen zu einem Münchhausen. Um sich zu läutern, ließ er im gefälligen Gewand so gern das Unmögliche möglich werden. Als Aufschneidereien werden solche schriftstellerischen Übertreibungen nicht richtig charakterisiert, obwohl im gefälligen Sinn ein Anflug davon haften bleiben mag. May kann als vernünftiger Mensch unmöglich überzeugt gewesen sein, dass man ihm in Wirklichkeit alle diese nahezu herkulischen Heldentaten zutraute. Er rechnete mit der eignen Phantasie seiner Leser, ohne dass er ihnen die sittliche Symbolik, die vorläufig sein eignes Geheimnis bleiben sollte, verriet. Und bei alledem konnte sich seine glänzende Phantasie schriftstellerisch ausleben. Schon vor Karl May gab es Reiseberichte, in denen das Unmögliche als möglich dargestellt wurde, ohne dass der geneigte Leser von der Wirklichkeit unbedingt überzeugt sein sollte. Wenn Shakespeare beispielsweise seinen Othello, der durch die Schilderung seiner Abenteuer Desdemonas Liebe gewinnen wollte, von Menschen berichten lässt, deren Kopf unter den Schultern angewachsen sein sollte, so wollte wohl der Dichter seinen Hörer schwerlich an solche Wirklichkeit zu glauben zwingen. Und es ist nur ein bekanntes schriftstellerisches Kunstmittel zur Erhöhung der Wirkung, wenn May gelegentlich seinen Berichten einfließen lässt, er schriftstellere eigentlich nicht, sondern schildere nur wirkliche Begebenheiten. Und die Faustschläge, die Fußtritte, die Knebelungen, die man May so übel genommen hat? Sieht man nicht, dass sie ebenfalls nur Kunstmittel des Schriftstellers waren, der sich in den Kämpfen und Abenteuern, die er schilderte, gegenüber dem Feinde doch wehren musste, aber das Empfinden seiner Leser nicht dadurch stören durfte, dass er Blut vergoss und tötete?

Weshalb hat noch kein Psychologe diese Aufklärung gegeben? Karl May sagt es ja selbst immer wieder recht deutlich: Ich wollte nicht töten!

Der allgemeine Läuterungsgedanke wird dann in Einzelerscheinungen umgesetzt. Da erklärt im *Teufelsbauer (Aus dunklem Tann)* Heinemann:

»Aber ich bin noch viel schlimmer gewesen als du denkst. Dass mir der Hof verbrannt ist, das ist noch gelinde Strafe, die größte sitzt hier innen; da nagt der Wurm, der nie stirbt;

und da frisst das Feuer, das nimmer verlischt. Friedemann, gibt's keine Hilfe gegen diesen Brand? Du hast mir die Frau mit aus der Flamme gerettet; du könntest auch hier der Helfer sein, wenn du nur wolltest! ... Verzeih mir all die Missetat, die mir die Seele zermalmt wie ein Gebirge, das auf ihr liegt. Ich weiß, es ist schier unmöglich, was ich verlange, aber du bist bei all meiner Schlechtigkeit mir nimmer feindselig gewesen und du hast vielleicht auch jetzt Erbarmen!«[104]

Und die Verzeihung Friedemanns erfolgt.

Da lässt sich Kara Ben Nemsi (Karl May) von dem ihm feindselig gesinnten Sklavenhändler Murad Nassyr *(Im Lande des Mahdi)*, der in seine Hände gefallen ist, geloben, mit dem Sklavenhandel zu brechen und sich von dessen Haupt Ibn Asl loszusagen.

»Nichts leichter als das! Ich habe eingesehen, dass dieser Mann mein böser Dämon gewesen ist, dass er mein böser Geist bleiben will. Warum verlangt er meine Schwester? Warum nimmt er sie nicht, da ich sie ihm bringe? Warum lockt er mich mit ihr weiter und immer weiter in die Wildnis hinein?«[105]

Kara Ben Nemsi erwirkt dem Sklavenhändler, der ihm nach dem Leben getrachtet hat, beim Emir Freiheit und Leben; Murad Nassyr schwört, vom Sklavenhandel abzulassen, und hält seinen Eid. Eine andere Läuterung läuft nebenher. Kara Ben Nemsi legt dem Wirt von Choy, der sich durch den Trunk um Glück und Vermögen gebracht hat, eindringlich ans Herz, vom Branntwein zu lassen.

»Ich werde es tun, ich werde nicht mehr trinken, hier hast du meine Hand darauf. Ich werde deinem Gebot und dem Gebot Mohammeds Folge leisten, und Allah wird mir die Kraft geben, wieder ein guter Mensch zu werden und mein Weib und meine Kinder glücklich zu machen.« Und am Schluss des Buches berichtet der selber geläuterte Ssali Ben Aqil, dass der Wirt von Choy sein Versprechen gehalten und den Branntwein gemieden hat.

»Der Geist des Raki hat niemals wieder Einzug in seine Seele gehalten. Da sind der Schmutz und die Armut von ihm gewichen; er hat die Liebe seines Weibes und seiner Kinder wiedergewonnen und ist abermals der geachtete Mann geworden, der er früher war.«[106]

Noch wunderbarer ist die Läuterung dieses Ssali Ben Aqil selbst. Sein Vater Aqil, der Räuber und Mörder, der bisher gefühl- und gewissenlose Mensch, und er selbst werden von Kara Ben Nemsi und Halef Omar aus den Krallen der Bären befreit. Ben Ssali erklärt:

»Du hast gesiegt, wie so oft über deine Feinde; aber diesen Sieg hast du nicht für dich errungen, sondern für einen, der weit höher steht als du. Gott ist die Liebe; du hast es gesagt und ich glaubte es nicht; nun aber wäre ich blind, wenn ich nicht sähe, dass du die Wahrheit besitzest, während ich im Irrtum wandelte. Du hast uns, deine Feinde, aus den Krallen des Todes befreit; wir sind dein Eigentum und legen unser Schicksal in deine Hände.«[107]

Und Ssali, ein Lehrer und Prediger des Islam, hilft selbst mit, aus hartem dauerhaften Holz ein riesiges Kreuz zu zimmern und hoch auf der Vordermauer der Musallah, der finsteren Halle des Aberglaubens, aufzurichten. Dann knien die befreiten Kurden nieder und Kara Ben Nemsi betet das Vaterunser. Ssali verteidigt die Lehre Christi selbst auf die Gefahr hin, der Sklaverei und dem Tod überantwortet zu werden. Ben Nemsi geht später mit ihm von Alexandrien nach Jerusalem, um ihm die Heiligtümer des Christentums zu zeigen. Ssali hält sein Wort und wird, unter langwierigen Kämpfen gegen seine Verwandten und gegen seinen ganzen Stamm, ein Prediger der Liebe.

Je überraschender, ja je unwahrscheinlicher uns auf den ersten Blick solche Erfolge anmuten wollen, desto deutlicher steht der naive Schriftsteller Karl May vor uns, der in der Verherrlichung des Läuterungsgedankens schwelgt und deshalb das schier Unmögliche möglich werden lässt. Und er selber läutert sich, indem er sich in seinem Schrifttum übt, seinen eignen Feinden, deren er manche hatte, zu verzeihen. Also auch insoweit Symbolik.

Und abermals der Läuterungsgedanke im großen Stil in den Büchern *Ardistan und Dschinnistan*[108]. Die Inschrift auf dem Grabstein der Witwe des Dschinnistani, den ihr Sohn auf der Insel der Heiden ihr setzen ließ:

»Das Erdenleben ist ein Läuterungsfeuer, aus dem dich nur der Glaube befreien und zum wahren Menschen erheben kann!«[109]

Dann die Geisterschmiede zu Märdistan, im Walde von Kulub, »in der ein jeder, der nach Sitara will, vom Schmerz und seinem riesigen, erbarmungslosen Gesellen geglüht, gehämmert, gefeilt und gestählt werden muss, um aus einem Gewaltmenschen in einen Edelmenschen verwandelt zu werden.«[110]

Das weitere Bekenntnis: »Es gibt Menschen, die nicht leben, sondern gelebt werden, weil sie erst lernen müssen, was
leben heißt. Einst hatte auch ich zu ihnen gehört. Ich war gelebt worden und hatte dies mit schwerem bitteren, viele Jahre langem Weh bezahlen müssen. Dann hatte ich mich von
denen, die mich lebten, freigemacht. Eine böse, mühe- und
enttäuschungsvolle Lehr- und Gesellenzeit war gefolgt. Und
heute nun sah ich mich endlich, endlich vor die Notwendigkeit des Beweises gestellt, nicht mehr Knecht, sondern Herr
meiner selbst zu sein.«[111]

Wir erleben die Wandlung des vor innerer Sehnsucht ver-
schmachtenden, von Gott zur Nächstenliebe geschaffenen,
vom Schicksal aber zur Gewalttätigkeit verurteilten Herrschers
von Ardistan. Die schier unfassliche und doch so entzückend
naive und rührende Weihnachtsfeier in der Hauptstadt des
Mir von Ardistan mit Tannenbäumen, Kerzen und goldenem
Sternenschmuck! Uns begegnen Abd el Fadl, der Fürst von
Halihm, und seine Tochter Merhameh als menschgewordene
Güte und Barmherzigkeit mit ihrem Einfluss. Der kriegerische
Mir von Ardistan, der den Friedensfürsten von Dschinnistan
von je mit unaufhörlichem Krieg überziehen wollte, gelobt vor
dem gerechtesten und berühmtesten aller Maha-Lama in den
unterirdischen Räumen der »Toten Stadt«, in Zukunft immer-
dar für den Frieden seiner Länder und Völker zu wirken.

»Dass der Gewaltmensch sich zum Edelmenschen empor
zu bilden habe, ist eines meiner Ideale. Dazu gehört vor allen
Dingen, dass das Niedrige in uns, das Tierische, überwunden
wird.«[112]

Es tobt die Schlacht am Dschebel Allah, da von unsicht-
baren Mächten die Kanonen in die Schluchten und Abgründe
gestürzt werden und aus dem Berg ein neugeborener Strom
in die verödete Steppe hinabrauscht und sie segnet. Das Pa-
radies hat sie geöffnet und lässt seiner Erzengel Frage: »Ist
Friede auf Erden?«[113] über die ganze Erde und über die ganze
Menschheit erklingen. Alles Wandlungen! Wandlungen und
Läuterungen! In uns und mit uns, in unserem Schriftsteller!

Wer sieht sie nicht? Warum hat man sie nicht gesehen? Und
endlich die letzte große Wandlung der ganzen Menschheit.
»Friede auf Erden« wird sein, wenn die Völker ihre Eigenarten
untereinander verstehen und achten. Wer von seiner Anschauung und von seiner Kulturform behauptet, dass sie die allein
seligmachende und er also ein Auserwählter Gottes sei, der ist

ein Selbstling im höchsten Maß, und Religion und Politik sind für ihn nur die Mittel, seine Selbstzwecke zu erreichen.

Das sind nur ausgewählte Beispiele. Man kann in allen Schriften Mays solche Wandlungen und Läuterungen in Fülle unschwer erkennen. Er ist ein Bannerträger und Verherrlicher des Läuterungsgedankens, der den Kern und das Ideal seines Schrifttums bildet, um den alle seine Phantasien, Begebenheiten und Lehren zirkeln, ähnlich etwa wie Richard Wagner in seinen Dramen den Erlösungsgedanken abwandelt. Und Karl Mays starke Wandlung ins Religiöse, das man ihm auch übel genommen hat? Wollte man wirklich nicht begreifen, dass gerade dieser Mann allen Anlass hatte, seinen Schöpfer zu preisen, der ihn so sichtbar aufwärts geführt hatte? O ihr Psychologen! Wenn ich selber in meinen wissenschaftlichen Arbeiten Karl May erwähnte, geschah es immer, ihn der Mitwelt als psychologisches Schulbeispiel verständlich zu machen, das neben Friedrich Schiller am auffälligsten ist. Er ist das Beispiel einer starken Kraft, die sich, nach verschiedenen Seiten schlagend, durch ihre besonderen Eigenarten entwickelt und läutert. Was ihm am gefährlichsten werden konnte, seine reiche Phantasie, sein Unternehmungsgeist, wurde auch zum Träger seiner Vorzüge und Erfolge.

Verdiente ein Mann, der den Gedanken der inneren Läuterung in allen möglichen Abarten so auffällig, so inbrünstig feierte, dass man so gänzlich diese Symbolik seines Schrifttums übersah und sein Menschentum zu vernichten unternahm? Nein, niemals! Deshalb war das Scherbengericht, das vor zehn Jahren über Karl May gehalten wurde, verständnislos, ungerecht, unsittlich.

Quod erat demonstrandum!

Gerhart Hauptmanns Rose Bernd vom Standpunkte des Kriminalisten

In seinem neuesten Schauspiele Rose Bernd hat sich Gerhart Hauptmann, soweit insbesondere das Schicksal und die Charakterentwicklung der Titelheldin in Betracht kommen, auf das kriminalistische Gebiet begeben. Es sei daher gestattet, dass neben dem Kunstkritiker auch der Kriminalist das Drama einer Beurteilung unterzieht, welches gegenwärtig den Weg über fast alle Bühnen Deutschlands und Österreichs macht.

Der bei anderen Voraussetzungen sicher vielfach berechtigte Vorwurf, dass ein literarisches Kunstwerk nicht einseitig vom kriminalistischen Standpunkte aus betrachtet werden dürfe, entbehrt im vorliegenden Falle der Begründung. Die Heldin Rose Bernd steht fast ausschließlich im Vordergrunde der Handlung des Schauspiels, an welcher sich nach Hauptmanns Absichten vor allem ihr innerster Charakter entwickeln soll. Diese vom Dichter so betonte Psychologie der Hauptperson entfaltet sich nun, wie zu zeigen sein wird, ganz wesentlich an kriminellen Handlungen, sodass der ästhetische Wert der Dichtung mit der kriminalistischen Bedeutung des Stoffes eng zusammenhängt. Weil es sich auch um eine Kriminalpsychologie handelt, darf der Kriminalist als Sachverständiger das Wort nehmen. Die moderne kriminalistische Schule, welche dem Formalismus den Fehdehandschuh hingeworfen hat, setzt ihren Stolz darin, im Verbrecher nicht mehr nur ein gegebenes Objekt der strafprozessualen Untersuchung und Urteilsfindung, sondern vor allem auch das starke oder schwache, das jauchzende oder leidende Menschenkind mit seiner unendlichen Psychologie zu erblicken.

Als ich zuerst aus den Kritiken der Tagespresse die Handlung des neuen Stückes annähernd kennenlernte, hegte ich die Hoffnung, hier habe ein großer Dichter ein kriminell veranlagtes Weib mit einer unendlich reichen, lückenlosen und feinen Psyche erfüllt und der Kriminalist könne an dieser dichterischen Gestalt lernen, was er in seinem Berufe im verbrecherischen Menschen zu suchen und zu finden habe. Leider hat Rose Bernds Kriminalpsychologie, wie gleich hier gesagt werden soll, diese Erwartungen nicht erfüllt und lässt nach den verschiedensten Richtungen den ausgleichenden und lückenlosen Zusammenhang vermissen.

Gleich im Eingange des Stückes durchschauen wir, dass Rose Bernd mit dem Erbscholriseibesitzer[114] Christoph Flamm ein ehebrecherisches Verhältnis unterhält. Es hat sich auf dem Boden einer innigen gegenseitigen Neigung des Paares entwickelt und ist, weil diese Liebe die ganze Handlung des Stückes zu tragen hat, vom Dichter mit Wärme und Poesie ausgeschmückt worden. Auch die äußeren Umstände entschuldigen das Verhältnis, Flamm ist mit einer seelenguten, aber recht willensschwachen und im Übrigen einige Jahre älteren Frau verheiratet, die auch noch krank ist und im Rollstuhle gefahren wird. Ihr gemeinschaftliches einziges Söhnchen Kurt ist frühzeitig gestorben und die Aussicht auf weitere Kinder ausgeschlossen. Andererseits soll Rose nach des frommen Vaters Wunsch einen gleich gottesfürchtigen und guten, aber brustkranken Buchbinder heiraten. Dabei ist sie ein schönes und starkes Bauernmädchen von zweiundzwanzig Jahren, voller Lebenslust und Sinnlichkeit. Von Kindheit an ist sie in Flamms Hause aus- und eingegangen, sie hilft ihm in seiner Landwirtschaft und hat mit großer Liebe an dem verstorbenen Knaben gehangen. In ihr und Flamm lebt ein dunkles Gefühl, als müsste sie dem nunmehr kinderlosen Geliebten für diesen Verlust aus ihrem Schoße Ersatz gewähren. Dies die völlig befriedigende Psychologie des ersten Ehebruchs.

Es verbleibt nämlich nicht bei ihm. Der Maschinist Arthur Streckmann, auch ein verheirateter Mann mit Kindern, hat an dem frischen Bauernmädchen Gefallen gefunden und benutzt seine zufällig erlangte Kenntnis von der sträflichen Liebe der beiden dazu, Rose seinen Lüsten dienstbar zu machen. Er droht, ihr Verhältnis an ihren strengen Vater und ihren ahnungslosen Bräutigam zu verraten. Sie will aber den Weg zu August Keil unbedingt nur um deswillen frei haben, weil sie diesen als Vater des zu erwartenden Kindes vor der Welt ausgeben will. Sie rechnet insoweit auf Augusts Gutmütigkeit. Streckmanns Schweigen will sich Rose durch Geld und fußfälliges Flehen erbetteln und läuft dem verheirateten, als Wüstling bekannten Manne in das Haus. Diese Gelegenheit lässt er sich natürlich nicht entgehen. Später wirft sie ihm im Affekte vor, er habe sie damals vergewaltigt, und droht mit Strafanzeige, während er höhnend behauptet, sie habe sich ihm, dem schönen Manne, an den Kopf geworfen. Weitere Tatsachen erfahren wir nicht. Die ganze auffällig verwandelte Stimmung, in welcher ihm Rose jene Anklage entgegenschleudert, und ihr sonstiges, namentlich späteres Verhalten nötigen zu dem Schlusse, dass Streckmann lediglich durch seine psychische Drohung zum Ziele gekommen ist. Rose ist nach allem, was wir von ihr erfahren, durchaus kein Mädchen, das sich vergewaltigen ließe. Eher hätte sie sich an Streckmann im Zorne vergriffen. Da sie die Beziehungen mit ihm auch noch eine Zeit lang weiter unterhält und er auch an der Hinausschiebung ihrer Heirat seinen Anteil hat, könnte sogar an eine Fortsetzung des Umganges gedacht werden. Diese Undeutlichkeiten erschweren das Eindringen in die Psychologie dieses zweiten Ehebruchs. Wieder ist es ein Ehemann, mit dem Rose sich einlässt. Einen ledigen Burschen außer dem Brustkranken sehen wir im Stücke sich nicht um sie bemühen. Dabei ist ihr Streckmann nicht einmal sympathisch, weil sie seinen Charakter kennt. Von ihrem Schritt abhalten musste sie aber vor allem die Erwägung, dass sie ja ihrer Sache gar nicht diente und dieselbe nur schlechter machte, dass sie Verrat nicht nur erneut an ihrem künftigen Manne, sondern vor allem an ihrer wahren Liebe zu Flamm beging. Ihre Hingabe an Streckmann erforderte die stärksten Motive, erforderte vor allem ein ethisches Motiv. Ob ein solches bei Roses Veranlagung überhaupt denkbar ist, steht dahin; jedenfalls hat es der Dichter nicht gefunden und verwertet. Die Gefahr, dass Roses unerbittlicher Vater und August sie auf ihr Geständnis hin von sich stoßen würden, hält ihrer Tat nicht die Waage. Von Keil musste sie wissen, dass er sie nicht verlassen würde, und ihre Beziehungen zu dem etwas formellen Vater waren nicht so besonders innige. Ihren Schritt mit ihrem heißen Blute zu entschuldigen, hält natürlich ethisch ganz und gar nicht Stich. Ihre spätere eigene Verteidigung, die Männer hätten sich wie Kletten an sie gehangen, so dass sie nicht habe über die Straße gehen können, ist wie die damit verbundenen übrigen Anklagen gegen ihre Umgebung eine Übertreibung. Im Stücke sehen wir davon nichts. So bleibt hier psychologisch etwas Ungelöstes. Es scheint, als ob uns der Dichter mit der Antwort auf die unergründlichen Abgründe im Gemüt und auf das pathologische Gebiet verweisen will.

Nach des Dichters Absicht wird seine Heldin auf der kriminellen Bahn stark abwärts weitergeführt. Als der angetrunkene Streckmann in der Wut über Roses schließliche Abkehr von ihm vor Vater und Bräutigam das Mädchen bloßstellt, geraten Keil und Streckmann aneinander und dem Brustkranken wird ein Auge ausgeschlagen. Wieder eine strafbare Handlung, allerdings nicht von Rose begangen, aber für sie der Anlass zu einem weiteren eigenen Verbrechen. Streckmanns Tat kommt zur Kenntnis der Behörde, und der alte Bernd stellt gegen ihn auch wegen Beleidigung Strafantrag. Der Untersuchungsrichter wird mit der Sache befasst. Die Handlung spielt, wie mehrere ausdrückliche Andeutungen ergeben, unter der Herrschaft der *gegenwärtigen deutschen* Gesetze. Aus dieser Voruntersuchung wird uns nun erstens die *prozessuale Unmöglichkeit* berichtet, dass der *Angeschuldigte Streckmann, gegen* welchen die Untersuchung geführt wird, *beschworen* hat, er und Flamm haben mit Rose zu tun gehabt. Diese Mitteilung macht Flamm, ein akademisch gebildeter Mann, welcher Standesbeamter ist und das Verfahren bei Behörden kennt. In seinem Munde soll also diese Mitteilung ganz sicher kein Irrtum sein. So bleibt nur übrig, dass der Dichter selbst sich geirrt hat. Dieses Versehen wäre an sich mit zwei kleinen Strichen zu beseitigen. Ein Beschuldigter, Angeschuldigter oder Angeklagter kommt nach unserer Strafprozessordnung *niemals* zum Eide. Aber auch Flamm hat vor dem Untersuchungsrichter als Zeuge *schwören* müssen und offenbart, wie er mit Rose steht. Und schließlich hat auch diese *zeugeneidlich* über ihr Verhältnis zu den beiden Männern Auskunft geben müssen und die Wahrheit geleugnet. Diese eidlichen Zeugenvernehmungen in der Voruntersuchung waren bei den vorliegenden Umständen *ebenfalls prozessual unmöglich*.

Die Ausnahmefälle, welche unsere Strafprozessordnung für solche eidliche Zeugenverhöre vor der Hauptverhandlung zulässt, liegen durchaus nicht vor. Insbesondere konnte Streckmann die schwere Körperverletzung angesichts der vielen Augenzeugen und der Verletzung selbst nicht leugnen. Darüber, ob er etwa in Notwehr gehandelt habe, war weder Flamms und noch weniger Roses eidliche Vernehmung in der Voruntersuchung erforderlich.

Hierüber sind sie auch nicht gehört worden. Den Anlass zu der Schlägerei in der Voruntersuchung zeugeneidlich festzustellen, lag aber gar kein prozessualer Grund vor. Und endlich genügten auch, soweit die Beleidigung in Betracht kommt, im vorliegenden Falle unter allen Umständen nichteidliche Zeugenvernehmungen. Dem Zeugenmeineid Roses fehlt also schon insoweit die reale Unterlage.

Aber selbst wenn sie in der Voruntersuchung oder vielmehr in der Hauptverhandlung hätte vereidet werden können, so wäre sie nach der Lage der Sache nicht zur Leistung eines Meineides gekommen. Flamms unumwundenes zeugeneidliches Zugeständnis war voll glaubhaft, weil er, an und für sich glaubwürdig, sich durch seine Aussage als Ehemann schwer belastete. Des Angeklagten Streckmanns Behauptung, Rose habe sich auch ihm hingegeben, wurde durch den Nachweis von Roses Verhältnis mit Flamm wahrscheinlich. Auf Vorhalt dieser Ergebnisse und bei persönlicher Gegenüberstellung hätte es Rose nie fertiggebracht und gewagt, die Wahrheit abzuschwören, kein Richter hätte ihr vor weiteren, den wahren Sachverhalt enthüllenden Ermittlungen den Zeugeneid abgenommen. Dass sie vor Vernehmung Flamms hätte vereidet werden können, war ausgeschlossen. Es entfällt also jede reale Möglichkeit, dass Rose unter den sonstigen Voraussetzungen des Dramas meineidig werden konnte. Selbst wenn Flamm, was aber wieder seinem offenen Charakter nicht entspräche, von seinem Zeugnisverweigerungsrechte Gebrauch machte, würde Rose schon unter dem Vorhalte des so gegen sie geschaffenen Verdachtes in der *Hauptverhandlung* nicht zur falschen Eidesleistung gelangen, weil ihr ja für sie, wie sich ergeben wird, überhaupt starke Motive fehlen.

Man sage nicht, dass an ein Drama nicht dieser Maßstab gelegt werden dürfe. Hauptmann baut absichtlich seine ganze Wirkung auf die *reale Anschauung* der Handlungen, Verhältnisse und Personen auf. Er beschreibt seitenlang vor jedem Akte die auftretenden Personen und ihre Umgebung. Er lässt seine Personen, um den Eindruck ihrer Wirklichkeit zu erreichen, im Dialekt sprechen. Bei ihm muss man die konkrete reale Möglichkeit der Begebenheiten fordern, umso mehr, als es sich nicht um beiläufige Bemerkungen, sondern um die wichtigsten tatsächlichen Anhaltspunkte für sein dramatisches Seelengemälde handelt. Aber weiter zur Psychologie dieses Meineides im Übrigen. Rose schwört falsch, weil sie sich nach ihrer wiederholten nachdrücklichen Beteuerung so sehr geschämt habe. Mit anderen Worten: Die volle Erkenntnis ihrer Fehltritte, namentlich in Bezug auf Streckmann, war ihr endlich gekommen, sie brachte es nur nicht fertig, sie beim Richter und damit zugleich für die Öffentlichkeit zu bekennen. Diese Motivierung ihres Meineides klingt nach den etwas sophistischen Gründen, mit welchen Rose vorher endlich Streckmann energisch abfertigt. Nachdem sie unter Aufbietung aller Kräfte äußerlich und in gewissem Sinne auch innerlich sich von Flamm gelöst hat, meint sie, dass der Schuft Streckmann kein Anrecht mehr an sie habe und dass die Vergangenheit ausgelöscht sei. Aber aus diesen Gründen die Vergangenheit auch vor dem Richter abzuschwören, konnte sich die Zweiundzwanzigjährige, wenn wir sie für zurechnungsfähig halten wollen, nicht für berechtigt halten. Dafür musste sich ihr die Gegenvorstellung, dass ihre Unwahrheit *ja sofort* an den Tag kommen werde, auf das Nachdrücklichste aufdrängen. Auch aus ihrem Verhalten bei ihrem eigenen freiwilligen und sofortigen Zugeständnisse ihres Meineides vor den Eheleuten Flamm ist psychologisch nichts zu gewinnen, so dass wir anscheinend erneut auf das Gebiet des Unerforschlichen der Menschenseele und des Pathologischen verwiesen werden.

Weil nach des Dichters Absichten Roses Meineid für ihr letztes Verbrechen, die Kindestötung, das Bindeglied in der kriminellen Entwicklung darstellen soll, so fällt mit der realen Möglichkeit der falschen Eidesleistung zugleich ein starkes Motiv für die letzte Tat weg. Erst die Erregung über den falschen Eid führt die anscheinend verfrühte Entbindung und den Zusammenbruch ihrer Gemütsstimmung herbei. Wenige Stunden nach der Rückkehr vom Gericht gibt sie dem Kinde das Leben. Ohne den Meineid würde Rose nach den sonstigen Voraussetzungen mit August, der ihr hilfreich die Hand bietet, und mit ihrem Kinde vielleicht weiter leben können. Jedenfalls bedurfte es für ihren letzten Schritt noch eines starken Motives.

Die vorstehenden Ausführungen nehmen selbstverständlich dem Dichter der *Versunkenen Glocke*[115] kein Blatt aus seinem Ruhmeskranze. Allein die bedingungslose Forderung der Wahrheit, die ja Hauptmann in seinen Werken selbst rückhaltlos anerkennt und verherrlicht, gebot – auch ihm gegenüber – diese öffentliche Erörterung.

Bekanntes und Unbekanntes über Goethe als Kriminalisten

Die ersten Weimarer Jahre

Eine ziemlich verbreitete literarische Meinung nimmt an, dass Goethe – im Gegensatz zu Schiller mit seinen großen tragischen Verbrechergestalten – sich von kriminalistischen Betrachtungen und Gegenständen sowie erst recht von deren dichterischer Behandlung ganz ferngehalten habe. Aber eine Vertiefung in seine Dichtungen und Schriften, in seine Briefe, Tagebücher und mündlichen Äußerungen gelangt zu einer anderen Auffassung.

Wie Goethe in *Dichtung und Wahrheit*[116] berichtet, sah er als Knabe den auf dem Brückenturm zu Frankfurt aufgesteckten Schädel eines Staatsverbrechers. In der Chronik las er alsbald den Hergang nach und bedauerte »die unglücklichen Menschen, die man wohl als Opfer, die einer künftigen Verfassung gebracht worden, ansehen dürfte«[117]. Er hatte nämlich gelesen, dass die Staatsverbrecher zwar zum Tode verurteilt, zugleich aber auch viele Ratsherren abgesetzt worden waren, weil mancherlei Unordnung und sehr viel Unverantwortliches im Schwange war.

Am 9. September 1780 schreibt der junge Dichter und Verwaltungsbeamte aus Ilmenau an Frau v. Stein, dass am Morgen alle Mörder, Diebe und Hehler vorgeführt, befragt und konfrontiert worden seien.

»Es ist ein groß Studium der Menschheit und Physiognomik, wo man gern die Hand auf den Mund legt und Gott die Ehre gibt, dem allein ist die Kraft und der Verstand pp. in Ewigkeit, Amen.«[118]

Diese Worte bezeugen doch, wie tiefgehend ihn das kriminelle Thema erfasste. Auf der Schweizer Reise notiert er in Zürich am 20. September 1797, dass ein Blutgericht gegen einen »falschen Münzer«, der schon wegen Diebstählen gebrandmarkt war, stattfand. Er sah die Geistlichen von und zu dem Verbrecher hinüber- und herüberfahren. Um elf Uhr läutete die Gnadenglocke zum Zeichen, dass der Delinquent von der Todesstrafe begnadigt war. Ganz ausführlich verzeichnet der Schweizreisende die Einzelheiten.

Im Tagebuch[119] heißt es am 21. August 1781:

»Mit Krause ins Gefängnis, die Mordbrenner zu sehen«; am 23. August 1803: »Früh am Schießhaus, Mittag Bekenntnisse einer Giftmischerin«; am 20. August 1812 wird ein Spaziergang mit dem Etatsrat Langemann im Gespräch über Gegenstände der medizinischen Polizei und Berliner Vergiftungsfälle vermerkt; ebenso am 31. August 1813 ein Gespräch mit Ackermann über Delinquenten und Kriminaluntersuchungen; am 14. Februar 1819 die Lektüre von Feuerbachs *Geschworenengerichte*[120]; am 25. Januar 1824 die Lektüre eines Kriminalprozesses, in dem »die Ärzte lächerliche Personen spielen«[121].

Spätere kriminalistische Ansichten Goethes

Seit 1826 verzeichnet Goethe vielfache Unterhaltungen mit Hofrat Vogel über medizinische, pathologische und polizeiliche Gegenstände. Bei einem solchen Gespräch tadelte er (19. Februar 1831) die häufige »übertriebene Liberalität«[122] gegenüber Verbrechern, indem man neuerdings liebe, ihre Zurechnungsfähigkeit zu bezweifeln. Am 25. Februar 1832 heißt es:
»Mittag Hofrat Vogel. Er brachte einen eigenen Kriminalfall zur Sprache, der in mehr als einem Sinne zu denken gab.«[123]
Auch sonst finden sich Einträge ähnlichen Inhalts und kriminalistische Gespräche mit dem Kanzler v. Müller, der das Justizdepartement verwaltete. Alle diese Daten im Zusammenhang mit den psychologischen und kriminalistischen Büchern seiner Bibliothek legen wohl dar, dass ihm die Betrachtung krimineller Themen nicht fern lag.
Aus der Unterhaltung zwischen Goethe und Vogel vom 19. Februar 1831 berichtet Eckermann noch, dass der Hofrat bei dieser Gelegenheit einen jungen Physikus lobte, der insbesondere auch bei der Begutachtung der Zurechnungsfähigkeit von Kindesmörderinnen Charakter zeige und sie kürzlich gegenüber dem Zweifel des Gerichtes in einem Falle ausdrücklich bejaht habe.
Wir wissen, dass die 55. lateinische These, über die Goethe beim Examen pro licentia in Straßburg (1771) zu disputieren hatte, lautete:
»Ob eine Kindesmörderin zu köpfen sei, ist eine unter den Rechtslehrern streitige Frage.«[124] Es ist aber nicht überliefert, wie der Rechtskandidat Goethe diese Frage beantwortet hat.

Im Jahre 1772 sah Frankfurt, wo Goethe damals als Rechts-
anwalt tätig wurde, die Hinrichtung einer Kindesmörderin.
Das Thema war etwas später in Goethes Gretchentragödie,
im *Hofmeister* von Reinhold Lenz (1774), ferner in Heinrich
Wagners *Kindermörderin* (1776) bis zu Schillers Gedicht *Die
Kindesmörderin* (1782) besonders lebendig.

Goethe und die Kindesmörderin Höhn

Demgegenüber ist es Goethe verdacht worden, dass er 1783
in dem Kriminalfall gegen die Weimarer Kindesmörderin
Johanna Höhn aus Tannroda an der Ilm, die dem Gesetze
gemäß zum Tode verurteilt war, als Mitglied des Geheimen
Conseils mit den beiden anderen Mitgliedern v. Fritsch und
Schnauß für die Vollstreckung der Todesstrafe gestimmt und
deren beiden Voten angeblich gar nur die Worte »Auch ich«[125],
sonst nichts weiter, hinzugefügt habe.

Aber die Einsicht der im Staatsarchiv in Weimar noch vor-
handenen Akten ergibt ein etwas anderes Bild, das gerade in
unserem Goethejahre mit Ausführlichkeit gezeichnet werden
darf.

Schon vor der Verurteilung der Höhn, noch im Laufe des
Verfahrens, hatte sich Herzog Karl August vom damaligen
Justizkanzler Karl Schmid darüber Vortrag erstatten lassen,
ob an Kindesmörderinnen die gesetzliche Todesstrafe zu
vollziehen oder solche durch eine andere Strafart zu ersetzen
sei. Der sehr ausführliche Vortrag des Kanzlers vom 19. Mai
1783[126] weist auf die zum Kindesmord führenden Gründe (die
Gemütserregung nach der Entbindung, die drohende Schande, die Sorge für das Kind u.a.) hin und behauptet, dass »un-
zählige Exempel«[127] von dem Verbrechen nicht abgeschreckt
hätten, weil der Eindruck der öffentlichen Hinrichtung, so
grausig sie wirke, doch nur vorübergehend sei und im Gedächtnis der Lebenden bald erlösche. Deshalb ist dem Kanzler »die Idee beigegangen«[128], von der Todesstrafe abzusehen,
dafür der Verbrecherin das Haupthaar für immer abzuschnei-
den, sie an den Pranger zu stellen und öffentlich zu geißeln,
danach sie auf Lebenszeit ins Zuchthaus zur beständigen Arbeit einzuliefern und die Prangerstrafe sowie die Geißelung
alljährlich mehrere Male, besonders aber am Jahrestage der
Tat, zu wiederholen.

Karl August ließ diesen Vortrag der Justiz, nachdem Johanna Höhn inzwischen zum Tode verurteilt worden war, den Mitgliedern des Geheimen Conseils zur Begutachtung vorlegen. Minister v. Fritsch bestreitet in seinem Votum vom 25. Oktober 1783, dass die Todesstrafe sich als unwirksam erwiesen habe, da die Fälle von Kindesmord – »Dank sei es der Vorsehung«[129] – äußerst selten seien, und meint, in solchen Fällen sei doch das jus talionis (Vergeltung mit Gleichem) zur Anwendung zu bringen. Es könne ja in einzelnen Fällen landesherrliche Begnadigung eintreten, »da von der bekannten landesväterlichen Denkungsart unseres gnädigen Herrn sich nicht denken lässt, dass sie eine härtere Strafe an Stelle der vorhergegangenen zu setzen geneigt sein möchte«[130]. Fritsch erscheint die vom Kanzler vorgeschlagene Strafe härter als die Todesstrafe, jene werde »Verzweiflung«[131] zur Folge haben.

Am Schluss bringt der Minister einen schon an das von modernen Juristen empfohlene »unbestimmte Strafurteil«[132] gemahnenden Vorschlag, wenn er schreibt: »Wie wäre es, wenn man überhaupt keine bestimmte, ohnehin nie für alle einzelnen Fälle ganz passende Strafe auf den Kindesmord setzte, sondern in einem jeden einzelnen Falle nach sorgfältiger Untersuchung und Erforschung aller Umstände die Strafe dem Landesherren vorbehielte?« Bei diesem Vorschlag ist zu erinnern, dass Justiz und Verwaltung, damals formell noch nicht geschieden, in höchster Instanz beim Landesherrn lag.

Des Geheimen Conseils anderes Mitglied Schnauß erstattete unter dem 26. Oktober 1783 ein noch längeres Votum. Er macht zunächst darauf aufmerksam, dass das Geheime Consilium »kein Justiz- oder Rechtskollegium ist, dessen Kompetenz eingesetzt sei, über Fragen, die aus dem peinlichen Recht entschieden werden müssten, ein neues Gutachten zu erstatten«[133]. Ob gegenüber Kindesmörderinnen die Todesstrafe angemessen sei, darüber seien die zwischen einem strengen Carpzow bis zum menschenfreundlichen Beccaria geteilten Meinungen mündlich und schriftlich vielfach geäußert worden; die Theologie nehme einen anderen Standpunkt ein als die Philosophie. Das Gesetz drohe zwar die Todesstrafe als die härteste Strafe an; »aber vielfältig, wenn nur ein kleiner Umstand der Verbrecherin zustattenkommt, sind die Kindesmörderinnen begnadigt worden«[134].

Der Eindruck anderer Strafen, so Geißelung und Pranger, würde ebenso wie der einer Hinrichtung vergehen und erlö-

schen; eher werde die Todesstrafe am sichersten von der Tat
abschrecken, wenn nicht Jähzorn, Trunkenheit oder Raserei
die Täterin erfasst habe. Übrigens müssten die vorgeschlagenen fortwährenden und beschimpfenden Strafen »als ein
neues und etwas auffallendes Gesetz«[135] erst bekanntgemacht
werden.

»Ich kann Serenissimus nicht anraten, von der prinzipi-
ell verordneten Todesstrafe weder im vorliegenden Fall noch
überhaupt beim Kindesmord um der schädlichen Folgen willen abzugehen. Der Höhn stehen nicht die geringsten Ent-
schuldigungen ihrer mit rechtem Bedacht verübten Grausamkeit zur Seite. Es bleibt Serenissimus allezeit unbenommen,
in ähnlichen Fällen zu verordnen, wenn der Verbrecherin ein
erheblicher Umstand zustattenkommen sollte, ihr eine Begnadigung durch eine willkürliche, angemessene Leibesstrafe
angedeihen zu lassen.«[136]

Goethes Votum über den Fall

Als letzter kommt Goethe zu Worte. Da, wie gesagt, ganz ir-
riger Weise behauptet worden ist, er habe den Ausführungen
der Vorgutachter nur die Worte »Auch ich« hinzugefügt,
erfordert es die Gerechtigkeit, seine Aktenniederschrift im
Wortlaut anzuführen. Unter dem 25. Oktober 1783 befindet
sich folgende eigenhändige, mit J.W. Goethe unterzeichnete
Niederschrift:

»Da Serenissimus gnädigst befehlen, dass auch ich meine
Gesinnungen über die Bestrafung des Kindesmordes zu den
Akten geben solle, so finde ich mich ohngefähr in dem Falle,
in welchem sich Hofrat Eckardt befunden, als diese Sache
bei fürstlicher Regierung zirkulierte. Ich getraue mir nämlich
nicht, meine Gedanken hierüber in Form eines Votums zu
fassen, werde aber nicht ermangeln, in wenigen Tagen einen
kleinen Aufsatz untertänigst einzureichen.«[137]

Also keineswegs ein nur »Auch ich«, vielmehr eine An-
kündigung, dass er seine »Gesinnung« in einer besonderen
Denkschrift niederlegen werde. Der Charakter der reinen
Amtshandlung wird vermieden, eine auch rein menschliche
Vertiefung in die wichtige Frage wird unternommen. Am 4.
November 1783 gibt dann Goethe folgende weitere Nieder-
schrift eigenhändig zu den Akten:

»Da das Resultat meines untertänigst eingereichten Auf-
satzes mit beiden vorliegenden gründlichen Voten völlig
übereinstimmt, so kann ich um so weniger zweifeln, selbigen
in allen Stücken beizutreten und zu erklären, dass auch nach
meiner Meinung rätlicher sein möchte, die Todesstrafe beizu-
behalten. J.W. Goethe.«[138]

Also durchaus nicht »formelhaft, ohne eine Silbe indi-
vidualisierenden Eingehens auf den Fall«, wie Dr. Finkelnburg[139] in einem Aufsatz (Berliner Tageblatt vom 5. April 1931)
schreibt; im Gegenteil, amtlich und rein menschlich gehalten, ein echtes Dokument Goethes, das nicht unterdrückt zu
werden braucht.

Zu dem allen darf noch bemerkt werden, dass Goethe unter dem 14. Dezember 1780 ein mehrere Folioseiten langes
Gutachten über die abzuschaffende Kirchenbuße gefallener
Mädchen verfasst und gegen das widerstrebende Konsistori-
um Stellung genommen hat. 1786 wurde im Herzogtum die
schon 1777 für alle Diebstähle beseitigte Kirchenbuße, für
deren Beibehaltung sich Herder ausgesprochen hatte, völlig
abgeschafft.

Goethes verlorener Aufsatz über die Todesstrafe

Leider ist nun Goethes erwähnter Aufsatz über die Todesstrafe
nicht erhalten, sondern verlorengegangen; es findet sich auch
kein Auszug bei den Akten. Da er aber seine völlige Übereinstimmung mit den beiden anderen »gründlichen Voten«[140]
ausdrücklich erklärt, vermögen wir uns ein Bild zu machen.
Offenbar hat auch Goethe die fortdauernde und beschimp-
fende Peinlichkeit der vom Justizkanzler vorgeschlagenen,
durch Pranger und Geißelung qualifizierten lebenslänglichen
Zuchthausstrafe, die schwerlich einen Fortschritt der Rechts-
entwicklung bedeutete, empfunden und deshalb lieber dem
landesherrlichen Gnadenrecht vorläufig die Entscheidung
überlassen wollen. Da auch die Gerichtsakten selbst gegen
Johanna Höhn nicht mehr vorhanden sind, kennen wir leider weder ihr Alter zur Zeit der Tat noch auch die näheren
Umstände und die Ausführungsart ihres Verbrechens. Da
aber Schnauß von einer »Grausamkeit«[141] spricht und alle drei
Referenten darin übereinstimmen, dass ihr kein Entschuldi-
gungsgrund – weder ein erheblicher noch ein geringer – zur

Seite stehe, so dürfen wir gewiss annehmen, dass Goethe gerade diese letzte Frage ganz besonders vom rein menschlichen Standpunkt aus gewissenhaft geprüft hat.

Die Strafe wurde an Johanna Höhn dann auch in der damals üblichen Weise, die noch heute z.B. in Frankreich gilt, in der Öffentlichkeit vollstreckt. Hinzugefügt sei, dass Friedrich der Große die Todesstrafe gegenüber Kindesmörderinnen hatte bestehen lassen, während Mecklenburg sie 1778 beseitigte, und dass Frankreich und England in ihren Gesetzgebungen den Kindesmord nicht privilegierten, sondern als gewöhnlichen Mord mit dem Tode bestraften.

Übertriebene Forderungen

Unter den 56 Rechtssätzen, auf die Goethe sich in Straßburg für die Lizentiatprüfung vorbereitete, lautete einer: »Die Todesstrafen sind nicht abzuschaffen.«[142]

Er scheint sich dieser Meinung dauernd angeschlossen zu haben. In den *Maximen und Reflexionen* (VI) sagt er: »Wenn man den Tod abschaffen könnte, dagegen hätten wir nichts; die Todesstrafe abzuschaffen, wird schwer halten. Geschieht es, so rufen wir sie gelegentlich wieder zurück.«[143] Erweist sich Goethe mit dieser Auffassung nicht als ein voraussehender Kriminalist? Haben wir dies alles nicht erlebt? Staaten, die die Todesstrafe abgeschafft hatten, haben sie wieder angenommen. Bei uns selbst ist die Diskussion über die Abschaffung der Todesstrafe seit Jahren wieder in vollem Fluss. Aber eine Reihe neuerer Fälle, insbesondere des Massenmordes, hat alle Theorie vorläufig wiederholt beiseitegeschoben.

Es ist Goethe schließlich in Finkelnburgs Aufsatz zum Vorwurf gemacht worden, dass er die in seinen Dichtungen vorgetragene Humanität nicht auch in seinem eigentlichen Berufsfache als Minister, und zwar vor allem in der Kriminaljustiz des Herzogtums, zur Geltung gebracht habe. Aber das Geheime Konsilium, hörten wir schon, hatte an sich keine Kompetenz in Kriminalsachen, die, wiewohl erst seit 1815 von der Verwaltung formell getrennt, immerhin schon vorher ihre Sonderbehandlung gemäß den geltenden Kriminalgesetzen unter einem Justizkanzler fanden. Goethe zogen seine Neigungen vor allem zu verschiedenen Verwaltungszweigen, zu Bergbau und Hüttenwesen, zum Wegebau. Er sann auf Verbesserung von Landwirtschaft und Gewerbe, übernahm 1782 die Finanzen und suchte sie aus ihrer Zerrüttung in gute Ordnung zu bringen. Später stand er dem Kunst- und Unterrichtswesen vor. Vom Morgen bis zum Abend, ohne Einhaltung von Dienststunden, war er tätig und reiste Tage und Wochen umher, um Land und Leute kennenzulernen. Man vergesse nicht, dass er ein reichliches Jahrzehnt seiner ersten Zeit in Weimar, nicht zur Freude seiner literarischen Freunde, den Dichter dem Verwaltungsbeamten fast völlig geopfert hat und dass ihm die Erziehung des jungen Herzogs zum Menschen und Fürsten nicht leichte Aufgaben stellte. Schließlich vermag ein Mensch, auch wenn er ein Genie ist, nicht alles. Von Goethe verlangen, dass er unter den damaligen Umständen dem Herzogtum auch eine neue, für ganz Deutschland vorbildliche Kriminaljustiz hätte geben sollen, hieße wahrlich, auf seine ureigentliche Entwicklung als Dichter der Nation und der Welt Verzicht leisten. Die Humanität in seinen Dichtungen hat ihren Siegeszug durch die Welt genommen. Man darf also die Anforderung an Goethe als Kriminalisten auch nicht überspannen, sondern muss sich bei dem von ihm Dargebotenen bescheiden.

Die Kriminalistik in Goethes Werken

Und eine reiche Ausbeute bieten vor allem auch seine Werke. In *Werthers Leiden*[144] wird von einem Bauernburschen erzählt, der aus Liebe und Eifersucht an seiner Dienstherrin, einer Witwe, zum Mörder wird. Der selber durch seine Liebe zu Lotte unglückliche Werther kommt gerade hinzu, als der Knecht von der Polizei verhaftet wird.

»Er fühlte ihn so unglücklich, er fand ihn als Verbrecher selbst so schuldlos, er setzte sich so tief in seine Lage, dass er gewiss glaubte, auch andere davon zu überzeugen.«[145]

Er setzte sich so tief in seine Lage – Werther sowohl als auch der Verfasser des *Werther*! In *Wilhelm Meisters Wanderjahren*[146] wird ein Idealstaat gezeichnet, darin die Polizeidirektionen das Recht haben sollen, zu ermahnen, zu tadeln, zu schelten und zu beseitigen; finden sie es nötig, so rufen sie mehr oder weniger Geschworene zusammen.

»Die Strafen seien gelind ... Man bemerke, dass strenge

Gesetze sich sehr bald abstumpfen und nach und nach loser werden, weil die Natur immer ihre Rechte behauptet.«[147]

Siehe da, der Kriminalpolitiker Goethe mit einem Strafrecht der Zukunft! In den *Wahlverwandtschaften*[148] bekämpft Mittler die Lehre der Zehn Gebote im Unterricht der Schule. »Das fünfte Gebot – was soll man dazu sagen? Du sollst nicht töten! ... Ist es nicht eine barbarische Anstalt, den Kindern Mord und Totschlag zu verbieten? Wenn es hieße: Sorge für des anderen Leben, entferne, was ihm schädlich sein kann, rette ihn mit deiner eigenen Gefahr ... das sind Gebote, wie sie unter gebildeten, vernünftigen Völkern statthaben.«[149] Hier spricht Goethe der Kriminalpädagoge! In den *Unterhaltungen deutscher Ausgewanderter*[150] hat der Dichter eine reizvolle Kriminalnovelle eingestreut von einem Sohn, der um der Geliebten willen seinem Vater aus dem auch ohne Schlüssel zu öffnenden Schreibtisch Geld stiehlt, freiwillig ein Geständnis ablegt und den Schaden ersetzt. Aber dem Vater fehlen noch einige Geldrollen, und er zweifelt an der Vollständigkeit des Geständnisses. Darüber gerät der Sohn in Verzweiflung und versinkt in Gebet: Der Mensch, der sich selber wieder erhebt, habe Anspruch auf den Beistand des Vaters im Himmel! Und sein Gebet wird erhört: Das noch fehlende Geld wird wiedergefunden.

Goethe glaubte den telepathischen Vorgang, spricht von »Wirkung in die Ferne«[151] und erzählt Eckermann (7. Oktober 1827) hierbei ein kriminalistisches Beispiel. Es sei möglich, ja sogar sehr wahrscheinlich, dass ein junges Mädchen, welches, ohne es zu wissen, mit einem Manne, der es ermorden wolle, sich in einem dunklen Raum befände, von seiner ihr unbewussten Gegenwart ein unheimliches Gefühl haben und in Angst aus dem Zimmer zu ihren Hausgenossen getrieben werden würde. Und über Kotzebues Ermordung durch den Studenten Sand äußerte der Dichter (28. März 1819), sein Tod sei als »eine gewisse notwendige Folge einer höheren Weltordnung erkennbar ... wo man über die Grenzen der Individualität herausgreife, frevelnd, störend, unwahr, da verhänge die Nemesis früh oder spät angemessene Strafe«[152].

Die antike Hybris, die Überhebung gegen das Maß, erscheint hier im modernen kriminalpsychologischen Sinne, schon an Franz Werfels »Nicht der Mörder, der Ermordete ist schuldig!«[153] gemahnend. Zahlreich sind endlich, vor allem in den Bekenntnissen einer schönen Seele *(Wilhelm Meisters*

Lehrjahre), Goethes Äußerungen, danach er von der sogen. latenten Kriminalität, dieser sehr modernen Lehre, überzeugt war, von jener inneren Bereitschaft zu mancherlei Verbrechen, die aber die Schwelle der Tat nicht überschreitet.

Werfen wir schließlich einen Blick in die Dramen, so zeigen *Götz von Berlichingen*[154] und *Egmont*[155] als Helden einen politischen Verbrecher, jenen, der in seiner Naivität von seinem Hochverrat gegen Kaiser und Reich selbst überrascht wird, ebenso diesen, der im Lebensgenuss der neuen ketzerischen Lehre nicht wehrt und den aufrührerischen Torheiten des Volkes tatenlos zusieht. Der *Urfaust*[156] barg fast eine reine Schuld- und Kriminaltragödie »Gretchen«:

»Und ihr Verbrechen war ein guter Wahn.«[157]

Dazu Kriminalpolitisches: »Es erben sich Gesetz und Rechte wie eine ew'ge Krankheit fort«[158], aber im Faust II: »Ein Richter, der nicht strafen kann, gesellt sich endlich zum Verbrecher.«[159]

Auch *Iphigenie*[160] ein symbolisches Schuld- und Erlösungsdrama. Eine Apotheose des Muttermörders Orest, des edlen Mannes, der viel verbrach, und dem ein Gott auferlegt, Unmögliches zu enden. »Büßend dienet er den Göttern und der Welt, die ihn verehrt.«[161]

In den Widmungsworten des Buches an den Schauspieler Krüger, den Orestdarsteller, die Schlusserklärung: »Alle menschlichen Gebrechen sühnet reine Menschlichkeit!«[162]

So darf wohl als erwiesen gelten, dass Goethe, der sich durch eine gewisse Vollständigkeit seiner Natur auszeichnete und den Wieland »den menschlichsten aller Menschen« genannt hat, auch von den bedeutsamsten kriminalistischen Problemen schon im Geiste der modernen Zeit berührt war.

Ein hygienischer Ausspruch Schillers

Meine Damen und Herren!

Im Goethe- und Schillerarchiv in Weimar liegt in einem der Glasschränke unter manchen bedeutsamen literarischen Urkunden ein unscheinbarer vergilbter Zettel. Er ist von Schillers eigner Hand geschrieben und enthält nur elf Worte, aber inhaltsschweren Sinnes. Der Dichter schrieb sie nieder an einem jener schmerzensreichen Tage, da ihn sein so unheilvolles Leiden an das Krankenlager fesselte und ihm das Sprechen erschwerte. Er verspürte aber offenbar den Drang, sein augenblickliches Fühlen und Denken zum Ausdruck zu bringen, und so schrieb er auf den kleinen Zettel nieder:

»Sorgt für Eure Gesundheit, ohne sie kann man nie gut sein!«[163]

Er brachte die Worte zu Papier für die Seinigen und ahnte vielleicht nicht, dass der tiefblickende Sammler seines Nachlasses sich mit Recht bestimmt fühlen würde, sie der Nachwelt in der Urschrift zu erhalten. Und uns sollen sie heute als eine Art Vorspruch und Geleitwort für die nahende Wiedereröffnung der Dresdner Hygieneausstellung[164] dienen.

Der Keim zu seinem späteren Leiden befiel Schiller im Sommer 1783 in Mannheim. Eine herrschende Typhusepidemie brachte ihm bis in den Herbst hinein mit kurzen Unterbrechungen fast tägliche Heimsuchungen von Fieberanfällen. Seine an sich zarte Natur wurde durch diese Erkrankung dauernd geschwächt, sodass er – auch unter den aufreibenden Kämpfen der letzten Jahre – Anfang 1791 einen Zusammenbruch seiner Kräfte erlebte. Er litt an Fieber und Krämpfen, die rechte Lunge war entzündet, außer Atemnot zeigte sich eitrig-blutiger Auswurf, Unterleibsschmerzen machten den Zustand noch bedenklicher. Der Körper bestand zwar die Krisis, aber die Krankheit wurde eine schleichende. Als er sich im Juli 1804 eine Erkältung zuzog, hatte er bei starken Kolikanfällen so fürchterliche Schmerzen, dass der im Leiden sonst Geduldige manchmal laut aufschrie. Aus dieser Zeit stammt die Niederschrift der elf Worte. Im Januar 1805 fiel ihn sein Leiden noch grimmiger an. Ende April kam er erneut zum

Liegen. Am 9. Mai erlöste ihn der Tod als Freund, der Dichter zeigte die Züge eines sanft Entschlafenen.

»Sorgt für Eure Gesundheit, ohne sie kann man nie gut sein!« schrieb im Zustande tiefen Leidens ein Dichter und ein Arzt. Schiller war bekanntlich von Haus aus Mediziner und eine Zeit lang Regimentsmedikus. Dieser Umstand gibt seinen Worten noch eine besondere Bedeutung.

Und eine weitere Auffälligkeit bietet die Übereinstimmung seines Ausspruchs mit den Gedanken seiner einzigen erhaltenen medizinischen Abhandlung *Über den Zusammenhang der tierischen Natur des Menschen mit seiner geistigen.*[165]

Da zeigt der zwanzigjährige Kandidat der Medizin zunächst den belebenden und störenden Einfluss der seelischen Empfindungen auf den Organismus. Herz, Adern und Blut, Muskelfasern und Nerven empfangen einen Schwung der Bewegung, angenehme Empfindungen führen den Körper zu einem höheren Grad harmonischer Tätigkeit. Der Zustand der größeren augenblicklichen Seelenlust ist auch der Augenblick des größeren körperlichen Wohlbefindens. Deshalb gibt es Beispiele von Kranken, die die Freude geheilt hat, da sie das Nervensystem in lebhaftere Wirksamkeit setzt. Eine Verfassung der Seele, die aus jeder Begebenheit Vergnügen zu schöpfen und jeden Schmerz abzustoßen vermag, ist den Verrichtungen des Organismus am zuträglichsten.

»Und diese Verfassung der Seele«, fügt der Dichter-Mediziner hinzu, »ist die Tugend«[166].

Ebenso beeinträchtigen aber die unangenehmen Affekte die Kräfte des Lebens, bringen sie in Missstimmung, ja aus dem Gleichgewicht. Das Herz schlägt ungleich und ungestüm, das Blut wird in die Lungen gepresst, die Scheidungen überstürzen sich; chronische Seelenschmerzen nagen an den Grundfesten des Körpers.

Danach belegt der junge Mediziner mit Beispielen die These, dass die Stimmungen des Geistes den Stimmungen des Körpers folgen. Wer von sich sage, dass ihm wohl sei, fühle sich zu dieser Zeit auch zu allen Arbeiten des Geistes mehr aufgelegt und habe ein offenes Herz für die Empfindungen der Menschlichkeit und die Ausübung der moralischen Pflichten. Dagegen gehen auf Überladungen des Magens und andere sinnliche Exzesse die Schwerfälligkeit, Gedankenlosigkeit und mürrisches Wesen zurück. Insbesondere kündigen sich die aus der »Ökonomie des Unterleibes«[167] hervorgehenden

Krankheiten mehr oder weniger in einer Revolution des Charakters an. Der Sanftmütige wird zänkisch, der Lacher mürrisch, der Lebenslustige still und melancholisch. Zerrüttungen im Körper können das ganze System der moralischen Empfindungen in Unordnung bringen und schlimmsten Leidenschaften den Weg bahnen. Dann heißt es wörtlich:

»Überhaupt beobachtet man, dass die Bösartigkeit der Seele gar oft in kranken Körpern wohnt.«[168]

Wenn man einen Schwerkranken sich voll Mut über die Leiden des Körpers erheben sehe, so habe seine Heiterkeit außer in den Tröstungen der Religion und Philosophie ihre Ursache auch in der Schwäche des Körpers, der schließlich seine Empfindlichkeit verliere und der Seele die Illusion einer Freiheit von Schmerz und baldiger Genesung gebe.

Es ist nicht ohne Tragik, dass am Ende seines Lebens auf dem schon zum Sterbelager bereiteten Krankenbett der große Dichter eine Erkenntnis bestätigt, die er als junger Kandidat der Medizin in Gegenwart des Herzogs Karl während der öffentlichen akademischen Prüfungen an der Militär-Akademie in Stuttgart verteidigt hatte. So schließt sich der Lebensweg auch dieses Großen als ein sichtbarer Kreis. Von besonderer Bedeutung ist, dass Schiller in seiner Abhandlung und in seinem Ausspruch die Einflüsse der körperlichen Erkrankungen auch auf den Charakter, auf die moralischen Empfindungen und das sittliche Handeln des Menschen hervorhebt. So zeigt uns die Hygiene als Fürsorge für die Gesundheit des Volkes, als Aufgabe allgemeiner Sozial- und Staatspolitik, wie sie im Dresdener Hygienemuseum und in der Hygieneausstellung sich darstellt, auch einen Weg zur sittlichen Aufwärtsentwicklung des Einzelnen wie des Volkes.

Die neuere und neuste Heilwissenschaft hat diese Lehre der wechselseitigen Beeinflussung von Körper- und Seelenzuständen festgehalten, hat diese Erkenntnisse vertieft und verfeinert, sie auch im Experiment festzustellen unternommen.

Das Herz ist das Zentralorgan des Körpers und zugleich von stärkster seelischer Bedeutung. Ein kraftvolles Herz leistet eine kraftvolle Durchblutung des Körpers und damit auch des Gehirns. Die Folgen sind gehobene Gefühle, Wohlbefinden, Gefühle freier Kraft, Freude, der Klarheit, des Tätigkeitsdranges, des Mutes. Ein schwaches Herz lässt nicht genügend Blut in Muskeln und Gehirn treten; Mattigkeit, Unlust, mangelhaftes logisches Denken, Vergesslichkeit, geschwächter Tätigkeitstrieb, Befangenheit, Ängstlichkeit, schließlich Furcht und Melancholie stellen sich ein. Die freie Atmung führt dem Herzen Sauerstoff zu. Sorgen wir mit allen Mitteln der Hygiene für ein gesundes, kraftvolles Herz in uns!

Der Magen beeinflusst unser seelisches Befinden. Die Art der Nahrung wirkt auf das Gehirn, auf Empfindungen, Gefühle, Stimmungen, Leidenschaften. Das angemessene Sättigungsgefühl gibt auch seelisches Behagen, Ruhe, Zufriedenheit. Der Hunger gibt Unlust. Überladungen des Magens erwecken Unbehagen, Widerwillen, Ekel und allgemeine Verdrussstimmung. Optimismus und Pessimismus kommen zu einem guten Teil aus dem Magen. Sorgen wir mit allen Mitteln der Hygiene für einen gesunden, mit den Arten der Mäßigkeit vertrauten Magen in uns.

Seelische Beeinflussung bringen die Darmvorgänge. Geregelter Stuhlgang erweckt das Gefühl der Leichtigkeit, der Freiheit. Verzögerung oder Störung erzeugen eine ganze Stufenreihe von Unlustgefühlen, Herzklopfen, Missmut, Angst bis zur Depression und Schwermut. Hier liegen andere Ursachen des Optimismus und Pessimismus. Regeln wir unsere Verdauung, so treiben wir Seelenhygiene.

Sorgen wir für angemessene Hautempfindung! Wärme gibt Wohl- und Schutzgefühle. Kälteschauer sind mit Missbehagen, Zittern, Unsicherheit, Furcht verbunden. Atmung, Herztätigkeit, Nerven, der Stoffwechsel erfahren Förderung durch Pflege und Schutz der Körperhaut.

Bemerken wir nicht, wie ein gesundes Kraftgefühl die ganze Haltung des Menschen beeinflusst? Den aufrechten Kopf, den leichten, schwebenden Gang? Die leichten angemessenen Bewegungen? Die Stimme des kraftvoll Gesunden ist frei und mutig. Der Schwache wird schüchtern, spricht leise und zaghaft. In Kraft geübte Muskeln geben Straffheit, ungeübte Muskeln Schlaffheit. Die Willenskraft lebt auch in den Muskeln, die Willensbildung, die Willensentschließung. Angepasste Muskeln verleihen auch seelische Anpassung.

»Kraft ist eine Schwingungsenergie im Gehirn«, sagt ein Gubener Arzt. Sorgen wir mit allen Mitteln der uns beglückenden Hygiene für eine gesunde, leichte, anmutige Kraft in uns! Sie gibt auch die gesunde Spontanität des Denkens, den leichten Fluss der Gedanken!

Das Temperament des Menschen, das seine Gemüts- und

Sinnesart, seine Willensentscheidungen und Handlungen mitbeeinflusst, ist ein Ausdruck unsrer organischen, im Körperlichen wurzelnden Lebenskräfte, ist ihr Tempo, ihr Rhythmus, ihre Klangfarbe. Der Körper ist das Instrument, das dem Spiele des Temperamentes Töne und Akkorde bietet. Sorgen wir für Unversehrtheit dieses kostbaren Instrumentes und dafür, dass es nicht verstimmt ist, wenn unsere Lebensmelodie darüber gleitet, die unsrem Körperlichen so eng verbunden ist mit seinen Stimmungen, Affekten, Leidenschaften.

Was endlich ist unser Charakter anderes als eine Summe zu Neigungen, Eigenschaften, Beweggründen und Grundsätzen fixierter Gefühlsdispositionen, die alle letzten Endes in unsrem Organischen wurzeln, wachsen, blühen – auf Gedeihen und Verderb. Indem wir unseren Körper pflegen, hüten, stählen, disziplinieren, treiben wir auch Kultur unseres Charakters.

Wer sich in körperlichem und seelischem Wohlgefühle befindet, ist auch wohlwollend gegen andere, gütig, wohltätig, altruistisch. Die soziale Liebesbindung, die uns alle umschließen sollte, kann nur aus dem körperlich bedingten seelischen Lustgefühl, einer edelsten Freude, erwachsen. Freude macht stark. Der Drang nach Wahrheit ist Drang nach Wahrheitsgefühl, auch körperlich wohltuend, die Glücksempfindung ist letzten Endes auch ein höchster Körperzustand.

Körperliches und seelisches Missbehagen geben Schwäche, Selbstsucht und Gefühle der Minderwertigkeit. Dieser Unlust entspringen der Neid, die Schadenfreude, die Bosheit, das Böse, das Asoziale, Unwahrhaftigkeit, Lüge ist Schwäche.

Von der Gesundheit des Einzelnen auf die eines ganzen Volkes hinblickend, bekämpfen wir die Hauptfeinde des Menschengeschlechtes, den Tuberkelbazillus sowie das Gift der Syphilis und des Alkoholmissbrauches. Bei unhygienischer Lebenshaltung, bei Eheschließung ohne Eugenetik und Missachtung der Vererbungsgesetze haben sie ganze Familien, ja Generationen in körperliches und seelisches Verderben gestürzt, sogar – die Syphilis – ganze Länder, so Italien am Anfange des sechzehnten Jahrhunderts, fast zugrunde gerichtet und durch die Infizierung bedeutendster, führender Geister die ganze Mentalität der Menschheit nicht zu ihrem Vorteil beeinflusst.

Wir sind den Kreis der körperlichen und seelischen Zustände ausgeschritten, haben uns von ihrer engsten Verbundenheit überzeugt und erkennen, wie die sittliche Sendung des Menschengeschlechtes unserem Gewissen die Pflege einer ernsthaften Körperhygiene auferlegt.

So erwachsen uns Hygienemuseum und Hygieneausstellung zu einer »moralischen Anstalt« im Sinne der wiederholt von Schiller gern gebrauchten Worte. In diesem Gedanken wollen wir die Ausstellungshallen, deren Wiedereröffnung im nächsten Monat bevorsteht, betreten und über manchem ihrer Eingangstore und an mancher Saalwand im Geiste verehrungsvoll die Worte unseres großen Nationaldichters lesen:

»Sorgt für Eure Gesundheit, ohne sie kann man nie gut sein!«

Kriminalpsychologisches über Richard Wagner

Das Wagner-Jahr 1933 – zum Gedächtnis der 50. Wiederkehr von Richard Wagners Todestag, dem 13. Februar 1883 – kann auch der kriminalpsychologischen Forschung Anlass zu einer Erinnerung geben. Man braucht nur des Meisters Selbstbiographie *Mein Leben* (München 1911)[169] mit Aufmerksamkeit zu lesen und gewinnt alsbald die Überzeugung, dass der Autor, selber in Zeichnung der Charaktere seiner Dichtungen sowie in der Ausgestaltung, Verschlingung und Lösung der sogenannten Leitmotive seiner Musik ein großer Psychologe, geradezu absichtlich gleich von Anfang an die Leitlinien und Strebungen kennzeichnet, in denen sich später der Mann und sein Werk entwickelten.

Wird man hierbei schon von der Fülle des Gebotenen überrascht, so erfährt man bald, um wie viel die ernsthafte Autobiographie über der Psychoanalyse steht, wenn der Schriftsteller im Vorwort ausdrücklich versichert, dass der Wert seines Berichtes in der »schmucklosen Wahrhaftigkeit« beruhe, die seinen Mitteilungen einzig einen Sinn geben könne. Es ist, als ob der Meister dem Psychologen selber den Schlüssel zu seinen seelischen Geheimnissen in die Hand drückte.

Auffällig ist von Anfang an die starke, überstarke Lebhaftigkeit seines Empfindens und Fühlens, die sich in die motorische Weite seiner Natur und in sein Phantasieleben ergoss. Er erzählt, dass von zartester Kindheit an »gewisse unerklärliche und unheimliche Vorgänge« einen übermäßigen Eindruck auf ihn ausübten. Selbst vor leblosen Gegenständen, wie den von ihm aufmerksam ins Auge gefassten Möbeln eines Zimmers, in dem er längere Zeit allein war, konnte er aus Furcht plötzlich laut aufschreien, weil sie ihm belebt erschienen. Bei einem Aufenthalt in Eisleben packte den Knaben die alte Gespensterfurcht ganz besonders. Noch der Zwanzigjährige erlebte sie in einem abgelegenen Gasthofsflügel bei einem Reiseaufenthalt in Brünn.

»Die Cholera stand leibhaftig vor mir: Ich sah sie und konnte sie mit Händen greifen; sie kam zu mir ins Bett, umarmte mich; meine Glieder erstarben zu Eis, ich fühlte mich tot bis in das Herz hinein.«

Kein Wunder, dass er von den Phänomenen der E.T.A.

Hoffmannschen Erzählungen, die eine Lieblingslektüre bildeten, ganz erfüllt war.

Das »hastige, fast heftige, laute Wesen«, das ihm vom Familienleben im Elternhause in Erinnerung ist, steckte auch ihn an oder lag schon in seiner eigenen Natur. Er betont immer wieder seine Heftigkeit, die »tobende Heftigkeit seiner Worte und Sprache« und sein »exzentrisches Wesen«, die ihm nachteilig wirkten. Hand in Hand damit gingen Gefühlsausbrüche anderer Art. Als er in jungen Jahren auf einer Rückreise aus Prag von einer Anhöhe auf die schöne Stadt zurückblickte, zerfloss er in Tränen, warf sich zur Erde und war von seinem erstaunenden Reisebegleiter lange nicht zur Weiterwanderung zu bewegen.

Unbeherrschtheit und Eigenwille charakterisieren auch sein Verhältnis zur Schule. Nach der Konfirmation verlässt er als Kreuzschüler in Dresden eigenmächtig das Böhmesche Haus, wo ihn die nach Leipzig verzogene Mutter untergebracht hatte, und lebt ein halbes Jahr in einer kleinen Dachkammer, deren Vermieterin, eine Witwe, ihn nur mit Kaffee versorgt. Er macht da nur Verse, entwirft ein Trauerspiel und gerät in schulische Unordnung, die ihn zwingt, zur Mutter nach Leipzig überzusiedeln.

Aber auch hier gerät er als Obertertianer der Nikolaischule immer tiefer in schweifende Unregelmäßigkeiten hinein; schon hier zeigen sich die ersten aus der motorischen Unruhe seines Nervensystems, verbunden mit der übergroßen Lebhaftigkeit seiner Phantasie, geborenen Anfänge jenes Hanges und Triebes zum Abenteuerlichen, das sein ganzes Leben, wie er auch selbst ausspricht, begleiten und charakterisieren sollte. Er schwänzt zunächst ohne Wissen der Mutter ein halbes Jahr die Schule, bis die Anzeige kommt. Von dem, was im Unterricht gelehrt wurde, nahm er nicht die geringste Notiz, lag vielmehr heimlich der ihn gerade anziehenden Lektüre ob. Da er beim Lehrerkollegium »zu übel angeschrieben« war, musste er Ostern 1830 die Nikolaischule aufgeben. Er »privatisierte« ein halbes Jahr, um sich dann zur Thomasschule zu melden.

Schon an den künftigen politischen Schwärmer und Akteur gemahnen Vorkommnisse aus dieser Zeit und dokumentieren in voller Übereinstimmung mit den sonstigen Erfahrungen der Kriminalpsychologie als Grundlage solcher Verfassung die überstarke körperliche und seelische Veranlagung, die übergroße Empfindlichkeit und Reizbarkeit, die ihren Träger mit fortreißen.

Schon im offenbaren Zusammenhange mit den politischen Revolutionen des Jahres 1830 in Frankreich, Belgien und Polen machte sich bei den Leipziger Studenten ein Freiheitssinn bemerklich, den die Polizei dämpfte. Studenten, die wegen Straßen-Exzesses verhaftet worden waren, sollten befreit, das Karzer sollte gesprengt werden. Und es ist bezeichnend für den »privatisierenden« Sekundaner Richard Wagner, dass er sich an dieser Aktion beteiligt.

»Mir klopfte das Herz in unglaublicher Erregtheit, als ich zu dieser Bastillenerstürmung mitmarschierte«, so charakterisiert er seine Gemütsverfassung ausgezeichnet selbst. Aber die Studenten waren schon entlassen worden, es kam jedoch zu Tätlichkeiten anderer Art.

»Ich entsinne mich mit Grauen der berauschenden Einwirkung eines solchen unbegreiflichen wütenden Vorganges und kann nicht leugnen, dass ich, ohne die mindeste persönliche Veranlassung hierzu, an der Wut der jungen Leute, welche wie wahnsinnig Möbel und Geräte zerschlugen, ganz wie ein Besessener mit teilnahm. Ich glaube nicht, dass die vorgebliche Veranlassung zu diesem Exzess, welche allerdings in einem das Sittlichkeitsgefühl stark verletzenden Vorfalle lag, hierbei auf mich Einfluss übte; vielmehr war es das rein Dämonische solcher Volkswutanfälle, das mich wie einen Tollen in seinen Strudel zog.«

Besser kann der Kriminalpsychologe die Verfassung des Einzelnen, der sich an die Massenseele verliert, der als Teilnehmer der Masse Fähigkeiten seiner Psyche und seines Intellektes, ja Eigenschaften seines Charakters und seiner Individualität vorübergehend aufgibt und nur in der Massenseele wirkt, dabei ihm sonst fernliegende Handlungen verübend, nicht charakterisieren.

Kaum erscholl der Ruf nach einem anderen Ort solcher Zerstörung, als auch schon der Sekundaner Wagner in solcher Strömung sich befand, die nach einem entgegengesetzten Ende der Stadt sich bewegte, wo die »gleichen Heldentaten« verübt und die »lächerlichsten Verwüstungen« angerichtet wurden. Ohne Einnahme geistiger Getränke gelangte er in einen »Rauschzustand« wobei mitwirkte, dass die Tollheit den jungen Menschen von der öffentlichen Meinung als Entrüstung über wirklich empörende Zustände angerechnet wurde. Er drängte sich an die »Haupthähne« der Studentenschaft heran, und als sein Schwager Brockhaus vom Proletariat in ähnlicher Weise bedroht wurde, übernahm er gegensätzlich dessen erfolgreichen Schutz und feierte im Kreise der »allerberühmtesten Renommisten der Universität« als Vermittler einer üppigen Gastfreundschaft »die wahren Saturnalien[170] seines studentischen Ehrgeizes«.

Auch die Thomasschule, um deren »Pedanterien« er sich nicht kümmerte, verließ er sehr bald »trotzig« und meldete sich sofort beim Rektor der Universität als Student der Musik. Das zügellose Leben wurde immer wilder. Humoristisch wirkt der Bericht der Contrahagen »mit einem halben Dutzend der furchtbarsten Schläger«, die er sich zuzog, und die lächerliche, geradezu abenteuerliche Erledigung ihrer aller, einer jeden aus irgendeinem anderen zufälligen Grunde, ohne jede Mensur. Sonstige ernste Konflikte fehlen nicht.

Wagner glorifiziert geradezu den anarchischen Zustand dieser Jugendjahre. Der »nie zufriedene Geist, der stets auf Neues sinnt«, den uns allen bei unserer Geburt die jugendliche Norne[171] anbiete, erzeugt allein das Genie.

»Jetzt in unserer erziehungssüchtigen Welt führt nur noch der Zufall uns diese Gabe zu – der Zufall, *nicht erzogen zu werden*. Vor der Abwehr eines Vaters, der an meiner Wiege starb, sicher, schlüpfte vielleicht die so oft verjagte Norne an meine Wiege und verlieh mir ihre Gabe, die mich Zuchtlosen nie verließe, und in voller Anarchie, das Leben, die Kunst und mich selbst zu meinem eigenen Erzieher machte« *(Mitteilung an meine Freunde*, 1851[172]).

Den leidenschaftlichen Jüngling erfasst auch die Spielleidenschaft. Drei Monate blieb er ihr derart verfallen, dass gegen sie alle anderen Leidenschaften ihren Einfluss auf sein Gemüt verloren. Tage und Nächte hielt er mit einem Stamm von Spielern im »Landsknecht« aus. »Ich ertrug mit völligem Stumpfsinn selbst die Verachtung meiner Schwester Rosalie, welche mit meiner Mutter den unbegreiflichen jungen Wüstling, der bleich und verstört sich selten vor ihnen zeigte, kaum eines Blickes zu würdigen vermochte«.

Der Bekennerdrang des Autobiographen regt sich wiederholt.

Er entsinnt sich eines bösen Streiches, der ihm allezeit »als ein schwarzer Flecken in der Empfindung« geblieben ist. Es war im Sommer 1833 in Würzburg. Er hatte einen musikalischen Genossen, einen begeisterten Schwaben mit Namen Fröhlich, einen weichen, aber reizbaren Gemütsmenschen, der gegen einen gewissen André mit unangenehmer Physiognomie einen Hass hegte, sodass Reibereien entstanden. Eines Abends kam es zwischen beiden zu einer Prügelei, an der Fröhlichs Freunde, allerdings von eigener Abneigung getrieben, sich beteiligen zu müssen glaubten.

»Die Prügelwut ergriff auch mich; ich schlug mit den anderen auf das unglückliche Opfer unseres Hasses ein, und hörte einen Schlag, den ich selbst geführt, auf Andrés Schädel schallen, wobei ich auch den Blick des Erstaunten auf mich gerichtet wahrnehmen musste. Ich trage die Erzählung dieses Vorfalles zur Büßung einer Schuld ab, welche unvergesslich als Vorwurf einer wahrhaft schmählichen Tat auf mir gelastet hat.«

Man darf dieses Schuldbekenntnis Wagners den ähnlichen anderer Dichter zur Seite stellen mit der befreienden Wirkung der aufrichtigen Beichte. Wagner fügt dann noch hinzu, dass er dieser traurigen Erinnerung nur eine andere aus seiner frühesten Knabenzeit zur Seite stellen könne, die sich an die »mühselige Ertränkung« junger Hunde in einem flachen Teich am Hause seines Onkels in Eisleben knüpfte.

»Da mich im Gegenteil stets ein fast überzärtliches Mitgefühl mit dem Schmerz anderer und namentlich auch der Tiere, von je oft in große Verlegenheit trieb und mich im jüngsten Alter wiederholt mit einer sonderbaren Anwandelung von plötzlichem Lebensekel erfüllte, sind mir die bezeichnenden Erinnerungen an jene übermütigen oder gedankenlosen Handlungen, desto lebhafter in Erinnerung geblieben.«

Es war Wagner vor allem um die Verwirklichung seines künstlerischen Ideals zu tun. Von hier aus entzündete sich das Feuer seiner Leidenschaft, mit der er sein Leben lang seine Pläne und Ziele zu verwirklichen suchte. Er arbeitete den Plan der Gründung und Unterhaltung eines »Nationaltheaters für das Königreich Sachsen« aus, danach dieselbe Summe, die in der königlichen Zivilliste für die Haltung eines Hoftheaters eingesetzt war, nunmehr vom Staate unmittelbar, der ja auch Kultus und Schule in seinen Schutz nehme, durch die Abgeordneten zu bewilligen sei. Zwar sei das Hoftheater in seiner jetzigen künstlerischen Wirksamkeit keines Opfers des Staates wert, es müsse aber verhindert werden, dass es »zu noch bedenklicherer und der öffentlichen Gesittung gefährlicherer Tendenz« herabsinke, vielmehr müsse es der »auf das Ideale gerichteten Aufsicht des Staates« unterstellt werden. Wagner wollte vor allem die Verwaltung des Theaters von dem höfischen Beamtentum abtrennen. Er trug seinen Plan den Ministern des Kultus und des Innern vor, die ihn ablehnten, machte sich mit Abgeordneten bekannt, um sie für sich zu gewinnen, und hegte »Vorstellungen von einem neuen Zustande der menschlichen Gesellschaft«. Als ihm die Folgen der höfischen und direktorialen Ungnade erkennbar wurden, machte Wagner die Bekanntschaft des Russen Michael Bakunin, eines früheren russischen Offiziers, der ihm im Zentrum einer »Universal-Konspiration« zu stehen schien. Er unternahm mit ihm manche Spaziergänge und tauschte sich mit ihm aus, aber der Russe lehnte ab, Wagners künstlerische Pläne kennenzulernen.

So taumelte Wagner in das politische Abenteuer hinein, wie er es selbst beschreibt.

»Ich fühlte in keiner Weise Leidenschaftlichkeit genug, um mir in diesen Kämpfen selbst eine anteilvolle Rolle zugeteilt wissen zu wollen, dagegen nur die Neigung, rücksichtslos dem Strom der Ereignisse mich zu überlassen, möge er auch hinführen, wohin es immer auch sei«. So hat er in den Maitagen 1849 beim Anschlagen der Sturmglocken die Empfindung »eines großen, ja ausschweifenden Behagens« und beschreibt die ihn hierbei beherrschende »exzentrische Laune«. Nach anderem Berichte soll er das Läuten der Sturmglocke auf dem Kreuzturme selbst geleitet haben. Gleichzeitig unterhielt er sich mit Professor Dr. Thum über die Leipziger Gewandhauskonzerte, über Beethoven, absolute und dramatische Musik. Dem Bildhauer Dr. Gustav Kietz redet er zu, mit ihm auf den Kreuzturm zu steigen, »der Anblick sei so prächtig und das Zusammenklingen des Glockengeläutes mit dem Kanonendonner berauschend« (Chamberlain: *Richard Wagner,* München 1904[173]). Als er am 3. Mai durch die Stadt geht und einen blutenden Bürgergardisten bemerkt, wirkt dieser Anblick »höchst aufregend« auf ihn, und er begreift den allseitigen Ruf »Auf die Barrikaden!«

Er fühlte sich durch das »Unerhörte des Schauspiels« angezogen, hatte aber nicht das Verlangen, selber sich mit in Reih und Glied zu stellen. Im Juni 1848 war Wagner Mitglied der Kommunalgarde geworden, wurde aber im Frühjahr 1849 auf seinen Antrag wegen doppelseitigen Leistenbruches entlassen (Müller: *Richard Wagner in der Mairevolution 1849*, Dresden 1919).

Dagegen bestimmte Wagner den Drucker des Röckelschen Volksblattes, auf einem einzigen langen Streifen Papier die Worte drucken zu lassen:

»Seid Ihr mit uns gegen fremde Truppen?«

Diese Blätter wurden auf den Barrikaden, wo zunächst die Angriffe zu erwarten waren, angeheftet. Sie sollten den sächsischen Truppen, falls sie zuerst zum Angriff geführt wurden, ihr Verhalten vorzeichnen. Der König sollte in der Lage sein, der Okkupation seines Landes durch die heranrückenden preußischen Truppen zu widerstehen. In Württemberg hatten die Truppen die Regierung gezwungen, sich der Anerkennung der deutschen Reichsverfassung zu fügen.

Chamberlain (a.a.O.) lässt sogar aufgrund der Aussage des Druckers Roempler die Meinung gelten, dass Wagner mit den gedruckten Streifen über die Barrikaden kletterte und sie unter die Dresden belagernden Soldaten verteilte, und rühmt hierbei Wagner als »wahren Helden ohne Furcht noch Tadel« (ebenso Müller am angeführten Orte).

Alle Tage trieb sich Wagner in den Straßen der Stadt umher. Am 5. Mai wird er Beobachter der Vorgänge auf dem Rathause, von dessen Balkon Professor Köchly die neue Regierung ausrief. Nach anderen Aussagen stand er mit auf dem Rathausbalkon und brachte als erster ein begeistertes Hoch auf die neue Regierung aus (Müller a.a.O.). Er verbringt eine Nacht auf dem Turm der Kreuzkirche, die von preußischen Kugeln bestrichen wird. Der Beschluss der provisorischen Regierung, sich ins Erzgebirge zurückzuziehen, erscheint ihm großartig und bedeutend; seine anfängliche »fast ironische Ungläubigkeit« gegenüber den Geschehnissen verwandelt sich in eine hoffnungsvolle Erfassung des Bedeutsamen des bisher Unbegreiflichen. Nachdem am 6. Mai das alte Opernhaus in Flammen aufgegangen war, fühlte er sich aller Fesseln an Dresden ledig und ließ mit vollem Bewusstsein jede Rücksicht auf seine persönliche Lage fahren. Ein Vorbeimarsch von jugendlichen Turnern machte den »erhabensten Eindruck« auf ihn.

Nachdem er einen Einspänner aufgetrieben hat und seine Frau nachgekommen war, fährt er über Kesselsdorf und Freiberg nach Chemnitz, kehrt aber aus unüberwindlichem Drange wieder nach Dresden zurück, um den Ereignissen bis zum Schlusse nahe zu sein. Immer sind es die sinnhaften Eindrücke, die er auffängt: die Unheimlichkeiten nahen Kampfeslärmes, Gemurmel von sprechenden Menschen, brennende Pechfackeln, der Aufruf, der ihm als Unbewaffneten gilt, die bleichen ermüdeten Gesichter. Unheimlich der Eindruck im Rathause: dumpfe Gefühle, Übermüdung auf allen Gesichtern, heisere Stimmen, nur der Freiberger Kreishauptmann Heubner noch voller Energie, aber seit sieben Tagen ohne Schlaf. Dagegen Bakunin auf einer Matratze mit der Zigarre im Mund, obwohl das Rathaus Patronenwerkstatt war. Während Röckel gefangengenommen worden, war Wagner immer noch hoffnungsvoll. Als die Truppen vordringen und die Aufständischen weiße Fahnen hissen, stürzt sich Wagner in die Straßen, um Heubner und Bakunin zu finden.

Mit ihnen auf einem Wagen, versucht er das Volk zu entflammen:

»Er machte einen furchtbaren, aufgeregten Eindruck. Krieg! Und immer Krieg! rief er, das schien das einzige zu sein, was er auf den Lippen und im Kopfe hatte, und ein Sturm von Worten dazu, ein Volkstribun wie Rienzl. Das Redegewitter und der Paroxismus[174] währte fast eine halbe Stunde lang.« (Vergl. hierzu Müller a.a.O. und die daselbst angeführten Quellen).

So kamen die Drei teils fahrend teils zu Fuß nach Freiberg. Als hier der Leipziger Arbeiterführer Stefan Born den geordneten Rückzug von etwa 2000 Mann meldet, stürzt ihm Wagner mit offnen Armen entgegen, küsst ihn und bricht in die glühenden Worte aus:

»Nichts ist verloren! Die Jugend, die Jugend, die Jugend wird alle retten!« (Stefan Born: *Erinnerungen*).

Während Heubner vor dem Weitermarsche nach Chemnitz vom Balkon des Freiberger Rathauses eine Ansprache hält, steht Wagner neben ihm und umarmt ihn (Müller a.a.O.). Mit dem Postwagen fährt er allein nach Chemnitz weiter und erfährt am anderen Morgen, dass der Aufstand niedergeschlagen ist und Heubner und Bakunin gefangen sind. Auf Drängen seiner Frau fährt er mit dieser über Altenburg nach Weimar, wohin er sich schon vor der Revolution für die dritte Wiederaufführung des *Tannhäuser* hatte beurlauben lassen.

Unter den verschiedenen Charaktertypen, die bei einer Revolution eine Rolle spielen oder sich sonst bemerkbar machen, erwähnt Hans Freimark, der in seinem Buche *Die Re-*

volution als psychische Massenerscheinung (München 1922) drei
solcher Typen aufstellt, als deren zweiten »minderbekannten«
Typus die »ästhetischen Schwärmer«, die durch ihr warmes
Gefühl von einem Äußersten in das andere gerissen werden.
Auch Dr. Albert Moll hebt hervor, dass Künstler bei ihrer
besonders starken Eindrucksfähigkeit zur Betätigung in Revolutionen neigen, und die Geschichte fast aller Revolutionen,
auch der deutschen Revolution von 1918/19, bestätigt dies.

Bei Richard Wagner wird es ganz deutlich, dass er, durch
und durch Künstlernatur und eigentlich nur Künstlernatur,
von der damaligen Unzulänglichkeit des Theaters, der Oper
und des Dramas, ausgeht und um einer neuen gereinigten
Kunst willen eine neue Staats- und Gesellschaftsordnung
heraufführen möchte, da er fürchtet, unter den alten Zuständen sein Kunstideal nicht verwirklichen zu können. Er wurde
»auf die volle Erkenntnis der Nichtswürdigkeit der politischen
und sozialen Zustände hingewiesen, die aus sich keine anderen Kunstzustände bedingen konnten« als die, welche er vor-
fand und angriff *(Mitteilung an meine Freunde)*.

Wagner hatte sich seiner eigenen Angabe nach nie mit Politik beschäftigt, und so erwies sich, wie er auch bald einsah,
das von ihm aufgestellte Ideal als eine wesenlose Vermischung
demokratisch-republikanischer Freiheitsgesinnung mit anarchistisch-utopischen Ideen. Schon insoweit gehört Wagner
zu den Ideologen, die in jeder Revolution mitwirken. Unter
diesen Ideologen finden sich neben ausgeprägten Ideenfana-
tikern und Phantasten auch die partiell Genialen, die, wie
Richard Wagner, freilich immerhin teilweise an jene beiden
anderen Gruppen angrenzen.

Schon Lombroso *(Der politische Verbrecher*[175]*)* und *(Die
Anarchisten*[176]*)* hat darauf hingewiesen, wie leicht sich in
impulsiven und »naiven« Naturen der Protest gegen die Ver-
logenheit und Ungerechtigkeit der herrschenden Klasse, die
Wahrheit und Ehre ungestraft mit Füßen tritt, in der Form
revolutionärer Ideen regt. Der politische Kriminelle leidet an
einer Hyperästhesie[177], an einer Überempfindlichkeit des Ge-
rechtigkeitsgefühls; er sieht die Gebrechen des Staates und
der Gesellschaft mit einem einseitigen Scharfblick, ohne ihre
wurzelnden Ursachen im Zusammenhange des Ganzen zu erkennen. Hier findet sich der an sich Exzentrische, durch seine
widrigen persönlichen Schicksale schon nervöse Charakter.
Er hat die Anpassungsfähigkeit an den langsamen Gang der

Entwicklung zum Mindesten auf Zeit verloren. Er verkennt die erblichen Instinkte der Menschheit, »die sich Kraft ihrer konservativen Mission gegen alles auflehnen, was sie in ihrem Wesen verändern will« (Lombroso a.a.O.). Auch körperliche und seelische Gehemmtheit mit starkem Geltungsbedürfnis kann sich einmischen; ebenso Enthusiasmus und Heroismus bis zum Fatalismus.

Auch die altruistischen Regungen in solchen Naturen, auf die auch schon Lombroso aufmerksam macht, zeigen sich bei Wagner in seinem ausgeprägten Mitleidsgefühl. Er »konnte stets nur für die Leidenden Partei nehmen, und zwar ganz in dem Grade eifrig, als er sich gegen irgendwelchen Druck wehrte« *(Mitteilung an meine Freunde)*. Sie zeigen sich weiter in seiner großen Tierliebe, wovon die Beispiele sein ganzes Leben durchziehen und deren dichterische Verklärung sich schließlich im *Parsifal* findet. Dieser Altruismus fließt aus einer leicht beeindruckbaren und erregbaren Natur, in der sich aber auch Selbstsucht, ja Lieblosigkeit mit einem übertriebenen Altruismus zusammenfinden können.

Auch an den Lehren der Individualpsychologie lassen sich Aufbau und Entwicklung von Richard Wagners Charakter erweisen und begreifen. Nach ihnen »lässt sich von allen seelischen Bewegungen zeigen, dass sie ihre Richtung durch ein vorher gesetztes Ziel bekommen« (Alfred Adler: *Praxis und Theorie der Individualpsychologie*, München 1924). Diese »Zielsetzung« ist es, die alles Denken, Fühlen, Wollen, Handeln des Menschen beeinflusst und ihm so die »Leitlinie« und seine Einheit gibt.

»Auch die Charakterzüge haben kein selbstständiges Dasein, auch sie passen immer zu dem individuellen Lebensplan, dessen wichtigste Kampfbereitschaften sie darstellen«.

Die entschiedene Ablehnung alles bloß schulischen Lernstoffes, die Wagner in seiner Biographie instinktiv so sehr betont, gab dem starken Drange nach selbstgewählter dichterischer Gestaltung Raum und Gelegenheit. Schon der Knabe und junge Mensch wollte stets etwas ganz anderes, als die Umstände und Verhältnisse ihm bieten wollten.

Schließlich begriff er sein »heftiges Begehren, überhaupt etwas Großes und Erhabenes zu beginnen« und fand lebhafte Nahrung durch die Lektüre von Bulwers *Rienzi*[178] *(Mitteilung an meine Freunde)*. In dieser »Zielsetzung« offenbarte sich die Richtung seiner »Leitlinie«, die bald ihre »formale

Gestaltung« und vor allem ihre »Dynamik« erhielt. Dass bei der Neigung seiner beiden Eltern zu Kunst und Theater und bei dem Beispiele, das seine an Theatern beschäftigten Geschwister ihm boten, die formale Zielsetzung das Theater im höchsten Sinne, das Drama in ganz neuer Gestaltung wurde, ist nicht zu verwundern.

Diese nach einem so hochgesteckten Ziele gerichtete Leitlinie bedurfte einer ungeheuren Dynamik, einer Willensanspannung, einer Tatkraft, einer Zähigkeit sondergleichen. Und die Zielsetzung erzeugte – nach Adler – eben die erforderliche Dynamik, die Kraftansammlung, die zu ihrer Erreichung und Durchsetzung erforderlich war. Alle diese jugendlichen Streiche, Tollheiten, Widrigkeiten beging die Natur in ihm gewissermaßen, um in fortwährende Kampf- und Abwehrstellung zu bringen und hierbei seine seelische wie körperliche Dynamik immer mehr zu steigern.

Auf diesen Wegen entwickeln sich seine Hast, seine Heftigkeit, seine Impulsivität, seine tobende Maßlosigkeit, seine Tollkühnheit und Exzentrizität, deren er zur Erreichung seines Zieles bedurfte. Auch Charaktereigenschaften, die ihm für sein Werk nötig sind, bilden sich auf diese Weise: ein starker Egoismus in Ausnutzung ihn umgebender Freunde, denen er sich außerhalb des Künstlerischen nicht hingibt; außerordentliche Hinneigung zum Weiblichen, von dem er Entspannung und Erlösung seiner sonst sprödem Natur erwartet; Unbedenklichkeit in Beschaffung und Verausgabung von Geldmitteln; geringe Dankbarkeit gegenüber den Wohltätern; Unduldsamkeit, Rechthaberei, Selbstüberschätzung und anderes mehr.

Klar ist – ebenfalls im Sinne Adlers – Wagners »Ziel der Überlegenheit«; etwas ganz Besonderes, Unerhörtes, bisher Nichtgeahntes will er schaffen.

»Auf jedem Teil seines Weges leitet und rührt ihn seine Sehnsucht nach Überlegenheit, sein Gottähnlichkeitsgedanke, sein Glaube an seine besondere Zauberkraft« – so beschreibt Adler das innerste Wesen solcher Menschen.

Und noch etwas muss zur Grundlage seiner Kampfstellung gegen eine ganze Welt dienen: Es ist das schon durch seine Jugendtollheiten in ihm erzeugte Gefühl einer gewissen Minderwertigkeit, das insbesondere durch seine widrigen Schicksale und ersten Misserfolge in Magdeburg, durch die heimliche Flucht vor seinen Gläubigern aus Riga, durch die ungeheuren Demütigungen, die er bei seinen Aufenthalten in Paris erlitt, gesteigert wurde und in ihm die ungeheuren Kräfte schürte. So kam sein großes Werk auch als »Überkompensation« zustande.

Nach Adler ist jenes schon dem Kinde im Verhältnis zu seinen Eltern, zu seinen Lehrern wie zu seiner ganzen Umgebung innewohnende Gefühl der Unfertigkeit, der Unsicherheit und Unselbstständigkeit die natürliche Triebfeder zu einer beständigen Unruhe, zu seinem Betätigungsdrange, seinem Kräftemessen, sodass seine ganze Erziehungsfähigkeit von diesem »Insuffizienzgefühl« abhängt, das dann entsprechend auch in den späteren Jahren seine antreibende Wirkung in der Zielsetzung, in der Satzung eines zunächst »fiktiven Zieles«, mit dem Gefühle, als ob es erreichbar wäre, für die Lebenserziehung nicht verliert.

Unschwer ist auch Richard Wagners politisches Verhalten in den Jahren 1948/49 auf diese zum selbsterkorenen Ziele führende Leitlinie zu setzen, auf der seine Natur sogar durch vorübergehende Bedrohung von Leib, Leben und Freiheit, durch wirtschaftliche Entblößung und bürgerliche Entrechtung noch einmal die für das Lebenswerk erforderlichen gewaltigen Kräfte schüren wollte.

So vermögen Psychologie und Kriminalpsychologie den engen Zusammenhang zwischen rechtswidrigem Tun und höchstem geistigen Schaffen aufzuzeigen und einen Beitrag zu den Gedenkjahren – und Tagen von Kultur und Kunst zu geben.

[Beilage]

Ferdinand von Hornstein, der Sohn Robert von Hornsteins, hat folgenden Briefwechsel seines Vaters mit Richard Wagner veröffentlicht.

»19 Quai Voltaire, Paris, d. 12. Dez. 61.

Lieber Hornstein!

Ich höre, Sie sind reich geworden. Wie traurig ich mich befinde, können Sie leicht aus meinen Misserfolgen entnehmen. Ich suche mich durch Absperrung und eine neue Arbeit zu retten. Um diesen Weg zu meiner Erhaltung mir zu ermöglichen, d.h. um mich der peinlichsten Verpflichtungen, Sorgen und Nöten zu überheben, die mir alle Geistesfreiheit rauben, bedarf ich eines sofortigen Vorschusses von zehntausend Francs. Damit kann ich dann von Neuem mein Leben ordnen und wieder produzieren.

Mir diese Summe zu verschaffen, wird auch Ihnen schwer fallen; möglich aber, wenn Sie *wollen* und Opfer nicht scheuen, wird es Ihnen jedenfalls sein. Dieses aber verlange ich und bitte Sie daher darum, gegen das Versprechen, im Laufe dreier Jahre ebenso bemüht zu sein, von meinen Einnahmen das Darlehn Ihnen zurückzuerstatten.

So zeigen Sie, ob Sie ein rechter Mann sind!

Sind Sie dieses für mich – und warum sollte dies nicht endlich einmal von einem zu erwarten sein? – so treten Sie mir durch Ihre Hülfe dann sehr nahe, und Sie müssten sich dann gefallen lassen, nächsten Sommer auf einem Ihrer Güter, am liebsten im Rheingau, für etwa drei Monate mich bei sich aufzunehmen.

Ich will Ihnen für heute nicht mehr sagen. Nur was die zu leistende Hülfe betrifft, will ich erwähnen, dass mir schon eine viel ermöglichende Erleichterung geschieht, wenn ich sofort nur sechstausend Francs zu meiner Verfügung habe; ich hoffe mich dann so arrangieren zu können, dass ich die fehlenden viertausend Francs etwa erst im März nötig hätte. Gründlich, wie es andererseits meine Stimmung so nötig bedarf, hilft mir aber nur sofort die ganze Summe. –

Sehen wir denn und hoffen wir, dass auch einmal die Sonne ein wenig in mein Leben scheint. Ich bedarf jetzt eines Gelingens, sonst geht's wohl nicht mehr!

Der Ihrige
Richard Wagner.«

Robert von Hornstein antwortete:

»Lieber Herr Wagner!

Sie scheinen einen falschen Begriff von meinem ›Reichtum‹ zu haben. Ich habe ein hübsches Vermögen, um mit Weib und Kind bürgerlich anständig leben zu können. Sie müssen sich also schon an *wirklich* reiche Leute wenden, deren Sie ja unter Ihren Gönnern und Gönnerinnen in ganz Europa genug haben. Es tut mir leid, Ihnen nicht dienen zu können.

Was Ihren längeren Besuch auf ›einem meiner Güter‹ betrifft, so bin ich zur Zeit nicht auf längeren Besuch eingerichtet und werde, wenn dies einmal sein sollte, es Ihnen zu wissen tun.

Mit großem Bedauern habe ich in den Zeitungen gelesen, dass die Aufführung von *Tristan und Isolde* diesen Winter nicht zustande kommt. Ich hoffe, dass dies nur eine Frage der Zeit ist und wir dies Werk doch noch zu hören bekommen.

Es grüßt Sie und Ihre werthe Frau auf's freundlichste
Ihr Robert von Hornstein«.

Darauf kam folgender Brief von Wagner:

»Paris, 27. Dez. 61.

Lieber Herr von Hornstein!

Ich glaubte unrecht zu thun, eine Antwort, wie Sie mir geben, ungerügt zu lassen. Wird sich auch wohl schwerlich der Fall ereignen, dass ein Mann meines Gleichen sich wieder an Sie wendet, so dürfte Ihnen doch das Innewerden der Unziemlichkeiten Ihrer Zeilen schon an und für sich gut thun.

Sie mussten mich in keiner Weise belehren wollen, auch nicht darüber, wer wirklich reich sei, und es mir selbst überlassen, warum ich mich an die von Ihnen gemeinten Gönner und Gönnerinnen nicht wende.

Wenn Sie auf keinem Ihrer Güter eingerichtet sind, mich zu empfangen, so hatten Sie die von mir Ihnen angebotene ausgezeichnete Gelegenheit zu ergreifen, sofort da, wo ich es wünschte, das Nötige herrichten zu lassen. Dass Sie mir in Aussicht stellen, es mich einmal wissen zu lassen, wann Sie dort eingerichtet sein würden, ist demnach beleidigend.

Den Wunsch, den Sie in Bezug auf meinen Tristan schließlich aussprechen, hätten Sie unterdrücken sollen: Nur wenn Sie meine Werke gänzlich ignorieren, konnte Ihre Antwort hingehen.

Hiermit sei dies angethan. Auf gegenseitige Diskretion rechne ich, wie ich sie anbiete.

Ihr ergebener
Richard Wagner.«

Es ist reizvoll, hiermit die Darstellung in Wagners Selbstbiographie, S. 795, zu vergleichen:

> »So verfiel ich denn endlich darauf, in der Ungeduld von
> Mainz unter dem finanziellen Schutze Schotts mir einen
> ruhigen Aufenthaltsort auszusuchen. Dieser hatte mir von
> einem hübschen Landgute des jungen Barons von Horn-
> stein, in jener Gegend gelegen, gesprochen. Ich glaubte
> diesem wirklich eine Ehre zu erweisen, als ich ihm nach
> München um die Erlaubnis, auf seinem Gute im Rhein-
> gau für einige Zeit Unterkunft zu suchen, schrieb. Dage-
> gen war ich höchst betroffen, als Antwort ebenfalls nur
> den Ausdruck des Schreckens über meine Zumutung zu
> empfangen.«

Außerdem spricht Wagner von Robert von Hornstein in
ziemlich geringschätzenden Ausdrücken, nennt ihn eine
»putzige Gestalt« und erwähnt das »tölpelhafte Benehmen«
des Barons.

Einige kritische Bemerkungen über die Theorien Sigmund Freuds und seiner Schule

Ich nehme an dieser Stelle Gelegenheit, einige kritische Bemerkungen über die Theorien Sigmund Freuds und seiner Schule zu machen, vor allem auch über den uns näher angehenden Zusammenhang seiner Lehren mit dem Kriminellen.

Freuds grundlegender Lehre von den drei Stufen der Geschlechtlichkeit *(Drei Abhandlungen zur Sexualtheorie*[179], Wien) sind in den Kreisen der Wissenschaft, von seinen Schülern und Anhängern abgesehen, starke Bedenken und Zweifel begegnet, die auch ich teile. Wenn Freud die lustgewinnende Betätigung der Mundzone des Säuglings als Oralerotik auffasst, so kann ihm zugegeben werden, dass es zuweilen so aussieht, als ob das an der Mutterbrust trinkende Kind, das mit der Zunge schnalzt und mit seinen Händchen die volle Brust tastet und drückt, eine über den Sättigungstrieb hinaustretende Lust empfindet. Aber die Lustempfindungen des Nahrungstriebes und des Sexualtriebes sind doch im Übrigen für die ganze Lebensdauer getrennt. Weshalb sollte die Natur gerade dem Säugling dabei etwas mehr und gar das Sexuelle mitbeschert haben?

Vor allem hält die Wissenschaft daran fest, dass die Wirkungen der Sexualität erst mit dem Funktionieren der Geschlechtsdrüsen, mit dem inneren Geschlechtsmechanismus, ihren Anfang nehmen. Dass der Mund später normal und anormal zur erogenen Zone wird, darf nicht täuschen.

Nach dieser Oralerotik soll sich im Kinde die Zeit der Analerotik entwickeln, wobei der After zur erogenen Zone werden und das Zurückhalten und schließlich Ausstoßen der Kotstange die Bedeutung einer gleichfalls sexuellen Lustempfindung gewinnen soll. Dass in späteren Jahren, besonders beim Manne, der After tatsächlich zur erogenen Stelle werden und die infantile Befassung mit dem eigenen Kot in der Saliromanie (Kotschmieren) von Erwachsenen sexuellen Zusammenhang haben kann, vermag über die Sonderbarkeit der Freud'schen Hypothese nicht hinwegzuhelfen.

Mit der Ablehnung der Oral- und Analerotik fallen alle Annahmen, die Freud und noch mehr seine Schüler an sie knüpfen möchten, in sich selbst zusammen, vor allem die Theorie von dem Ödipus-Elektra-Komplex, der zu dem A und O der ganzen Psychoanalyse von Freud selbst gestempelt worden ist. Gewiss, es zeigt sich eine ganz natürliche Annäherung des kleinen Knaben an die Mutter, des kleinen Mädchens an den Vater, sie entspringt auch aus der grundlegenden gegenseitigen Anziehung der Geschlechter. Aber ein Gesetz, dass hierbei eine erotische Objektwahl stattfinde, besteht nicht. Man hört kleine Knaben wohl sagen, sie wollen ihre Schwester, eine Cousine oder das Kindermädchen, nicht aber, sie wollten ihre Mutter heiraten; und kleine Mädchen äußern auch nicht, dass sie ihren Vater heiraten möchten. Die Kleinen sehen ja sehr wohl vor Augen, dass Vater und Mutter zusammengehören und miteinander verheiratet sind. Wenn die Mutter später den heranwachsenden Sohn, der Vater die heranwachsende Tochter mit größerer Zärtlichkeit bedenkt, was übrigens in sehr vielen Fällen nicht zutrifft, so geschieht es, weil die Mutter im Sohn den ehemals jungen Gatten, der Vater in der Tochter die einst junge Braut und Gattin erblickt.

Eine gewisse Scheu des Sohns vor dem Vater, die zeitweise zur Abneigung werden kann, ergibt sich aus der meist größeren Autorität und Strenge des Vaters ihm gegenüber, also aus Anlässen der Erziehung, in der wieder die Mutter ganz natürlicherweise eine ausgleichende Rolle zu spielen pflegt. Das Erziehungswerk bringt einen Gegensatz der Generationen zur Erscheinung mit unterschiedlichen Anschauungen und Betätigung[en zutage, wobei][180] der Ausgleich nicht immer gelinde verläuft oder auch nur gelingt.

Ähnliche Widersprüche der Generationen erheben sich auch zwischen Mutter und Tochter.

Dass die Furcht vor dem Vater gelegentlich zur Abneigung, ja zum Hass und ihm von disponierten Kindern Böses, sogar der Tod gewünscht werden kann, soll nicht bestritten werden. Diese Todeswünsche sind eine allgemein menschliche infantile Waffe der Abneigung mit dem Verlangen nach Unschädlichmachung nicht nur der Autorität des Vaters oder der Mutter, sondern auch mancher anderen Person, während dem Kinde der wirkliche Begriff vom Sterben und vom Tode gar nicht geläufig ist. Auch bei Erwachsenen fehlen die Todeswünsche im Sinne allgemeiner bloßer Abwehrgedanken nicht.

Es ist auch durch nichts erwiesen, dass ganz allgemein im Sohne der verdrängte auf die Mutter gerichtete Inzestwunsch liege, noch weniger, dass dieser Inzestwunsch die Abneigung, den Hass gegen den Vater steigere und den Todeswunsch mit auslöse. Alle kriminalistischen Erfahrungen der Forensischen Praxis zeigen, dass ein Inzestwunsch des Sohnes gegenüber der Mutter kaum in Erscheinung tritt. Ebenso zeigt die Tochter kein inzestuöses Verlangen gegenüber dem Vater; auch hier ist es in zahlreichen Beispielen der Vater, der vielfach aus Umwälzgründen [Begriff unklar, die Herausgeber] die meist widerwillige Tochter anregt und verleitet.

Entnimmt man der Sophokleischen Ödipusdichtung, wie furchtbar die Taten des Ödipus selbst als unwissentliche beurteilt und bestraft wurden, so darf man sich einen Begriff machen, wie weit schon für den Dichter die Zeiten zurückliegen mussten, da zusammenhängend Vatermord und Inzest mit der Mutter vielleicht geübt wurden. Die alten Klassiker überliefern keine Anhaltspunkte dafür, dass zu ihren Zeiten Anzeigen für die Wirksamkeit eines Ödipuskomplexes vorhanden gewesen waren. Eine genaue Prüfung ergibt also nichts für eine Vererbung eines solchen Komplexes über viele Jahrtausende hinweg. Nichts Genaues überhaupt dafür, dass der Sohn den Vater der Urhorde, der ihm mit Kastration drohte, aus Sexualneid wegen der vorenthaltenen Weiber (Mutter, Schwester) umgebracht habe (vergl. auch Magnus Hirschfeld, *Geschlechtskunde*, Stuttgart 1926 I, B, S. 194 ff).

Es ist auch überflüssig, von jener Ermordung des Vaters der Urhorde unser heutiges Schuldgefühl herzuleiten, das ganz offenbar in allen Menschen aus seiner Organisation lebendig, ganz einfach und in natürlicher Weise mit unserer latenten Kriminalität zusammenhängt, die unsere erwachten geheimen Wünsche und Begierden in fortwährenden Gegensatz zu den strengen Ansprüchen von Erziehung, Sitte, Gesetz und Kultur bringt und so in unserer Gefühlswelt die schwere Bangigkeit der Unausgeglichenheit hervorruft, die vielleicht in der Jugend vorübergehend mit auf die Onanieübung fundiert wird. Wenn schließlich Freud und seine Schule alle Neurosen, alle Verbrechensverübungen unbedingt mit dem Ödipuskomplex und der Kastrationsangst verankern wollen, so kann nicht geleugnet werden, dass ein solches System Methode hat.

Dass die Psychoanalyse durch ernsthafte wahrheitsgemäße »Ausräumung« nicht nur des Unbewussten, sondern der vielen Bewusstseinsinhalte unsere Kenntnis vom menschlichen

Seelenleben bereichert hat, ist richtig. Vorläufer hatten wir hier schon in den sogenannten »schonungslosen Lebensberichten«, wie sie z.B. Rousseau in seinen *Bekenntnissen* und manche anderen Schriftsteller in ihren Werken (»Marquis des Sade«, Sacher-Masoch, Balzac, Maupassant, Strindberg, Schopenhauer, vorher auch schon Goethe, Nietzsche, Wedekind und einige Neuere) niedergelegt haben. Alle diese Niederschriften sind, da sie sich nachprüfen lassen, von höherem Werte als die aus der Psychoanalyse gewonnenen Annahmen und bewegen sich im Bereiche einer wissenschaftlichen Psychologie. Die besondere Methode Freuds muss Bedenken erregen. Es liegt ja auf der Hand, dass in dem freien Assoziieren der Versuchsperson geradezu ein Tummelplatz für alle möglichen Fehlerquellen des Gedächtnisses, der phantastischen Schweifung, der Kritiklosigkeit, der absichtlichen Irreführung, des bloßen Spieles usw. sich auftun kann, auf denen dann der Psychoanalytiker seine Feststellungen und Deutungen aufrichtet. Kommen gar, wie meist, psychopathische Patienten in Frage, so können Ehrlichkeit und Glaubwürdigkeit tief sinken und die Auto- und Fremdsuggestion, die ja bei der sogenannten »Übertragung« auf den Arzt als Vertrauensperson (an Stelle des »Vaters«) schon stark in Anspruch genommen wird, macht den Patienten für alle mögliche Auslegungen empfänglich. Dieses Verfahren steht mit unserer Psychologie der Zeugenaussage und der Vernehmungstechnik gegenüber einem Beschuldigten, in den nach einer ersten Forderung nichts hineininquiriert werden soll, in großem Widerspruche.

Verwirrung könnte angerichtet werden, wenn wir die Psychoanalyse in die Vernehmung des Angeklagten einführen wollen. Ganz schlimm steht es mit der Psychoanalyse von Kindern im Alter von 9, 8, ja 6 Jahren (Anna Freud, *Einführung in die Technik der Kinderanalyse*[81], Wien). Die wissenschaftliche Psychologie begegnet der Kinderaussage mit größter Vorsicht und verweist auf die schweifende Phantasie, die Suggestibilität, die beschränkte Wahrnehmungs- und Gedächtnisfähigkeit sowie das Unvermögen der Kinder, gelegentlich Erlebtes, Gehörtes und Geträumtes zu unterscheiden. Aber in der Psychoanalyse werden alle Angaben des Kindes, seine Einfälle und Traumberichte hingenommen und verwertet.

Freuds Schüler haben den Versuch unternommen, seine Behauptungen für den Strafprozess zu verwerten (Theodor

Reik, *Geständniszwang und Strafbedürfnis*[182], Wien; Franz Alexander und Hugo Staub, *Der Verbrecher und seine Richter*[183], Wien). Aus dem fortwährenden Konflikt des menschlichen Trieblebens (dem »Es«) mit dem Über-Ich (bisher Gewissen) wird abgeleitet die »Annahme einer unbewussten Tendenz, die ohne den bewussten Willen der Person verdrängtes Material zur Äußerung bringt« und weiter, »dass der allgemeine Äußerungsdrang des unbewussten Materials manchmal den Charakter einer Geständnistendenz annimmt« (Reik). Und ein masochistischer Anteil dieses Äußerungsdranges sei »ein Stück Strafbedürfnis, das im Geständniszwang eine partielle Befriedigung findet«. Das Geständnis soll den Streit zwischen dem Es und dem Über-Ich versöhnen; die Einheit der durch die Verbrechensverübung zerrissenen Persönlichkeit soll wiederhergestellt werden. Den Anstoß zum Geständnis gibt das Über-Ich. Aber das Strafbedürfnis ist ein Ausfluss stärkster Triebregungen, ja es hat sexuelle Bedürfnisse abgelöst, das Strafbedürfnis reize erst zur Verübung des Verbotenen (der »kriminelle Reiz«); das präexistente Schuldgefühl wolle sich durch die Verübung der Straftat befreien, erlösen. Leider werden nun wieder die unvermeidlichen Zusammenhänge mit dem Ödipuskomplex und der Kastrationsangst verwertet und verwirren so einige richtige Gedanken.

Dass der Mensch wie auf Sadismus reichlich auf masochistisches Fühlen und Verhalten eingestellt ist, beweisen die Religionen (Christentum, Judentum, Buddhismus, Pessimismus) und die Religionskämpfe und Religionskriege aller Zeiten mit dem Erleiden grausamer Qualen und Strafen durch Gläubiger und Märtyrer. Dass in der Strafjustiz, die der Mensch als Institution über sich aufrichtete, starke sadistische Tendenzen liegen, hat schon Nietzsche gesagt; und indem sich der Mensch gleichzeitig den grausamen Strafen als einer Institution ganz allgemein unterwarf, um in seiner eignen »Bestie« gebändigt zu werden, zeigt deutliche masochistische Strebungen.

Während aber im Religiösen, im Kriegerischen, das dieselben Tendenzen zeigt, und in der Strafjustiz ungeheure oder wenigstens außergewöhnlich starke Gefühlsregungen – religiöser und patriotischer Fanatismus und in der Strafjustiz als einer Institution die schwere, bebende Sorge um die Sicherheit der Gesellschaft, der staatlichen Ordnung – als gewiss zureichende Gründe für die masochistische Unterwerfungsbegierde gelten dürfen, kann dies von jenem erwähnten allgemeinen, in uns allen aus der latenten Kriminalität (Freud sagt: vom Ödipuskomplex) entspringenden lebendigen Schuldgefühle nicht gesagt werden.

Dieses allgemeine Schuldgefühl ist zwar in uns allen lebendig, es begleitet uns durch unser ganzes Leben. Aber ein wohlwollendes Schicksal hat es uns doch mild gestaltet, mild erträglich zugemessen, scheint es uns als leisen, gemäßigten, notwendigen Mahner zum gewohnten Begleiter erkoren zu haben.

Dieses Schuldgefühl ist nicht allgemein dazu angetan, unsere Kriminalität geradezu zu mobilisieren. Unsere kriminalistischen Erfahrungen sprechen gegen eine solche Annahme. Wir sehen die Allgemeinheit vielmehr die Verbrechen aus Furcht vor der Strafe und der sozialen Entehrung geradezu nach Kräften vermeiden. Nur einzelne wenige suchen und nehmen ihre Bestrafung aus masochistischem Fühlen, Melancholiker im Versündigungswahn, der Büßer zugleich als Entgelt für manches Unverbüßte, der Willensschwache, den sein Schuldgefühl zermürbt.

Man muss die Abneigung, Gegnerschaft, ja den Hass der Öffentlichkeit gegen die Härten des Strafgesetzes, des Strafprozesses, des Strafvollzugs nicht übersehen. Es sind ja Tendenzen ernstlich am Werke, das Strafrecht durch Sanktionen und den Strafvollzug durch Verwahrung abzulösen. Wie suchen bei Sensationsprozessen Presse, Öffentlichkeit, Publikum den Angeklagten, der wenig Neigung zum Geständnis zu zeigen pflegt, dem Staatsanwalt (Kampf um Hau[184], um Halsmann[185], um Frenzel[186], um die Todesstrafe!) geradezu zu entreißen, wie wird der freigesprochene Angeklagte, sogar ein Paul Krantz, im öffentlichen Triumphe gefeiert! Ist das alles Masochismus? Nicht im Geringsten.

Fragt man nach den Gründen, die der psychoanalytischen Lehre ihren großen Erfolg verschafft haben, so ist es einmal die Neuheit, die Beharrlichkeit und die Durchführung des Systems und der Methode, die Romantik und Mystik, die suggestive Wirkung, die von ihr ausgeht. Dabei fallen die wertvollen Teilwahrheiten, die gewiss anerkannt werden sollen, selbstverständlich in die Waagschale. Gerade in nüchterner Zeit greifen die Menschen gierig auf, was nach Geheimnis und Wunderbarem aussieht. Vor allem ist es die sexuelle Lockung, welche die ganze Theorie umgaukelt. Die

Behauptung, all unser Fühlen und Denken und jede Deutung unserer Zustände und unseres Verhaltens habe sexuellen Zusammenhang, hat für den Menschen ganz allgemein und besonders in der Gegenwart eine außerordentliche Anziehung. Dass darin ein krasser Materialismus steckt, wird kaum bemerkt. Dasein und Leben werden im Höchstmaße erotisiert, sexualisiert zu einer Zeit, da alle sonstigen Reizmittel versagen. Die Übererotisierung, die Übersexualisierung, an der die Gegenwart leidet, sind zu einem Hauptteil der Freud'schen Lehre mit zuzuschreiben.

Textnachweise

Der vorliegende Band bietet eine Auswahl von 17 verschiedenen Texten Wulffens aus den Jahren 1904 bis zu Beginn der 1930er Jahre. Dies ist nur ein kleiner Teil seines umfangreichen Werkschaffens. Mit der Auswahl soll ein repräsentativer Querschnitt geboten werden. Einige dieser Beiträge werden vorliegend zum ersten Mal der Öffentlichkeit vorgestellt. Bei einzelnen Aufsätzen und Essays ließ sich keine Veröffentlichung nachweisen, doch ist eine solche nicht unbedingt auszuschließen. Diese Texte stammen aus dem Nachlass des Kriminologen, der in der Sächsischen Landesbibliothek Dresden (Signatur: Nachlass Erich Wulffen, Msc. v. Dresd. App. 1832) aufbewahrt wird. Die Beiträge wurden behutsam an die aktuelle Orthografie angepasst und blieben stilistisch unbearbeitet. Lediglich an einigen wenigen Stellen kam es zur Korrektur sinnentstellender Passagen.

Wie Angeklagte sich verteidigen, in: Kultur-Beiträge, 28.05. 1910.

Die Strafzumessung unserer Gerichte, in: Archiv für Kriminal-Anthropologie und Kriminalistik. Siebzehnter Band, 1904, S. 108–117.

Die Schäden in der Berichterstattung der Presse über Gerichtsverhandlungen, in: Deutsche Juristen-Zeitung. XI. Jg. (1906), Nr. 22, Sp. 1231–1235; Jürgen Seul: Das Strafverfahren Karl Mays versus Emil Horn. Karl Mays Prozess gegen den Hohenstein-Ernstthaler Anzeiger. Juristische Schriftenreihe der Karl-May-Gesellschaft e.V., Herausgegeben von Ruprecht Gammler und Jürgen Seul, Husum 2013, S. 104–106.

Kriminalpsychologische Plauderei, in: Sächsische Landesbibliothek – Staats- und Universitätsbibliothek Dresden, Nachlass Erich Wulffen, Msc v. Dresd. App. 1832 Nr. 996 (b).

Das Problem des Bösen, in: Berliner Tageblatt vom 26.03. 1914.

Cesare Lombrosos Lehre vom Verbrecher, in: Nord und Süd. 33. Jg. 1909, S. 375–379.

Zur Psychologie des Kindes, in: Monatsschrift für Kriminalpsychologie und Strafrechtsreform, 2. Jg., 1905/06, S. 172–178.

Weibliche Kriminalität [Titel von Herausgebern], in: Erich Wulffen/Felix Abraham: Fritz Ulbrichs lebender Marmor. Eine sexualpsychologische Untersuchung des den Mordprozess Lieschen Neumann charakterisierenden Milieus und seiner psychopathologischen Typen. Fotomaterial aus den nichtbeanstandeten Aufnahmen des Ulbricht'schen Nachlasses ausgewählt und zur einmaligen Reproduktion freigegeben vom Institut für Sexualforschung in Wien. Wien [u.a.], Verlag für Kulturforschung 1931; Sächsische Landesbibliothek – Staats- und Universitätsbibliothek Dresden, Nachlass Erich Wulffen, Msc. v. Dresd. App. 1832 Nr. 983 (b).

Kriminalpsychologie im Mordfall Hau, in: Sonderabdruck aus der Breslauer Halbmonatsschrift „Gesetz und Recht" VIII 21/22. Breslau 1907.

Der Serienmörder Peter Kürten [Titel von Herausgebern], in: Sächsische Landesbibliothek – Staats- und Universitätsbibliothek Dresden, Nachlass Erich Wulffen, Msc v. Dresd. App. 992 b.

Mein Umweg über die Dichter, in: Sächsische Landesbibliothek – Staats- und Universitätsbibliothek Dresden, Nachlass Erich Wulffen, Msc v. Dresd. App. 1832 Nr. 1330.

Der Läuterungsgedanke bei Karl May, in: Karl-May-Jahrbuch 1923. Hrsg. von Max Finke und Euchar A. Schmid, Radebeul 1923, S. 109–122.

Gerhart Hauptmanns Rose Bernd vom Standpunkte des Kriminalisten, in: Dresdner Anzeiger vom 05.05.1904.

Bekanntes und Unbekanntes über Goethe als Kriminalisten, in: „Das Kind in meinem Leib". Sittlichkeitsverbrechen und Kindsmord in Sachsen-Weimar-Eisenach unter Carl August. Eine Quellenedition 1777–1786. Herausgegeben von Volker Wahl. Mit einem Nachwort von René Jacques Baerlocher, Weimar 2004, S. 232–238.

Ein Hygienespruch Friedrich Schillers, Rundfunkvortrag vom 09.04.1931, in: Sächsische Landesbibliothek – Staats- und Universitätsbibliothek Dresden, Nachlass Erich Wulffen, Msc v. Dresd. App. 1325 (c).

Kriminalpsychologisches über Richard Wagner, in: Sächsische Landesbibliothek – Staats- und Universitätsbibliothek Dresden, Nachlass Erich Wulffen, Msc v. Dresd. App. 1328 (c).

Einige kritische Bemerkungen über die Theorien Sigmund Freuds und seiner Schule [Titel von Herausgebern], in: Sächsische Landesbibliothek – Staats- und Universitätsbibliothek Dresden, Nachlass Erich Wulffen, Msc v. Dresd. App. 1832 Nr. 974 b.

Anmerkungen

1   Vgl. Peter Becker: Verderbnis und Entartung. Eine Geschichte der Kriminologie des 19. Jahrhunderts als Diskurs und Praxis, Göttingen 2002. – Vgl. ferner zur Geschichte der Kriminalwissenschaft Richard F. Wetzell: Inventing the criminal. A history of German criminology 1880–1945, University of North Carolina 2000; David von Mayenburg: Kriminologie und Strafrecht zwischen Kaiserreich und Nationalsozialismus. Hans von Hentig (1887–1974) (= Rheinische Schriften zur Rechtsgeschichte, Bd. 1), Baden-Baden 2006; Imanuel Baumann: Dem Verbrechen auf der Spur. Eine Geschichte der Kriminologie und Kriminalistik in Deutschland 1880 bis 1980, Göttingen 2006.

2   Erich Wulffen: Tasso in Darmstadt, Chemnitz 1897.

3   Hugo Dingeldey: Erich Wulffen. Lebensgeschichte des Jubilars, in: Erich Wulffen. Festschrift zu seinem 70. Geburtstag, hg. von Alexander Baumgarten und Hugo Dingeldey, Berlin 1932 (künftig: Wulffen-Festschrift), S. 12–40 (9).

4   Vgl. Erich Wulffen: Mein Umweg über die Dichter, in: Sächsische Landesbibliothek Staats- und Universitätsbibliothek Dresden, Nachlass Erich Wulffen, Msc v. Dresd. App. 1832 Nr. 1330. Zur Biographie Erich Wulffens: Hugo Dingeldey: Erich Wulffen. Lebensgeschichte des Jubilars, in: Wulffen-Festschrift, S. 12–40; Albert Hellwig: Erich Wulffen als Kriminalpsychologe, in: Wulffen-Festschrift, S. 44–48. Siehe dazu auch das zeitgenössische Standardwerk von Gustav Aschaffenburg: Das Verbrechen und seine Bekämpfung, Heidelberg 1903.

5   Erich Wulffen: Kriminalpsychologie im Mordprozess Hau, in: Gesetz und Recht 7, 22/23 (1906), S. 1–32 (Sonderabdruck).

6   Albrecht Götz von Olenhusen: Erich Wulffen als Kriminologe, in: Mitteilungen der Karl-May-Gesellschaft 136 (2003), S. 13–15.

7   Siehe Jürgen Seul: Erich Wulffen – Leben und Werk, in: Jürgen Seul (Hrsg.): Kriminalpsychologie und Psychopathologie

in Schillers Räubern (1907), Berlin 2007, S. II bis XXII. Mit einer Einleitung von Albrecht Götz von Olenhusen, S. IX–X. Zu Wulffen vgl. auch Wulffen-Festschrift; Hans-Dieter Steinmetz: Ein vielseitiger Staatsanwalt, in: Mitteilungen der Karl-May-Gesellschaft 39 (1979), S. 21ff.; Volker Wahl: Der Dresdner Kriminalpsychologe und Schriftsteller Erich Wulffen (1862–1936) in seinen Beziehungen zur Goethe-Forschung sowie zu Karl und Klara May, in: Nachrichten der Karl-May-Gesellschaft 43 (2005), S. 13–22.

8   Siehe zu Hans Gross: Christian Bachhiesl, Sonja Maria Bachhiesl (Hrsg.): Kriminologische Theorie und Praxis, Wien, Berlin 2011, S. 7 ff.; Gernot Kocher, Thomas Mühlbacher: Hans Gross – ein Leben für die Kriminologie, in: Gerhard M. Dienes, Ervin Dubrovit, Gernot Kocher (Red.): Oöeva driava – majöin sin / Vaterstaat – Muttersohn. Katalog zur gleichnamigen Ausstellung im Stadtmuseum Rijeka, Rijeka 2007, S. 62–71; Christian Bachhiesl: Hans Gross und die Anfänge einer naturwissenschaftlich ausgerichteten Kriminologie, in: Archiv für Kriminologie 219 (2007), S. 46–53; Christian Bachhiesl: 100 Jahre akademische Kriminalwissenschaft, in: Archiv für Kriminologie 230 (2012), S. 204–208; Christian Bachhiesl: Die Grazer Schule der Kriminologie, in: Monatsschrift für Kriminologie und Strafrechtsreform 91 (2008), S. 87–111.

9   Siehe Albrecht Götz von Olenhusen: Die Prozesse des Hans Gross, in: Gerhard M. Dienes u.a. (Hrsg.): Gross gegen Gross. Hans & Otto Gross. Ein paradigmatischer Generationenkonflikt, Marburg an der Lahn 2005, S. 111ff. Zur Reduktion der Kriminalistik auf praktische Kriminalistik und theoretische Kriminologie auf bloße »Tataufklärungslehre« siehe Milos Vec: Sichtbar/Unsichtbar: Entstehung und Scheitern von Kriminologie und Kriminalistik als semiotische Disziplinen, in: Rebekka Habermas, Gerd Schwerhoff (Hrsg.): Verbrechen im Blick. Perspektiven der neuzeitlichen Kriminalitätsgeschichte, Frankfurt am Main, New York 2009, S. 383–414.

10   Albert Hellwig: Erich Wulffen als Kriminalpsychologe, in: Wulffen-Festschrift, S. 44–48.

11   Erich Wulffen: Psychologie des Verbrechers: ein Handbuch für Juristen, Ärzte, Pädagogen und Gebildete aller Stände, 2 Bände, Enzyklopädie der modernen Kriminalistik, Groß-Lichterfelde 1908.

12   A. Weingart: Rezension zu Psychologie des Verbrechers. In: Deutsche Juristen-Zeitung. XIV. Jg. 1909 Nr. 10, Spalte 611.

13   Franz von Liszt: Psychologie des Verbrechers, in: Berliner Tageblatt vom 13.08.1908.

14   Erich Wulffen: Frau Justitias Walpurgisnacht, Berlin 1913. – Zum Schlüsselroman siehe aus juristischer Sicht: BVerfG, Beschluss vom 13.06.2007 – 1 BvR 1783/05, GRUR 2007, 1085 (Roman Esra; BGH, Urteil vom 20.03.1968 – I ZR 44/66 (Mephisto); BVerfG, Entscheidung vom 24.02.1971 – 1 BvR 435/68 (Mephisto); Bernhard von Becker: Fiktion und Wirklichkeit im Roman. Der Schlüsselprozess um das Buch Esra. Ein Essay, Würzburg 2006; aus literaturwissenschaftlicher Sicht: Gertrud Maria Rösch (Hrsg.): Fakten und Fiktion. Werklexikon deutschsprachiger Schlüsselliteratur 1900–2010, Handbuch, 1. Band, Stuttgart 2011, 2. Band, Stuttgart 2013.

15   Erich Wulffen: Der Mann mit den sieben Masken, Dresden 1917 und Berlin 1928; ders.: Die Kraft des Michael Argobast, Dresden 1917 und Dresden 1924; ders.: Deutsche Renaissance, Dresden 1917; ders.: Vorgelesen, genehmigt, Berlin 1917; ders: Das Haus ohne Fenster, Berlin 1919; ders.: Die geschlossene Kette, Berlin 1919 und Berlin 1923; ders.: Der blaue Diamant, Leipzig 1919.

16   Siehe: Gerhard Lamprecht: Deutsche Stummfilme. 9 Bde., 1 Registerbd. Berlin 1967–1970: Die Kraft des Michael Argobast. Produktionsjahr 1917. Produzent: Decla-Film Gesellschaft, Holz & Co., Berlin. Verleih: Decla. Uraufführung: Januar 1918, Mamorhaus. Buch: Paul Otto, nach dem Roman von Dr. Erich Wulffen. Regie: Alwin Neuss. Atelier: Eiko-Atelier. Darsteller: Alwin Neuss. Filmlänge: ca. 1750 m (5 Akte); Der Mann mit den sieben Masken. Produktionsjahr 1918. Produzent: Mester Film GmbH, Berlin. Verleih: Hansa-Filmverleih, Berlin. Nachzensur: Hansa-Filmverleih, Berlin. Uraufführung: unbekannt. Buch: Erich Wulffen. Regie: Viggo Larsen. Atelier: Messter-Film-Atelier. Darsteller: Viggo Larsen, Paul Corady, Frl. Sorell, Franz Verdier. Filmlänge: ca. 1123 m (4 Akte); Die geschlossene Kette. Produktionsjahr 1920. Produzent: Projektions-AG Union. Berlin. Verleih: (unbekannt). Zensur: Projektions-AG Union, Berlin/Jugendverbot. Uraufführung: 29.11.1920. Buch: Erich Wulffen. Regie: Paul Ludwig. Kamera: Fritzarno Wagner. Bauten: Jack Winter. Atelier: Ufa-Messter-Atelier, Berlin-Tempelhof. Darsteller: Pola Negri, Carl Ebert, Aud Egede Nissen, Grete Schröder.

Filmlänge: ca. 1902 m (5 Akte). – ›Die geschlossene Kette‹ meint die juristische Indizienkette. Zugrunde lag der im bekannten Berliner Verlagshaus Rudolf Mosse erschienene Trivialroman von Wulffen von 1919 (bzw. 1923). Er spielt in Graz. Ein realer Fall lag ihm wohl nicht zugrunde. Dennoch verrät die Story eine genaue Kenntnis des österreichischen Straf- und Strafprozessrechts.

17   Hugo Dingeldey, in: Wulffen-Festschrift, S. 12–40 (27).

18   Frankfurter Zeitung, 07.02.1915.

19   Erich Wulffen: Das Weib als Sexualverbrecherin. Ein Handbuch für Juristen, Verwaltungsbeamte und Ärzte. Mit kriminalistischen Originalaufnahmen, Enzyklopädie der modernen Kriminalistik, 1.–3. Auflage, Berlin 1923 und Hamburg 1931.

20   Erich Wulffen: Kriminalpsychologie. Psychologie des Täters. Ein Handbuch für Juristen, Justiz-, Verwaltungs- und Polizeibeamte, Ärzte, Pädagogen und Gebildete aller Stände, Enzyklopädie der modernen Kriminalistik, Berlin 1926 und Hamburg 1931.

21   Siehe zu diesem Vorgang vor allem Hans-Dieter Steinmetz: Schatten der Vergangenheit. Die Mittweidaer Untersuchungsakten Karl Mays, in: Christian Heermann (Hrsg.): Karl May auf sächsischen Pfaden. Bamberg, Radebeul: Karl-May-Verlag, 1999, ²1999, ³2001, S. 194–274.

22   Vgl. u.a. Jürgen Seul: 100 Jahre Karl-May-Verlag, in: 100 Jahre Karl-May-Verlag. 100 Jahre Verlagsarbeit für Karl May und sein Werk 1913–2013. Herausgeber Bernhard Schmid und Jürgen Seul, Bamberg/Radebeul 2013, S. 45.

23   Wulffen-Festschrift.

24   Erich Wulffen: Der Sexualverbrecher: ein Handbuch für Juristen, Verwaltungsbeamte und Aerzte: Mit zahlreichen kriminalistischen Originalaufnahmen. Enzyklopädie der Kriminalistik, hrsg. von Paul Langenscheidt, 1.–11. Auflage Groß-Lichterfelde 1910–1928 und Hamburg 1931.

25   Präsident der Reichsschrifttumskammer: Schreiben an Verlag P. E. Lindner vom 28.04.1936, in: Sächsische Landesbibliothek – Staats- und Universitätsbibliothek Dresden, Msc v. Dresd. App. 1832 Nr. 857 (4).

26   Hugo Dingeldey, in: Wulffen-Festschrift, S. 12–40 (36)

27   Arthur Kaufmann: Gustav Radbruch. Rechtsdenker, Philosoph, Sozialdemokrat, München 1987; Joachim Perels: Sozialistische Rechtspolitik im Angesicht der Konterrevolution: Reichsjustizminister Gustav Radbruch, in: Kritische Justiz 2005, 407 ff.; Albrecht Götz von Olenhusen: Gustav Radbruch – Wissenschaft zwischen Macht und Recht, Freiburg 2010; Michael Stolleis (Hrsg.): Juristen: Ein biographisches Lexikon. Von der Antike bis zum 20. Jahrhundert, München 1995, S. 510 f.

28   Siehe zuletzt Bernd Schroeder: Hau. München 2006.

29   Siehe dazu auch Erich Sello: Die Hau-Prozesse und ihre Lehren. Auch ein Beitrag zur Strafprozeßreform. Berlin 1908; Jakob Wassermann: Der Fall Maurizius. Berlin 1928.

30   Erich Wulffen: Psychologie des Hochstaplers. Leipzig 1923. – Siehe Wiederveröffentlichung im Elektrischen Verlag, Berlin 2013.

31   Erich Wulffen: Psychologie des Verbrechers: ein Handbuch für Juristen, Ärzte, Pädagogen und Gebildete aller Stände. 2 Bände. Enzyklopädie der modernen Kriminalistik, Groß-Lichterfelde 1908.

32   Georges Manulescu: Der Fürst der Diebe, Berlin 1905, neu erschienen im Elektrischen Verlag, Berlin 2013.

33   Erich Wulffen: Georges Manolescu und seine Memoiren: Kriminalpsychologische Studie. Mit mehreren Porträts und Facsimiles, Berlin 1907.

34   Dazu auch Albrecht Götz von Olenhusen/Jürgen Seul: Der Kriminologe Erich Wulffen und Karl Mays Inferno. Zum Verhältnis von Kriminologie, Kriminalpsychologie und Literatur, in: Kriminologische Entwicklungslinien. Eine interdisziplinäre Synopsis, S. 325–339, Berlin/Münster/Wien/Zürich/London 2014.

35   Otto von Gierke: Deutsches Privatrecht. Erster Band: Allgemeiner Teil und Personenrecht, Berlin 1895, S. 702 ff.

36   Josef Kohler: Recht an Briefen, in: ArchBürgR Bd. 7 (1893), 94, 101, 127.

37   Reichsgericht: Urteil vom 12.05.1926, RGZ 113, 413, 414.

38   BGH, Urteil vom 19.03.2013 – VI ZR 93/12, NJW 2013, S. 1681–1684.

39   Albrecht Götz von Olenhusen: Medienfreiheit und Persönlichkeitsrecht in der Online-Berichterstattung, in: UFITA 2014, S. 85–107; Herbert Geisler: Grenzen die Berichterstattung über ein laufendes Strafverfahren, in: jurisPR-BGHZivilR 10/2013 Anm. 2; Klaus Spitz: Persönlichkeitsrechtsverletzung durch Berichterstattung während eines laufenden Strafverfahrens über Äußerungen zu sexuellen Neigungen, in: jurisPR-ITR 12/2013 Anm. 3.

40   Zur zeitgenössischen Diskussion, insbesondere zur Kriminalbiologie siehe u.a.: Richard Wetzel: Inventing the Criminal. Chapel Hill, London 2000; Maria Carla Gadebusch Bondio: Die Rezeption der kriminalanthropologischen Theorien von Cesare Lombroso in Deutschland von 1880–1919. Husum 1995; Jürgen Simon: Kriminalbiologie – theoretische Konzepte und praktische Überführung eines Ansatzes zur Erfassung von Kriminalität, in: Kriminalbiologie, hrsgg. vom Justizministerium des Landes Nordrhein-Westfalen. Recklinghausen 1997, S. 69–105; Michael Schwartz: Kriminalbiologie und Strafrechtsreform, in: ebd., S. 13–68 mit Hinweisen auf den juristische Diskurs (Gustav Radbruch, Oda Olberg u.a.). Zur erbbiologischen Forschung in Sachsen in den zwanziger Jahren Christiane Rothmaler in: ebd. S. 107ff., 115f. Zur sächsischen Staatsregierung 1924–1926 siehe Michael Schwartz: Sozialistische Eugenik. Eugenische Sozialtechnologien in Debatten und Politik der deutschen Sozialdemokratie 1890–1933. Dietz, Bonn 1995; Christian Bachhiesl: Zur Konstruktion der kriminellen Persönlichkeit. Hamburg 2005; Peter Becker: Verderbnis und Entartung. Eine Geschichte der Kriminologie des 19. Jahrhunderts als Diskurs und Praxis, Göttingen 2002.

41   Erich Wulffen: Das Weib als Sexualverbrecherin: Ein Handbuch für Juristen, Verwaltungsbeamte und Ärzte, Berlin 1923, S. 4.

42   Hans-Joachim Schneider: Frauenkriminalität und Strafvollzug, in: Gedächtnisschrift für Hilde Kaufmann. Herausgegeben von Hans-Joachim Hirsch, Berlin/New York 1986, S. 267–291 (278). – Instruktiv zu diesem Thema: Andrea Lindner: 100 Jahre Frauenkriminalität. Die quantitative und qualitative Entwicklung der weiblichen Delinquenz von 1902 bis 2002. Würzburger Schriften zur Kriminalwissenschaft, Band 22, Frankfurt 2006.

43   Siehe Gustav Aschaffenburg: Das Verbrechen und seine Bekämpfung. Kriminalpsychologie für Mediziner, Juristen und Soziologen. Ein Beitrag zur Reform der Strafgesetzgebung. Heidelberg 1903. Zum erbdeterministischen und milieutheoretischen Diskurs siehe Schwarz, a.a.O.; zur erbbiologischen Richtung durch Rainer Fetscher seit 1923 siehe Paul J. Weindling: Health, race and german politics between national unification ans Nazism, 1870–1945. Oxford u.a. 1989, S. 384 f.; zu Hoche siehe Walter Müller-Seidel: Alfred Erich Hoche – Lebensgeschichte im Spannungsfeld von Psychiatrie, Strafrecht und Literatur. München 1999.

44   Jakob Wassermann: Der Fall Maurizius. Berlin 1928.

45   Bernd Schroeder: Hau. Roman. München 2006.

46   Vgl. dazu auch Klaus Kastner zu Wassermanns Roman, in: NJW 2014, S. 738 ff.

47   Vgl. hierzu ebenfalls u.a. Hanno Parmentier: Der Würger von Düsseldorf. Leben und Taten des Serienmörders Peter Kürten. Sutton Verlag, Erfurt 2013; Karl Berg: Der Sadist. Gerichtsärztliches und Kriminalpsychologisches zu den Taten des Düsseldorfer Mörders, in: Zeitschrift für die Gesamte Gerichtliche Medizin. 17, Nr. 1, Dezember 1931, S. 247–347; neu herausgegeben von Michael Farin: Der Sadist. Gerichtsärztliches und Kriminalpsychologisches zu den Taten des Düsseldorfer Mörders Peter Kürten. Belleville-Verlag, München 2004; Elisabeth Lenk, Katharina Kaever (Hrsg.): Leben und Wirken des Peter Kürten, genannt der Vampir von Düsseldorf. Rogner und Bernhard, München 1974.

48   Serial Murder, Multi-Disciplinary Perspectives for Investigators. U.S. Department of Justice – Federal Bureau of Investigation (Behavioral Analysis Unit/National Center for the Analysis of Violent Crime), August, 2005, S. 9.

49   Vgl. u.a. Frank Neubacher: Serienmörder. Überblick über den wissenschaftlichen Erkenntnisstand, in: Kriminalistik 2003, S. 43–48.

50   BGH: Beschluss vom 08.12.1987 – 4 StR 646/87, in: Neue Entscheidungssammlung für Strafrecht Nr 20 zu § 211 StGB; BGH, Urteil vom 29.07.1982 – 4 StR 279/82, NJW 1982, 2565–2566; BGH, Urteil vom 08.06.1955 – 3 StR 163/55, BGHSt 7, 353–356.

51   Vgl. Richard Krafft-Ebing: Psychopathia sexualis. Mit
besonderer Berücksichtigung der konträren Sexualempfindung.
Eine medizinisch-gerichtliche Studie für Ärzte und Juristen.
14., vermehrte Auflage, herausgegeben von Alfred Fuchs, Wien
1912, S. 69.

52   Rüdiger Safranski: Das Böse oder Das Drama der Freiheit. Frankfurt am Main 1999, S. 14.

53   Stephan Porombka: Felix Krulls Erben. Die Geschichte
der Hochstapelei im 20. Jahrhundert. Berlin 2001, S. 35.

54   Erich Wulffen: Im Reich der Schelme, KMJb 1926, S.
63–130, zitiert nach: Sonderdruck des Karl-May-Verlages. Radebeul, S. 1.

55   Erich Wulffen: Psychologie des Verbrechers. Berlin-Lich-
terfelde 1908, II, 173; auch 314/15 ist von den Straftaten eines
Schriftstellers die Rede, »der die glänzendsten Reisebeschrei-
bungen von Ländern, die er nie gesehen, deren Natur er nur
aus Büchern studiert hat, schrieb und damit unter gleichzeitiger
Einflechtung von Abenteuerberichten besonders die Jugend fesselt.«

56   Karl May: Meine Beichte, Erste Fassung vom 28. Mai
1908, Erstabdruck bei Rudolf Lebius: Die Zeugen Karl May
und Klara May. Ein Beitrag zur Kriminalgeschichte unserer Zeit.
Berlin-Charlottenburg 1910; Reprint Lütjenburg 1991, S. 4–7;
geringfügig verändert in Karl May's Gesammelte Werke Band
34: »Ich«, Bamberg/Radebeul, 391995, 19.

57   Allgemeine Zeitschrift für Psychiatrie und Psychisch-Ge-
richtliche Medizin, Bd. 66, 1909, S. 1075.

58   Erich Wulffen: Psychologie des Verbrechers, a.a.O. S. 173.

59   Karl May: An die 4. Strafkammer des Königl. Landge-
richtes III in Berlin, Zweite Fassung vom 3. Dezember 1911,
Privatdruck, 1911, 123. Der Briefwechsel zwischen May und
Wulffen der danach stattgefunden haben muss, ist noch nicht
wieder aufgefunden.

60   Sascha Schneider: Brief an Klara May vom 30.12.1924.
Zitiert nach Hansotto Hatzig: Karl May und Sascha Schneider.
Dokumente einer Freundschaft. Beiträge zur Karl-May-For-
schung. Band 2. Bamberg 1967, S. 202–203.

61   Erich Wulffen: Gerhart Hauptmanns Dramen vor dem

Forum der Kriminalpsychologie und Psychiatrie. Naturwissenschaftliche Studien, Breslau und Leipzig 1908.

62   Erich Wulffen: Gerhart Hauptmanns Dramen vor dem Forum der Kriminalpsychologie und Psychiatrie. Naturwissenschaftliche Studien, Breslau und Leipzig 1908, S. 9.

63   Gerhart Hauptmann: Brief an Erich Wulffen vom 12.12.1908, in: Sächsische Landesbibliothek – Staats- und Universitätsbibliothek Dresden, Nachlass Erich Wulffen, Msc. v. Dresd. App. 1832 Nr. 566.

64   Friedrich Wilhelm Lucht: Die Strafrechtspflege in Sachsen-Weimar unter Carl August. Berlin, Leipzig 1929, S. 39 ff.

65   Karl Maria Finkelnburg: »Auch ich ...«, Kindesmordjustiz und Strafrecht unter Goethe, in: Berliner Tageblatt Nr. 161/1931 vom 05.04.1931 (1. Beiblatt).

66   Erich Wulffen: Brief an die Direktion des Goethe- und Schiller-Archivs in Weimar vom 19.02.1932, in: Volker Wahl (Hrsg.): »Das Kind in meinem Leib«. Sittlichkeitsdelikte und Kindsmord in Sachsen-Weimar-Eisenach unter Carl August. Eine Quellenedition 1777–1786. Mit einem Nachwort von René Jacques Baerlocher. Verlag Hermann Böhlaus Nachfolger, Weimar 2004, S. 326.

67   Hermann Müller: Richard Wagner in der Mairevolution 1849, Dresden 1919.

68   Philippus Theophrastus Aureolus Bombastus von Hohenheim, getauft als Theophrastus Bombastus von Hohenheim, genannt Paracelsus, (vermutlich 1493–24.09.1541). Der in Egg, Kanton Schwyz, geborene Paracelsus war ein Arzt, Alchemist, Astrologe, Mystiker, Laientheologe und Philosoph. Seine Heilungserfolge waren legendär, trugen ihm aber auch erbitterte Gegnerschaft durch etablierte Mediziner und Apotheker ein. Paracelsus hinterließ zahlreiche deutschsprachige Aufzeichnungen und Bücher medizinischen, astrologischen, philosophischen und theologischen Inhalts, die zum großen Teil posthum veröffentlicht wurden.

69   Die lateinische Sentenz »Vox populi vox dei« bedeutet wörtlich: »Volkes Stimme [ist] Gottes Stimme«. Im übertragenen Sinne bedeutet dies, dass die öffentliche Meinung großes Gewicht hat.

70   Als Judiz oder Judizium (lat. judicium Urteil, iudicare Recht sprechen) bezeichnet man die Urteilskraft, das Rechtsempfinden eines Juristen. Früher stand der Begriff Judizium auch für Rechtspflege.

71   Friedrich Schiller: Wallensteins Tod. 1. Akt, vierter Auftritt, in: Friedrich Schiller: Sämtliche Werke, Band 2, München ³1962, S. 414–416 (414).

72   Johann Wolfgang Goethe: An ... (Gedicht), in: Johann Wolfgang Goethe: Gedichte. Vollständige Ausgabe. J.G. Cotta'sche Buchhandlung Nachfolger. Stuttgart 1891, S. 1052.

73   Heinrich von Kleist: Über die allmählige Verfertigung der Gedanken beim Schreiben, in: Heinrich von Kleist, Sämtliche Werke und Briefe in vier Bänden. Herausgegeben von Ilse-Marie Barth u.a., Band 3: Anekdoten, Gedichte, Schriften. Herausgegeben von Klaus Müller-Salget. Frankfurt am Main 1990 (Bibliothek deutscher Klassiker 51), S. 534–540 (538).

74   Sylvester Matuska, eigentlich Szilveszter Matuska, (29.01.1892–1944/45) war ein ungarischer Eisenbahnattentäter und Massenmörder. Im Anschluss an eine Lehrerausbildung wurde er 1918 k.u.k. Oberleutnant und 1918 Lehrer in seinem Heimatort Csantavér bei Maria-Theresiopel. Nach mehreren erfolglosen beruflichen Betätigungen musste er 1930 den Offenbarungseid leisten. Noch im selben Jahr versuchte er, Züge zum Entgleisen zu bringen, wonach ihm später vor Gericht mehrere Taten mit zahlreichen Toten angelastet wurden. Nach seiner Festnahme 1931 gab er sofort seine Verbrechen zu. Bei der Gerichtsverhandlung ließen sich seine Motive nicht eindeutig klären. Matuska erweckte zeitweise den Eindruck eines Verwirrten, eines religiös Wahnsinnigen. Das Wiener Schwurgericht verurteilte ihn schließlich zu sechs Jahren schweren Kerkers. Nach vier Jahren Strafverbüßung wurde er an Ungarn ausgeliefert. Dort wurde er wegen Mordes zum Tode verurteilt. Österreich hatte bei den Auslieferungsverhandlungen allerdings eine Begnadigung zur lebenslänglichen Strafe vereinbart. Seit Kriegsende 1944/45 gilt Matuska als verschollen.

75   William Shakespeare: König Heinrich VI. Dritter Teil. Fünfter Aufzug. Siebente Szene, in: William Shakespeare: Sämtliche Werke in vier Bänden. Band 3, Berlin: Aufbau, 1975, S. 785.

76   Friedrich Schiller: Verbrecher aus verlorener Ehre, in: Kleinere prosaische Schriften. Erster Theil. Carlsruhe 1793, S. 232–276. Der Text war bereits 1786 in der von Schiller herausgegebenen Literaturzeitschrift Thalia publiziert worden.

77   Friedrich Nietzsche: Der Wille zur Macht. Herausgegeben von Elisabeth Förster-Nietzsche und Heinrich Köselitz (Peter Gast). 1906.

78   Friedrich »Fritz« Heinrich Karl Haarmann (25.10.1879–15.04.1925) war ein Serienmörder, der wegen Mordes an 24 Jungen und jungen Männern im Alter von 10 bis 22 Jahren vom Schwurgericht Hannover am 19.12.1924 zum Tode verurteilt wurde. Nach einer Obduktion von Haarmanns Kopf im Kraepelinschen Hirnforschungsinstitut in München wurde festgestellt, dass Haarmann früher eine Gehirnhautentzündung durchgemacht haben musste, was zu Hirn- und Wesensveränderungen führen kann. Aus diesem Grund war er vermutlich entgegen dem psychiatrischen Gutachten wegen einer seelischen Störung eigentlich schuldunfähig gewesen.

79   Peter Kürten (26.05.1883–02.07.1931), genannt »Der Vampir von Düsseldorf«, war ein deutscher Serienmörder. Aufgrund der Brutalität seiner Morde und die Hysterie, die er im Rheinland damit auslöste, machten seine Fahndung zum meistbeachteten Kriminalfall in der Weimarer Republik und lösten auch internationales Interesse aus. Sein von der Presse verliehener Spitzname beruhte auf einem Vorfall vom Dezember 1929, als Kürten im Düsseldorfer Hofgarten einen jungen Schwan tötete und sein Blut komplett austrank. Am 22.04.1931 wurde er von einem Düsseldorfer Schwurgericht wegen Mordes in neun Fällen neunmal zum Tode verurteilt, außerdem zu 15 Jahren Zuchthaus für die sieben Mordversuche. Ein Gnadengesuch seines Anwalts lehnte die preußische Regierung ab. Im Juli wurde Kürten im Kölner Gefängnis Klingelpütz mit dem Fallbeil hingerichtet. Er wurde nach der Hinrichtung ohne Kopf bestattet, da sein Gehirn nach abnormen Veränderungen untersucht wurde. – Siehe den Wulffen-Beitrag im Rahmen dieses Sammelbandes.

80   Friedrich Nietzsche: Also sprach Zarathustra. Ein Buch für Alle und Keinen. [Erster Teil] Die Reden Zarathustras. Vom bleichen Verbrecher, in: Friedrich Nietzsche: Werke in drei Bänden. München 1954, Band 2, S. 303–305 (303).

81   Äther = Griechisch: Der (blaue) Himmel.

82   Cesare Lombroso: Der Verbrecher in anthropologischer, medizinischer und juristischer Beziehung. Turin, Bocca, 1876 (deutsche Übersetzung Hamburg 1889).

83   Cesare Lombroso: Das Weib als Verbrecherin und Prostituierte. Anthropologische Studien, gegründet auf einer Darstellung der Biologie und Psychologie des normalen Weibes mit G. Ferrero. Turin 1893 (deutsche Übersetzung Hamburg 1894).

84   P. J. Möbius: Über den physiologischen Schwachsinn des Weibes. Halle a.S., 1903.

85   Cesare Lombroso: Genie und Irrsinn in ihren Beziehungen zum Gesetz, zur Kritik und zur Geschichte. Turin 1878 (deutsche Übersetzung Leipzig 1887).

86   Herausgeberin des 1926 im Herder-Verlag in Freiburg erschienen Buches *Vom Leben getötet. Bekenntnisse eines Kindes* war die Vorsteherin des Ursulinenklosters in Haselünne, Mater Ignatia Breme. Ob es sich bei dem veröffentlichten Text tatsächlich um ein Tagebuch handelt oder ob er von der Mutter der Tagebuchverfasserin stammt, war schon damals zweifelhaft gewesen. Die Mutter gestand den wahren Sachverhalt schließlich Ende Januar 1927 in einem Brief an den Chefredakteur der Bremer Volkszeitung. Der von Erich Wulffen angesprochene Fall der Lisbeth ist vor dem Hintergrund der Ende der 1920er Jahre in die Schlagzeilen geratene Fall der Zwangsbehandlung Prostituierter mit Salvarsan zu sehen. Das Mädchen soll dem Buch zufolge am 1. Juni 1924 im Alter von nicht ganz 17 Jahren an einer Behandlung mit Silber- bzw. Neosilbersalvarsan und einem Wismuthpräparat gestorben sein.

87   Der an dieser Stelle verwandte Begriff im Manuskript war unleserlich.

88   Anfall von Krämpfen.

89   Julius Kratter: Gerichtsärztliche Praxis. Stuttgart 1919. – Für die Kriminologen des ausgehenden 19. Jahrhunderts galt die Sexualverbrecherin nicht als »Lustmörderin«. Den Grund hierfür sahen sie in der den Frauen vermeintlich eigenen »passiven Sexualität«, die »das Weib«, wie gerade auch Wulffen propagierte, »von der Verübung der Sittlichkeitsverbrechen im allgemeinen fern[hält]«. Dieser seinerzeit allgemeingültigen Auffassung zufolge konnte es »die Lustmörderin als Typus« nicht geben. Julius Kratter allerdings fand mit dem »lesbischen Lustmord« eine Ausnahme; vgl. instruktiv hierzu Susanne Komford-Hein/

Susanne Scholz: Lustmord. Medialisierungen eines kulturellen Phantasmas um 1900. Königstein 2007.

90   Das Lied »Erika, brauchst du nicht einen Freund« ist einer der erfolgreichsten Schlager des Jahres 1930. Die Musik stammt von Will Meisel, der Text von Willy Rosen und gesungen wurde das Lied von Alexander Flessburg.

91   Friedrich Schiller: Verbrecher aus verlorener Ehre (unter dem Ursprungstitel Verbrecher aus Infamie, eine wahre Geschichte), in: Thalia, Heft 2, Leipzig 1786.

92   Selbstgeißelungen.

93   Pariser Apachen sind Gangster oder Gauner.

94   Ernst August Wagner (22.09.1874–27.04.1938). Der als Lehrer tätige Wagner erschlug am Morgen des 4. September 1913 in Stuttgart-Degerloch zunächst seine Frau und seine vier Kinder mit einem Knüppel. Er begründete die Morde damit, dass er seiner Familie die Folgen der weiteren Taten ersparen wollte. Danach fuhr Wagner mit dem Fahrrad nach Stuttgart und von dort mit der Bahn weiter nach Mühlhausen an der Enz. Auf dem Weg nach Mühlhausen gab Wagner noch mehrere Briefe auf und besuchte seinen Bruder. Nachts in Mühlhausen zündete er vier Häuser an verschiedenen Stellen an und wartete, bis die Menschen vor den Flammen flüchteten. Er erschoss dann neun Menschen, elf weitere wurden schwer verletzt. Das Landgericht Heilbronn wies Wagner am 4. Februar 1914 in die Heilanstalt Winnenthal bei Winnenden ein. Erstmals in der württembergischen Rechtsgeschichte wurde damit ein Prozess wegen Unzurechnungsfähigkeit eingestellt. 1938 starb Wagner an Tuberkulose. Hermann Hesse ließ die Figur des Amokläufers Ernst Wagner in seine 1919 erschienene Erzählung Klein und Wagner einfließen.

95   Erich Wulffen: Tasso in Darmstadt. Chemnitz 1897.

96   Erich Wulffen: Ibsens Nora vor dem Strafrichter und Psychiater. Halle 1907.

97   Erich Wulffen: Kriminalpsychologie in Schillers Räubern. Halle 1907.

98   Gustav Wied: Zweimal Zwei ist fünf. Berlin, Stuttgart, Leipzig 1900.

99   Der Fall Kaiser vor dem Landgericht München I war da-

mals durch weite Teile der Presse gegangen. Der expressionistische Schriftsteller Georg Kaiser (1878–1945) und seine Frau Margarete hatten von 1918 bis 1920 Gegenstände des Vermieters unterschlagen. Kaiser wurde zu einem Jahr, seine Frau zu vier Monaten Gefängnis verurteilt.

100   Karl May: Erzgebirgische Dorfgeschichten. Karl Mays Erstlingswerke. Autorisierte Ausgabe. Band I. Belletristischer Verlag, Dresden-Niedersedlitz o.J. 1903. – Ein 2. Band ist nie erschienen.

101   Karl May's Gesammelte Werke Band 43: Aus dunklem Tann, Radebeul 1921.

102   Karl May's Gesammelte Werke Band 44: Der Waldschwarze, Radebeul 1921.

103   Karl May: Die Rose von Ernstthal, in: Deutsche Novellen-Flora. Sammlung der neuesten, fesselndsten Romane und Novellen unserer beliebtesten Volksschriftsteller der Gegenwart. Neusalza, Verlag von Hermann Oeser, 1874. Heute enthalten im Sammelband: Karl May's Gesammelte Werke Band 43: Aus dunklem Tann, Bamberg/Radebeul, Aufl. 234. Tsd., S. 334–402.

104   Karl May's Gesammelte Werke Band 43: Aus dunklem Tann, Bamberg/Radebeul, Aufl. 234. Tsd., S. 159f.

105   Karl May: Gesammelte Reiseromane Bd. XVII: Im Landes des Mahdi, 2. Band. Freiburg o.J. [1896], S. 572; Reprint Bamberg 1983.

106   Karl May: Gesammelte Reiseerzählungen Bd. XVIII: Im Landes des Mahdi, 3. Band. Freiburg o.J. [1896], S. 541; Reprint Bamberg 1983.

107   Karl May: Gesammelte Reiseerzählungen Bd. XVIII: Im Landes des Mahdi, 3. Band. Freiburg o. J. [1896], S. 329; Reprint Bamberg 1983.

108   Karl May: Gesammelte Reiseerzählungen Bd. XXXI: Ardistan und Dschinnistan, 1. Band. Freiburg o. J. [1909]; Reprint Bamberg 1984; Karl May: Gesammelte Reiseerzählungen Bd. XXXII: Ardistan und Dschinnistan, 2. Band. Freiburg o. J. [1909]; Reprint Bamberg 1984.

109   Karl May: Gesammelte Reiseerzählungen Bd. XXXI: Ardistan und Dschinnistan, 1. Band. Freiburg o.J. [1909], S. 244; Reprint Bamberg 1984.

110   Ebd. S. 344.

111   Ebd. S. 435.

112   Karl May: Gesammelte Reiseerzählungen Bd. XXXII: Ardistan und Dschinnistan, 2. Band. Freiburg o.J. [1909], S. 544; Reprint Bamberg 1984.

113   Ebd. S. 332.

114   Erbscholrisei ist der schlesische Ausdruck für den Besitz und das Schulzenamt, das so viel wie Gemeindevorsteher beinhaltet. Der Schulze war also Inhaber eines erblichen Grundbesitzes, verbunden mit dem Amt eines Bürgermeisters und der Ausübung der niederen Gerichtsbarkeit. Daher wurden sie auch als Erb- und Gerichtsschulzen bezeichnet. Auch in Niedersachsen und Westfalen war der Besitz als Schulzenhof genannt, in Süddeutschland als Meierhöfe und im städtischen Bereich als Vogtei.

115   Gerhart Hauptmann: Die versunkene Glocke. Ein deutsches Märchendrama in fünf Akten. Berlin 1896. Das Drama war zu Hauptmanns Lebzeiten eines seiner meistgespielten Stücke. Es handelt sich um das erste Versdrama des Dichters und markiert in seinem Schaffen den Bruch mit dem Naturalismus; zugleich gilt es als sein erstes neuromantisches Werk. Es feierte am 02.12.1896 am Deutschen Theater in Berlin Premiere.

116   Johann Wolfgang von Goethe: Aus meinem Leben. Dichtung und Wahrheit. Erster Theil. Tübingen 1811.

117   Johann Wolfgang Goethe: Wilhelm Meisters Wanderjahre, Goethe's sämmtliche Werke in vierzig Bänden. Neunzehnter Band, Stuttgart/Tübingen 1840, S. 178.

118   Johann Wolfgang von Goethe: Brief an Frau von Stein vom 09.09.1780, in: Gustav Radbruch: Gesamtausgabe / Gustav Radbruch. Herausgegeben von Arthur Kaufmann. Heidelberg 2001, S. 217f.

119   Johann Wolfgang von Goethe: Tagebuch. Eintrag vom 21.08.1781, in: Goethes Werke. Weimarer Ausgabe, III. Abteilung, Bd. 1, S. 130.

120   Paul Johann Anselm Ritter von Feuerbach: Betrachtungen über das Geschworenen-Gericht, Landshut 1813.

121   Goethe: Tagebuch. Eintrag vom 25.01.1824, in: Goethes Werke. Weimarer Ausgabe, III. Abteilung, Bd. 9, S. 170.

122   Johann Wolfgang von Goethe: Gespräch mit Hofrat Vogel am 19.02.1831, in: Rüdiger Scholz: Das kurze Leben der Johanna Catharina Höhn. Würzburg 2004, S. 152.

123   Ebd.

124   Ebd.

125   Goethe, zit. nach: Scholz: Das kurze Leben der Johanna Catharina Höhn, S. 43.

126   Korrekt: Reskript des Herzogs vom 13. Mai 1783.

127   Ebd., S. 66.

128   Ebd., S. 20.

129   Ebd., S. 153.

130   Ebd., S. 82.

131   Ebd., S. 26.

132   Ebd., S. 153.

133   »Das Kind in meinem Leib«. Sittlichkeitsverbrechen und Kindsmord in Sachsen-Weimar-Eisenach unter Carl August. Eine Quellenedition 1777–1786. Herausgegeben von Volker Wahl. Mit einem Nachwort von René Jacques Baerlocher, Weimar 2004, S. 232–238 (234).

134   Scholz: Das kurze Leben der Johanna Catharina Höhn, S. 85.

135   Goethe, zit. nach: Scholz: Das kurze Leben der Johanna Catharina Höhn, S. 86.

136   »Das Kind in meinem Leib«, S. 232–238 (234).

137   Ebd., S. 235.

138   Ebd.

139   K.M. Finkelnburg: »Auch ich …«. In: Berliner Tageblatt vom 05.04.1931.

140   Ebd.

141   Ebd.

142   Goethe, zit. nach: Scholz: Das kurze Leben der Johanna Catharina Höhn, S. 156.

143   Ebd.

144   Johann Wolfgang von Goethe: Die Leiden des jungen Werthers. Leipzig 1774.

145   Johann Wolfgang von Goethe: Die Leiden des jungen Werther. Goethes Werke. Hamburger Ausgabe in 14 Bänden. Band 6, Hamburg 1948ff., S. 95.

146   Johann Wolfgang von Goethe: Wilhelm Meisters Wanderjahre oder die Entsagenden. Stuttgart und Tübingen 1821.

147   Goethe, zit. nach: Scholz: Das kurze Leben der Johanna Catharina Höhn, S. 157.

148   Johann Wolfgang von Goethe: Wahlverwandtschaften. Tübingen 1809.

149   Goethe, zit, nach: Scholz: Das kurze Leben der Johanna Catharina Höhn, S. 157.

150   Johann Wolfgang von Goethe: Unterhaltungen deutscher Ausgewanderten, in: Die Horen 1795.

151   Goethe, zit. nach: Scholz: Das kurze Leben der Johanna Catharina Höhn, S. 158.

152   Ebd.

153   Franz Werfel: Nicht der Mörder, der Ermordete ist schuldig: eine Novelle. Berlin 1920.

154   Johann Wolfgang von Goethe: Götz von Berlichingen mit der eisernen Hand. Leipzig 1773.

155   Johann Wolfgang von Goethe: Egmont. 1788.

156   Johann Wolfgang von Goethe: Faust. Ein Fragment. Leipzig 1790.

157   Johann Wolfgang von Goethe: Faust. Goethes Werke. Hamburger Ausgabe in 14 Bänden. Band 3, Hamburg 1948 ff, S. 139.

158   Johann Wolfgang Goethe: Faust. Eine Tragödie. Goethes Werke. Hamburger Ausgabe in 14 Bänden. Band 3, Hamburg 1948 ff, S. 63.

159   Johann Wolfgang Goethe: Der Tragödie zweiter Teil.
Goethes Werke. Hamburger Ausgabe in 14 Bänden. Band 3,
Hamburg 1948 ff, S. 150.

160   Johann Wolfgang von Goethe: Iphigenie auf Tauris.
Leipzig 1787.

161   Johann Wolfgang von Goethe: Iphigenie auf Tauris.
Goethe's sämmtliche Werke. Erster Band. Paris 1836, S. 571.

162   Johann Wolfgang von Goethe: Widmung in einem Exem-
plar der Buchausgabe der Iphigenie auf Tauris des Schauspielers
Georg Wilhelm Krüger, in: Gustav Radbruch: Gesamtausgabe /
Gustav Radbruch. Herausgegeben von Arthur Kaufmann. Heidelberg 2002, S. 425.

163   Handschriftliche Mitteilung Schillers während seiner
lebensgefährlichen Erkrankung in Rudolstadt vom Mai 1791,
zitiert u.a. in Lutz Unbehaun: Schillers heimliche Liebe. Der
Dichter in Rudolstadt. Köln, Weimar, Wien 2009, S. 226. – Der
Schiller-Ausspruch gehört zu seinen bekanntesten Sinnsprüchen.
Er ziert heutzutage die Homepage zahlreicher Arztpraxen.

164   Die II. Internationale Hygiene-Ausstellung Dresden 1930
(eine I. Internationale Hygiene-Ausstellung Dresden hatte 1911
stattgefunden) fand vom 17. Mai bis 12. Oktober 1930 statt.
Wulffens Rundfunkrede bezieht sich auf die Wiedereröffnung
vom 6. Mai bis 20. Oktober 1931. Der Vorschlag einer erneuten Hygiene-Ausstellung ging auf den damaligen Direktor des
Deutschen Hygiene-Museums Dr. Georg Seiring (1883–1972)
zurück. Die Ausstellung sollte dem Vermächtnis von Karl August
Lingner (1861–1916), Schöpfer und Organisator der I. Internationalen Hygiene-Ausstellung Rechnung tragen. Durch ihn
war erstmals ein umfassender Gedanke von Hygiene öffentlich
und ganzheitlich popularisiert worden. Lingner hatte nach der
Schließung der ersten Ausstellung zahlreiche Objekte in einem
Gebäude der Dresdner Neustadt eingelagert und so einen provisorischen Vorläufer des Deutschen Hygiene-Museums geschaffen. Lange nach seinem Tod plante die Stadt Dresden den Bau
eines Hygiene-Museums, dessen Eröffnung mit der II. Internationalen Hygiene-Ausstellung im Jahr 1930 zusammenfiel. Laut
Statistischem Jahresbericht Dresdens war die Ausstellung mit 3,0
Millionen Besuchern im Jahr 1930 und 1,7 Millionen Besuchern
1931 trotz wirtschaftlich schwieriger Zeiten überaus erfolgreich.

165   Friedrich Schiller: Über den Zusammenhang der tie-

rischen Natur des Menschen mit seiner geistigen. Stuttgart 1780.

166   Friedrich Schiller: Über den Zusammenhang der tierischen Natur des Menschen mit seiner geistigen, §. 13. Geistiges Vergnügen befördert das Wohl der Maschine, in: Schillers Sämmtliche Werke in zwölf Bänden. Zehnter Band, Stuttgart, Tübingen 1838, J. G. Cotta'sche Buchhandlung, S. 27. – Das Zitat wird von Wulffen leicht abgewandelt wiedergegeben.

167   Friedrich Schiller: Über den Zusammenhang der tierischen Natur des Menschen mit seiner geistigen, §. 19. Die Stimmungen des Geistes folgen den Stimmungen des Körpers, in: Schillers Sämmtliche Werke in zwölf Bänden. Zehnter Band, Stuttgart, Tübingen 1838, J. G. Cotta'sche Buchhandlung, S. 35.

168   Ebd.

169   Richard Wagner: Mein Leben. Erstdruck als Privatdruck in vier Teilen: Basel, 1870–1880. Erste öffentliche Ausgabe: München (Bruckmann) 1911.

170   Als Saturnalien wurde im antiken Rom das Fest des Gottes Saturn gefeiert. An einigen deutschen Hochschulen (zum Beispiel Köln und Kiel) werden heute traditionell »Saturnalien« als studentisches Fest veranstaltet, bei dem man in der Vorweihnachtszeit mit den Dozenten »abrechnet«.

171   Schicksalsgöttin in der nordischen Mythologie.

172   Richard Wagner: Eine Mitteilung an meine Freunde, in: Ders.: Dichtungen und Schriften, Bd. 6, Leipzig, E. Fritzsch, 1871/1880, S. 199–325.

173   Houston Stewart Chamberlain: Richard Wagner. Verlag: F. Bruckmann, München, 1904.

174   Paroxismus: Darunter versteht man im Allgemeinen eine heftige, leidenschaftliche Aufregung, vor allem aber bei Krankheiten einen Zustand, bei dem das Fieber seinen höchsten Grad erreicht hat.

175   Cesare Lombroso und Rodolfo Laschi: Der politische Verbrecher und die Revolutionen in anthropologischer, juristischer und staatswissenschaftlicher Beziehung. Unter Mitwirkung der Verfasser deutsch herausgegeben von Dr. H. Kurella. Zwei Bände. Hamburg: Verlagsanstalt u. Druckerei Actien-Gesellschaft (vormals J. F. Richter); New York: Gustav F. Stechert 1892.

176 Cesare Lombroso: Die Anarchisten. Eine kriminalpsychologische und sociologische Studie von Cesare Lombroso. Nach der zweiten Auflage des Originals deutsch herausgegeben von Dr. Hans Kurella. Hamburg Verlagsanstalt und Druckerei A.-G. (vorm. J.F. Richter) Königlich Schwedisch-Norwegische Hofverlagshandlung 1895.

177 Unter Hyperästhesie wird in der Psychologie eine allgemein krankhaft gesteigerte Erregbarkeit als Hyperästhesie bezeichnet.

178 Edward George Bulwer-Lytton: Rienzi, The Last of the Roman Tribunes Caxton. London/New York, Routledge, 1835; Rienzi, der Letzte der römischen Tribune. Roman. Deutsch von T. Roth. 2 Bde. Stuttgart, Scheible, Rieger & Sattler, 1845. Sämmtliche Romane, Bd. 8.

179 Sigmund Freud: Drei Abhandlungen zur Sexualtheorie. Wien 1905. – In diesem Werk taucht erstmals bei Freud der Triebbegriff auf. Freud hatte in seiner Anfangszeit die Symptome seiner Patienten auf Traumatisierungen zurückgeführt. Am 21.09.1897 schrieb er jedoch an seinen Freund Fließ, dass er zu der Einsicht gelangt sei, dass es im Unbewussten kein Realitätszeichen gebe, weshalb man die Wahrheit und die mit Affekt besetzte Fiktion nicht unterscheiden könne. Auf der Grundlage dieser Erkenntnis entwickelte Freud das Konzept der unbewussten Phantasien und Wünsche, die ab 1905 durch eine Theorie der Triebe, die als Urgrund der Phantasien zu sehen seien, postuliert wird. In erster Linie sah Freud nun die Triebkonflikte in der individuellen psychosexuellen Reifung als krankheitsverursachend an.

180 Einfügungen durch die Herausgeber, da die Textvorlage im Original an dieser Stelle fehlerhaft ist.

181 Anna Freud: Einführung in die Technik der Kinderanalyse. Wien 1927.

182 Theodor Reik: Geständniszwang und Strafbedürfnis. Wien 1925.

183 Franz Alexander und Hugo Staub: Der Verbrecher und seine Richter. Ein psychoanalytischer Einblick in die Welt der Paragraphen. Wien 1929.

184 Fall Carl Hau: Der Jurist wird im Juli 1907 in Karlsruhe wegen Mordes an seiner Schwiegermutter Josefine Molitor

zum Tode verurteilt. Der Indizienprozess erregt große öffentliche Aufmerksamkeit. Es kommt zu einer Begnadigung zu lebenslanger Zuchthausstrafe und nach 17 Jahren Haft zur Freilassung Haus auf Bewährung. In der Folgezeit verfasst er zwei Bücher, in denen er den Prozess und die Haftzeit aus seiner Sicht schildert. Das badische Justizministerium widerruft 1925 unter anderem wegen dieser Veröffentlichungen die Aussetzung der Strafe. Es kommt zu erneuten Debatten in der Presse über den Fall und über die Meinungsfreiheit ehemaliger Häftlinge. Carl Hau flüchtet nach Italien, wo er am 5. Februar 1926 Selbstmord begeht.

185   Fall Philipp Halsmann: Im September 1928 kommt der Rigaer Zahnarzt Max Murdoch Halsmann in den Tiroler Bergen zu Tode. Aufgrund der schweren Kopfverletzungen wird noch am selben Tag sein Sohn Philipp wegen des Verdachts des Vatermords verhaftet. Während des Prozesses entbrennt ein heftiger Kampf zwischen der Psychiatrie und der jungen Psychologie. Freuds Theorie vom Ödipus-Komplex wird erörtert und unter anderem von Sigmund Freud in Zeitungsbeiträgen expressis verbis für diesen Fall ausgeschlossen. Halsmann wird zunächst wegen Mordes zu zehn Jahren, dann wegen Totschlags zu vier Jahren Kerker verurteilt, bis er 1930 begnadigt und des Landes verwiesen wird. In den USA wird Halsman ein berühmter Life- und Vogue-Fotograf. Die Tat an seinem Vater streitet Halsmann stets ab.

186   Fall Amtsvorsteher Frenzel: Im Sommer 1930 wird der Bornimer Amtsrichter Frenzel vom Schöffengericht Potsdam wegen Blutschande an seinen Töchtern zu 1½ Jahren Zuchthaus verurteilt. Im Berufungsverfahren wird das Urteil bestätigt, lediglich das Strafmaß auf 1 Jahr und 2 Monate reduziert. Die Richtigkeit des Urteils begegnet in der Öffentlichkeit aufgrund der vermuteten Unglaubwürdigkeit der Hauptbelastungszeugin, der 16-jährigen Tochter Gertrud Frenzel, erheblichen Bedenken. Auch der Rechtsausschuss des preußischen Landtags befasst sich mit dem Fall.

www.ingramcontent.com/pod-product-compliance
Lightning Source LLC
Chambersburg PA
CBHW020858270326
41928CB00006B/758